발달 교육 없이 학교 혁신이 가능할까?

경쟁을 넘어
발달
교육으로

발달 교육 없이 학교 혁신이 가능할까?

경쟁을 넘어
발달
교육으로

초판 1쇄 인쇄 2015년 1월 8일
초판 2쇄 발행 2015년 12월 12일

지은이 현광일
펴낸이 김승희
펴낸곳 도서출판 살림터

기획 정광일
편집 조현주
북디자인 꼬리별

인쇄·제본 (주)현문
종이 월드페이퍼(주)

주소 서울시 마포구 서교동 395-27
전화 02-3141-6553
팩스 02-3141-6555
출판등록 2008년 3월 18일 제313-1990-12호
이메일 gwang80@hanmail.net
블로그 http://blog.naver.com/dkffk1020

ISBN 978-89-94445-81-6 03370

*가격은 뒤표지에 있습니다.
*잘못된 책은 바꾸어 드립니다.
*이 책은 저작권법에 따라 보호를 받는 저작물이므로 무단 전재와 복제를 금합니다.

발달 교육 없이 학교 혁신이 가능할까?

경쟁을 넘어
발달
교육으로

현광일 지음

살림터

발달과 문화의 만남

이윤미_홍익대 교육학과

이 책은 문화운동에 몸담아온 저자가 교육, 특히 발달 개념을 만나면서 고민해온 지적 과정을 담고 있다. 저자는 문화를 '발달적 존재 사건을 촉발하는 매개물의 일체'라고 접근한다. 이로써 최근 교육운동계에서 익숙하지만 낯설게 다시 부각되고 있는 '발달'이라는 용어를 더 큰 교육의 장으로서의 문화와 접맥시키고 있다. 책은 크게 3개 부분으로 나뉘는데 비고츠키의 근접발달대에 대한 해석, 학교에서의 발달 교육, 마을학교에서 발달 교육의 가능성 등이 주요 내용이다. 얼핏 보면 집필 배경이 다른 글들을 연결해놓은 것이기도 해서, 비고츠키에 대한 저자의 해석, 혁신학교 교육과정 실천, 마을학교 등의 관계는 다소 분절적인 것으로 보일 수도 있다. 그러나 이 글들은 문화와 발달이라는 문제의식 속에서 탄탄하게 연결되어 있다.

책을 읽으면서 눈여겨봐야 할 포인트들이 있다고 본다. 첫째는 저자가 문화라는 키워드를 일관된 중심으로 삼고 있다는 것이다. 저자는 발달의 문제를 교육문화정치의 눈으로 접근한다. 학교 현장에서의 실천과 문화 주체 형성이라는 문제가 일관되게 연결되고 있다. 문화로서의 교육이라는 관점은 나름의 긴 담론 역사가 있지만, 문화와 교육 각각의 독자성이 강한 탓에 연결하여 다루기가 쉽지 않은 주제이기도 하다. 이 책은 이 쉽지 않은 작업을 시도하고 있는 것이다.

둘째는 경영학과 대학원에서 공부한 저자가 개인적으로 가지고 있는 '경영학적' 배경이다. 이 배경은 책의 주제에 비추어보면 다소 아이러니한데, 저자는 학교 교육을 지배하는 공식 담론에서 경영주의와 경영 담론이 그대로 재현되고 있음을 지적한다. 사실상 '인적 자원 교육학'은 교육학이라기보다는 그 자체가 경영주의라고 봐도 무방하다. 오히려 교육계 밖의 '국외자'로서, 교육 담론과 경영 담론이 지닌 동형성은 더 눈에 띄는 것일 수 있다. 저자는 이를 환기시키면서 문화 주체형성에 가장 대립적 지점이 어디인가를 묻고 있는 것이다.

셋째는 발달 담론의 논의를 위한 '담론 자원'을 제공하고자 하지만 발달 교육론을 제안하는 것은 아니라는 점이다. 이 책은 발달론에 대한 특정 해석을 시도하기보다는 주체 형성이라는 문화적 과제에 답하고자 한다. 저자는 적극적 재해석을 통해 새로운 논쟁과 소통의 장을 열어가는 '담론 자원'이 되기를 기대하는 것이다.

교육에서 출발하여 문화로 나아가는 방식과 문화에서 출발하여 교육으로 나아가는 방식은, 그 만나는 지점은 유사할 수 있어도 상당히 다른 경험을 수반한다. 최근 이러한 만남은 예전에 비해 빈번해지고 있지만, 교육과 문화 모두 역사적으로 형성해온 이론, 실천의 영역들이 있기 때문에 만남의 과정에서 기존의 전제들을 허물고 적응, 변형해가는 것이 쉽지 않다. 이 책은 문화와 교육이 만나는 하나의 방식과 과정을 보여준다는 점에서 주목된다. 무리한 만남은 서로 외면할 수도 있다. 그러나 이 책은 문화와 교육이 저자의 고민 속에서 만나는 방식을 찬찬히 엮어내어 급작스런 결합으로 인한 생경함이 적다.

최근, 어찌 보면 교육적으로 너무 익숙한 용어인 '발달'이 다시금 새로운 중요성을 가지고 부각되고 있다. 이러한 현실은 교육 실천 운동의 현재적 과제를 드러내는 것으로서 여러 측면에서 의미가 있다. 비고츠키의 재번역과 재발견은 지난 몇 년간 한국 교육운동계의 중요한 성과였다고 보며, 이는 교육철학에 대한 재성찰이 요구되는 시대 상황과 연관되어 있다. 혁신학교 운동은 발달 교육이 제도 교육에서 수렴될 수 있는 실천적 조건이고, 마을학교 운동은 발달을 문화 주체 형성이라는 보다 '긴' 실천의 맥락에서 바라보게 하는 장이다. 소유적 개인주의와 경영 담론의 지배가 점점 고도화되고 입시 변별 경쟁 교육으로 '퇴행'이 심화되는 현실에서 역사문화 주체로서의 인간 형성과 발달은 교육계의 절실한 화두이다. 문화로서의 교육과 발달이라는 주제를 핵심으로 삼고 있는 이 책의 문제의식에는 우리 시대가 풀어가야 할 과제들이 고스란히 담겨 있다고 본다.

인간을 다루는 발달론 자체가 복합적인 이론적 특성을 가진다. 그리고 발달론을 발달 교육으로 풀어내려고 한다면, 교육 현장에서 일어나는 발달적 현상의 다양한 조건들을 고려하면서 여러 경로의 이론적 검토 과정을 거쳐야 한다. 이 책은 발달 교육론을 제안하는 것을 목적으로 쓰인 것이 아니다. 이 책에 의미를 부여한다면, 교육 현장에서 발달 교육에 대한 문제 인식이 팽배하지만 그 수준을 충족시키지 못하고 있는 담론 자원의 부족한 현실에 어떤 보탬이 되었으면 하는 것이다.

물론 현실 교육에 대한 비판적 문제 설정을 주제로 잡았지만, 그것은 담론 자원의 대상들을 구분하고 배열하는 방식에 좀 더 현장감을 주기 위한 방편이기도 하다. 글의 구성이 소주제별로 쪼개지고 담론 자원의 배치에 신경을 쓰다 보니 글 자체가 학습 노트가 되어버린 감이 없지 않다. 교육 현장에서 논의하는 방식과도 다를 뿐만 아니라 낯선 개념들이 등장하지만 모든 글은 헝겊을 꿰어 붙이듯이 한 작업이라서 독자에 따라 자신의 헝겊들을 끼워 넣어서 새롭게 짜깁기되었으면 한다.

이런 작업이나마 할 수 있었던 것은 다행히도 발달과 교육을 매개할 수 있는 문화라는 개념이 사전에 어느 정도 준비되어 있었기에 가능했다. 이 책에 실린 모든 글을 쓰게 된 동기는 '문화'라는 하나의 단어에서 출발한다고 해도 과언이 아닐 정도로 나의 사유를 이끌어가는 중요한 단어이다. 대학 시절 탈춤 동아리에서 접한 '문화'라는 단어가 이렇게 일생의 주제어가 될지는 정말 몰랐다. 대학원에서 공부하면서도 왜 그런지 모르겠으나 문화라는 키워드는 놓치지 않았던 것 같다.

비고츠키도 '문화-역사적 접근'이라는 방법론의 문화 키워드 때문에 읽기 시작했다고 해도 틀린 말은 아니다. 비고츠키를 공부하면서 거기에서 '발달'이라는 개념을 접한 것이 정말로 큰 전환을 가져온다. 그동안 방만하게 섭렵해왔던 문화라는 단어에 현실적 힘을 부여하면서 심각하게 알게 된 것이 발달 개념이다. 발달 개념이 중요한 만큼 그 내용을 파고들수록 발달 교육의 이론적 지평을 구축하는 과정이 그리 만만한 작업이 아니란 것을 깨달았다.

지금에서야 드는 생각이지만, '발달이 무엇인가'라는 질문은 '발달이 어떻게 일어나는가'를 알고 나서야 그 의문을 풀 수 있는 진전이 일어난다. 그 얘기는 전체를 보고 나서야 비로소 이해할 수 있다는 말이기도 하다. 고대 중국에는 다음과 같은 격언이 전해 내려온다고 한다.

"나는 듣고 잊는다. 나는 보고 기억한다. 나는 참여하고 이해한다."

이 격언은 발달 개념을 이해하는 과정이 어떠해야 하는지를 시사한다. 이 작업을 마무리하면서 드는 생각은, 발달은 "아이가 세계를 여는 존재 사건의 발생"이라는 것이다. 거기에서 문화는 발달적 존재 사건을 촉발하는 매개물의 일체라고 생각한다. 그렇다면 발달 교육은 아이의 발달과정을 문화 매개 수단을 통해 적절하게 조직화할 수 있도록 기획하는 것일 게다. 이러한 생각을 들게 한 과정은 다음과 같다.

제1부는 하나의 파티에 참석하자는 초대장과 같다. 아마 파티의 이

름은 '비고츠키의 어깨를 짚고서'가 될 듯싶다. 비고츠키는 우리 교육이 넘어서야 할 발달이라는 과제를 제시해주지만, 경전經典적 표상으로 독해되어야 할 텍스트는 아니어야 한다는 점을 의식하고 쓴 글들이다. 비고츠키의 발달론에서 근간을 이루는 두 주제를 선택하여 존재론적 차원에서 재구성을 시도하였다. 「근접발달대의 사회적 구성에 대하여」에서는 발달의 존재론적 바탕을 밝혀보려 했고, 근접발달대를 발달 교육 장치의 기본 원리로 재구성하여 이오덕과의 관련성을 살펴보았다. 「발달의 문화-역사적 접근과 사회적 내면의 형성」에서는 발달론의 방법론을 발생적, 기능적, 구조적 측면으로 나누고 각 측면의 구성 요인들을 세분화하여 설명하였다. 그리고 문화적 행동 발달의 영역에서 '나'의 발달에 대해 존재론적 접근을 해보았다. 두 글은 서로 내용이 중첩되어 상호 보완을 하고 있기에 각주와 주석의 안내를 참고하면서 읽어주기 바란다.

제2부는 그동안 현장 교사들과 담론적 실천을 하는 과정에서 정리된 것들이다. 그때그때마다 교육 실천으로 주문된 과제들을 발달 교육론의 지평을 모색하는 차원에서 구성해보았다. 혁신학교 운동의 태동기, 교육과정 재구성 차원에서 모색된 프로그램들 속에서 발달의 추동력을 솎아낸 「발달 교육의 발판, 체험·탐구·놀이」, 신자유주의의 인적 자원론적 교육 담론을 비판하고 발달 교육의 조직론적 관점에서 대안을 모색해본 「전면적 발달 지향, 협력 교육」, 발달 교육을 지향하는 교육 공동체로 변모하기 위해서 꼭 전제되어야 할 학교 문화의 공통성the common과 공공성the public을 강조한 「교과 통합의 발달적 성취, 문화예술 교육」은 서로를 보완하는 형태로 결합되어 있어서 그것들 중에 어느 하나를 결여해도 성립하지 않는 보로메오의 매듭과 같다.

제3부는 일반 학교와는 물리적 환경이 다른 마을학교에서 발달적

교육의 가능성을 탐색하는 글들이다. 비고츠키의 발달 개념이 전통적인 학교 교육을 전제로 한다는 점을 고려할 때, 마을학교에서의 발달 교육의 개념은 좀 더 검토될 필요가 있다. 마을학교는 아이들의 임의 선택적 만족도에 초점을 맞춘 프로그램의 방만한 운영이 우려되기도 한다. 여기서는 '자기 형성적 발달'이라는 개념을 설정하고 발달의 자유 의지적 측면을 드러낼 수 있는 마을교육과정의 텍스트적 실천을 강조하고자 했다. 마을학교에 관한 글을 쓸 수 있었던 것은 성미산 대안학교 설립 초기에 학교교육과정 구성 작업에 참여했던 경험과 '서울시마을공동체종합지원센터'와 직간접적으로 활동 관계를 가졌던 덕분이다.

발달 교육은 익숙한 듯하지만 감을 잡기 쉽지 않은 주제인데, 그럼에도 불구하고 이렇게 글쓰기를 해낸 것은 기댈 언덕이 있었기 때문이다. 첫 번째 언덕은 주경야독하던 대학원 과정부터 지금까지 10여 년을 넘게 공부의 끈을 놓치지 않도록 늘 곁에서 자극을 주었고, 근래에는 비고츠키에 대한 관심을 보여주면서까지 공부를 동행해주신 신병현 교수이다. 두 번째 언덕은 5년 남짓 만남을 지속해온 초등교육과정 연구모임이다. 그야말로 발달을 현장의 언어로 들을 수 있게 해준 곳이며 담론적 활동에 실감을 더하도록 꽉 잡아주는 역할을 해주었다. 여러모로 결격사유가 많은 신세임에도 불구하고 공론장에 나설 수 있는 기회를 배려해준 것에 고마울 따름이다.

근래의 세 번째 언덕은 김우창 선생님과의 만남이다. 선생님은 현실에 착근한 존재 구조에 대한 문제 설정 방식, 존재론적 바탕을 놓치지 않으면서 그 두께를 헤아리는 지각적 체험과 통찰 그리고 개념들의 끈을 엮어가며 사유의 움직임을 일궈내는 인문과학적 사유의 길을 열어주셨다. 이 외에도 교사회의를 참관할 수 있게 해준 강명초등학교 선생님들, 그리고 졸고를 선뜻 받아주신 살림터 정광일 대표, 마지막으로 늦게 배운 도둑질이 무섭다는 말이 있듯이 아들의 뒤늦은 글쓰기 작업을 뒤에서 묵묵히 지켜봐주신 부모님에게 감사를 드린다.

석바위에서 좌해左海를 그리며
2015년 1월
현광일

차례

제1부

발달을 이해하기

근접발달대ZPD의 사회적 구성에 대하여*
-비고츠키와 이오덕을 중심으로

들어가며

교육철학의 문제

교육학에서 교수·학습론을 다루는 글들은 여지없이 철학적 인식론을 이론적 배경으로 삼는다. 인식론은 지식의 산출 혹은 구성에 관한 이론이다. 이제까지의 인식론은 그것이 관념론의 입장에 선 것이든 유물론 입장에 선 것이든, 주체와 객체라는 이중항의 대립을 전제로 한다. 교육의 주요 개념이 지식이라 할 때 지식에 대한 인식론적 정의를 어떻게 내리느냐에 따라—다시 말해 주체항에 선 구성주의와 객체항에 선 객관주의에 따라 교수·학습의 방향은 달라진다.

구성주의는 '지식은 구성된다'라는 테제를 기본 전제로 한다. 구성주의 인식론은 주체를 어떻게 보느냐에 따라 그 갈래가 나뉜다. 주체항을 개인적 단독자로 보는 경우 급진적 구성주의가 되고 사회적 존재자로

■ 이 글은 제2회 한국문화연구학회 교육문화분과 워크숍「왜 비고츠키인가? 비고츠키 그 불협화음의 미학과 만나기-비고츠키와 새로운 교육 패러다임의 모색」에서 발표한 내용을 일부 수정, 보완하고 재편집하였다.

보는 경우에는 사회적 구성주의가 된다. 지식은 구성되는 것인데, 급진적 구성주의에서는 개인에 의해 구성되고, 사회적 구성주의에서는 개인 간의 협의라는 상호작용에 의해 구성된다. 구성주의 문제틀에서는 피아제는 급진적 구성주의, 비고츠키는 사회 구성주의로 위치가 잡힌다.

구성주의적 교육은 실제 수업에서 지식의 구성 행위와 습득에 적절한 수준의 간격인 '근접학습영역'의 설정에 그 관심을 둘 수밖에 없다. 국가교육과정의 실제 운영에 있어서도 근접학습영역을 도식화하여 진도 학습의 난이도를 조정하거나 수준별 학습으로 나누는 방안만이 제시될 뿐이다. 좀 더 나아가 삶의 통합적 특성을 반영한 구성주의적 맥락은 다학문적·간학문적·초학문적 통합 교육과정을 제시하여 삶 자체가 학문에 기반을 둔 지식 교과이기를 기대한다. 이것은 학습과 발달을 동일시하여 결국에는 학습 위주의 관점이 되어버린다.

인식론은 교수·학습론뿐만 아니라 교육과정에 관한 논의에도 빠지지 않고 이론적 개입을 한다. 철학적 관점에서 논의되는 인식론은 지식의 본질 자체에 초점이 맞추어지기 때문에 어디에 속하느냐에 따라 교육과정 개정 시에 늘 논쟁의 대상이 될 수밖에 없다. 이처럼 철학적 인식론은 교육 실천의 목표와 방법에 이론적 배경으로 작용한다. 교육과정은 학교 교육 활동의 총체적인 설계도이다. 국가교육과정을 심의할 때마다 어린이의 발달이 스며든 교육과정을 강조하고 제안해왔지만, 발달에 대해 제대로 정리된 내용을 접하기가 쉽지 않다.

교사들의 아이들에 대한 발달 관념은 학교 현장에서 형성된다. 교실이라는 공간이 아이들이 성장하고 발달하는 모습과 상태를 지속적으로 관찰할 수 있는 안정적 조건을 마련해주기 때문이다. 아이들의 성장과 발달을 시간에 따라 볼 수 있는 형태를 취하게 되면 주의 깊은 교사의 관찰과 탐구는 아이들의 발달적 행동으로부터 단순한 심상을 포착하고 그 이후에 '관념'으로까지 나아갈 수 있다. 교사의 발달 관념은 아이들에 대한 감각적 재생이 아니라 아이들을 지속적으로 관찰한 발달적 특성의 추상적 재생이다. 그러나 발달 관념이 어느 정도 성립되었다고 하더라도 그것을 바탕으로 교사의 교수 행위가 발달적 관점에서 진행된다고 하기에는 역부족이다.

발달 교육의 문제 인식

최근 국가 차원에서 창의·인성 교육이 강조되면서, 창의성이 무엇인가에 대한 의견부터 어떻게 교육할 것인가에 이르기까지 학문 영역별로 논의가 무성하다. 그 논의들의 대부분이 인식론에 기반을 두기에 발달 교육적 관점은 잘 보이지 않는다. 그나마 자주 인용되는 피아제의 발생적 인식론은 지식의 습득과 관련된 인지 발달적 성격이 강하고 이론의 구성 체계도 기능별 발달 단계론(예를 들면, 구체적 조작기 단계와 형식적 조작기 단계)으로 구분하여 정리한다. 발달이 단계적으로 구분되어 있어 마치 어린이는 이 발달 단계를 밟아가면서 어떤 프로그램에 의해 처방된 대로 성장하는 대상적 존재로 간주하게 된다. 더욱이 현장에서는 인지 발달의 평가 잣대로 활용되다 보니 학습 부진아만을 방치하고 있을 뿐이다.

이런 문제 인식하에서 문화역사적으로 접근한 비고츠키의 발생적 발달론을 피아제의 단계적인 발생적 인식론과 대별하면서 독해해볼 필요가 있다.[1] 근대적 과학관에 익숙한 우리는 피아제의 단계적 발달론처

---

1. 철학의 영역에서 보았을 때, 비고츠키의 발달론은 존재론을 기반으로 한 반면 피아제의 발달론은 인식론에 기반을 두었다는 점을 식별하는 것이 가장 중요하다. 인식론적 구성주의의 문제를 안으로 들어가 있는 비고츠키를 원위치로 오게 하려면 먼저 이 점을 식별해야 한다. 참고로 이 글의 다음 장에 나올 "발생적 발달의 특성"에서 언급되는 '발달의 국지성', '기능 발달의 두 국면', '발달 시기의 민감성' 등은 존재론적 발달의 발생 원리를 규명해본 것이다. 제1부는 비고츠키의 발달론을 존재론적으로 위치 짓기 위한 글들이라고 해도 과언이 아니다.

럼 발달의 객관적이고 보편적 법칙을 추구하려는 유혹에 빠지기 쉽다. 피아제의 이론은 한마디로 지능과 그것의 발달에 관한 것이다. 그의 이론의 독특한 점은 지능의 본질에 대한 정의와 그것이 질적으로 변용되는 단계에 대한 창조적인 관찰에서 찾을 수 있다. 그것은 지적 발달이 서로 상이한 종류의 구조로 특징지어지는 일련의 규칙적인 단계를 거친다는 가설이다. 이 가설에 따르면, 개인은 일생에 걸쳐 일정한 순서의 단계를 밟아간다고 생각하게 된다.

객관적 보편성을 표명하는 단계적 발달과는 달리 발생적 발달이란 거대한 목적론적 과정이지도 않으며 그렇다고 우연성에 방치되어 분산되어 있지도 않은 가능성의 영역에 관한 것이다.[2]

예를 들어, 갑이라는 존재가 변하여 '갑'이라는 존재가 된다면 갑이라는 존재 안에는 갑을 '갑'으로 만들 수 있는 가능태가 들어 있다고 할 수 있다. 더 정확히 말하면 갑 안에는 '갑'이 될 수 있는 가능태로서 존재한다. 이때 갑이라는 가능태는 비가시적 실재가 아니라 사회·문화의 역사에 의해 현실화되어 있는 가능성인 것이다.

피아제에서 출발하는 '인식론에 기반을 둔 지식의 구성주의'와는 다른 차원에서 비고츠키의 발생적 발달은 '존재론에 기반을 둔 발달의 사회적 구성'이라는 관점에서 그 특성을 규명해보려고 한다. 이 글은 비고츠키의 발생적 발달론이 철학적 인식론과는 그 출발점에서부터 문제 인식과 전제들이 다르다는 것, 그렇기 때문에 구성주의의 울타리 내에서 뒤섞일 수 있는 이론의 성격이 아니라는 점을 분명하게 선을 그으려고 한다. 오히려 철학적 인식론에 기반을 한 교육학에 대한 비판적 성격을 지닌다고 볼 수 있다.

---

2. 이 책의 60~65쪽에서는 피아제의 인식론에 기반을 둔 단계적 발달과 비고츠키의 존재론에 기반을 둔 복잡성 발달에 대해 좀 더 구체적으로 설명하고 있다.

지식의 사회적 구성은 대화와 협력의 원리만을 차용한 것에 불과할 뿐 발달의 내적 원리를 염두에 두고 있지 않다. 대화와 협력의 절차를 거친 합의된 지식을 도출하여 교과적 지식으로 수렴해가는 것이 발달적 교육이라고 할 수 있는가? 구성주의 학습론에서는 발달을 학습자의 삶의 맥락이라는 말로 대신하는 듯하다. 그러고는 학습자의 삶이 교과적 삶이어야 한다고 제안하면서 발달적 교육에서 벗어나버린다.

　브루너의 『교육과정』에 나오는 "물리학을 공부하는 초등학교 3학년 학생은 물리학자와 동일한 일을 한다"는 말이 구성주의 교수·학습론의 테제로 자리매김하고 있다. 이것은 대학 교수의 전공 학문적 삶을 아이들의 발달적 표상으로 삼는 것이다. 이미 브루너의 학문 중심 교육과정이 국가교육과정에서 비중 있게 다뤄지고, 대학 진학을 염두에 둔 학력 위주의 평가와 입시제도가 영향력을 발휘하는 제도적 환경에서 발달적 교육과정은 뒷전으로 밀려날 수밖에 없다.

　사실 발달과정과 학습과정 사이에는 매우 복잡한 역동적 관계들이 존재한다. 발달 교육은 이 점을 전제로 사고해야 한다. 서로 다른 환경에서 발달과 학습 사이의 관계를 사고한 두 사람이 있다. 한 사람은 실험과 이론적 연구과정을 통해 발생적 발달론을 세운 비고츠키이고, 또한 사람은 학교 현장에서 직관과 통찰력으로 생명 해방의 표현 교육을 강조한 이오덕이다. 비고츠키의 발달론과 이오덕의 현장 교육 실천을 조명하는 작업에서 발달 교육의 실마리를 찾아보려고 한다.

　비고츠키의 발생적 발달은 국지적이고 영역 제한적 장소에서 문화 발달의 일반적 법칙에 따라 진행되며, 개별화된 발달적 양상이 특정 시기에서 어떻게 발생하는지를 잘 보여준다. 먼저 비고츠키의 연구 성과를 통해 발생적 발달의 일반적 특성을 알아보자.

발생적 발달의 특성 (1)—발달 장소의 국지성

발달의 장소성[3]

우리는 주변의 세계와 신진대사적 관계를 가지는 감각적 존재다. 그렇기 때문에 항상 특정 장소를 통해 생명과 활동을 확인하려는 경향이 있다. 삶 자체가 감각적 복합체이기에 활동 반경에 대한 인식이 깊어질 수밖에 없다. "문자로 기록된 것을 가지고 역사를 이해한다면 지도의 역사가 더 오래되었으며, 지도의 제작은 문자에 선행한다"라는 말이 있듯이, 삶이 이루어지는 장소성을 더 중시했던 것이다.

우리는 상이한 장소와 시간에서 '우리가 누구이며 무엇인지'를 되묻는 의식적 존재다. 그때마다 우리가 무엇을 얼마나 볼 수 있고 말할 수 있는지는 그 장소에서의 의식적 선택에 따라 관념의 변화를 초래한다. 어느 정도까지의 관념 변화는 인간의 실질적이고 물리적이며 사회적인 활동과 불가분의 관계이다. 마르크스와 엥겔스에 따르면, "처음에 발상, 관념, 의식은 인간의 물리적 활동, 물리적 교류, 실생활의 언어와 직접적으로 연관되어 생성된다. 인간의 상상, 생각, 심적 교류는 이 단계에서 직접적인 물리적 행동으로 나타난다."

한순미는 비고츠키의 연구가 문화-역사적 접근을 지향하고 있다는 점을 강조한다. 그리고 비고츠키의 연구를 개괄하기를, 광범위한 단계적broad stage-like 변화라기보다는 차라리 여러 가지 국지적이고, 영역 제한적인 변화라는 관점으로 이해하는 것이 타당하다고 주장한다. 문

---

3. 장소라고 하면 공간의 물리적 속성을 떠올리기 쉬운데 여기서는 존재론적 발달의 바탕적 존재로서의 의미를 가지고 있다. 근대인처럼 이동이 잦은 도시의 삶 속에서는 장소성이 갖고 있는 존재론적 의미를 망각하기 쉽다. 특히 학교가 근대의 관리·감독 체계에서 교육 공동체로 변모하려면 장소성에 대한 존재론적 사유가 충분하게 이루어져야 할 것이다. 장소의 존재론적 의미를 이 책의 208~210쪽에서는 '문화의 공시성'이라는 주제로 다루고 있고, 233~237쪽에서는 마을교육과정의 구성 원리로 설명하고 있으니 참고 바람.

화-역사적 접근에서 어린이의 정신 발달은 지엽적인 환경에서 이루어지는 사회적 의사소통과 관계들의 체계, 행동의 집합적 형태들과 사회적 협력의 산물이다.

발달 장소의 국지성은 아동의 발달적 변화과정이 결코 일반적인 발달 모델이나 발달 지표로는 존재할 수 없다는 것을 의미한다. 국지적인 장소는 단순히 기하학적 공간이 아니다. 그것은 여러 가지 발생적 영역들―계통발생, 사회·문화의 역사, 개체발생, 미소발생 등[4]―에서의 발달의 복잡한 변증법을 장소의 물질적 형식에 담아내려 한다. 비고츠키에 따르면 발달이란 모든 발생 영역들을 포함하는 통합적인 것이다. 그러므로 개개인이 겪는 발달적 경험의 폭과 깊이가 다르게 인식될 수밖에 없다는 점에 주목할 필요가 있다. 아이의 삶이 다양해지고 발생 영역들에서 기능 발달이 복잡해지면서 점차적으로 추상화와 일반화하는 지적 능력이 생겨난다.

발달 장소의 국지성이라는 측면에서 볼 때, 학교 교육환경은 두말할 필요 없이 중요하다. 교실의 배치, 생태 텃밭, 운동장 등의 사회물리적 장소와 교구나 학습 준비물 등의 각종 문화고안물 그리고 학교에 설치된 교훈탑, 각종 기념 식수비, 공덕비 등의 조형물과 홍보물, 포스터 등의 시각적 이미지가 부여하는 의미 해석틀 등은 학교가 발달 장소로서 잠재적 교육과정을 구성한다고 할 수 있다. 아쉽게도 우리 학교의 공간적 배치를 보면 운동장은 군대의 연병장과 흡사하고, 교장실은 관리적 시선을 확보하도록 건물 중앙에 위치하는 등 근대적 훈육 방식에 적합하게 설계하는 것이 오랜 관행처럼 되어버렸다.

---

4. 계통발생과 사회·문화 그리고 개체발생 등은 비고츠키 발달론의 존재론적 기반을 제공한다. 세 가지의 발생 영역은 각각의 독자적 영역으로 구분되면서 연관성을 갖는 중층 발생 관계에 놓여 있다. 미소발생은 세 영역의 중층적 발생 관계 내외부에서 일어나는 인과 역동적 현상을 설명하는 개념이다. 여러 가지 발생 관계들은 물리적으로 근접한 국지적인 장소에서 발현된다.

장소의 물리적이고 사회·문화적인 조건이 중요한 것은 그것이 현실 속 직접적인 존재들을 접하면서 실존, 양, 질, 속성, 척도 등 존재라는 범주를 터득하게 한다는 것이다. 그것은 현실에 대한 지식이기도 하다. 인간은 기호 사용 활동을 통해 국지적인 영역에서 자연에 적응하며, 더욱이 지속적인 피드백 과정으로 귀결되는 이차적 환경을 구축하고 반영한다. 그런데 삶의 사회·문화적 환경을 반영해야 할 사회 교과서에는 지역 특색에 맞는 내용이 아니라 표준적이며 상징적인 내용이 많다. 이때 표준은 과연 누가 정하며, 과연 무엇이 그 표준에 따라 공식적 지식이 되는지를 생각해볼 필요가 있다.

공동 활동

아동의 발달적 변화는 전체적이고 일반적이기보다는 공동 활동적 경향이 있다. 공동 활동의 움직임에서 활동 방식이나 활동 영역이 바뀌면 그 안에서 뜻밖의 인물이나 요소가 특이한 존재로 부상하는 경우를 종종 보게 된다. 비고츠키는 심리 활동의 현실적 차이들이 각 부분마다 다른 경험을 불러일으키고 다른 의미로 분절되는 발달의 공동 활동적 특성을 강조하였다.

국지적인 환경에서 문화적 도구들을 사용하는 특정한 활동들을 할 수 있다. 그 활동들은 공동적인 형태로 이루어질 때, 나름대로의 커뮤니케이션 체제를 가지면서 발달적 변화가 어떻게 일어나는지를 규명하는 것이 중요하다. 언어와 기호는 그 자체로 공동 활동의 매개 수단이다. 특정한 언어와 기호 체계 내에서 동원할 수 있는 문화적 도구의 자원들 중에는 어떤 어휘와 문법 구조를 선택할 수 있는 기회가 주어지기도 하지만 그것조차도 선택의 범위가 공동 활동에 의해 한정될 수밖에 없다.

삭스Saxe는 브라질의 '거리의 아이들street children'이 거리에서 캔디를 파는 활동 속에서 배운 '셈을 하는 행위'가 실은 사회·문화적 활동의 일부로서 이루어진다는 것을 밝혔다. 그들이 습득한 '노상수학street math'은 캔디를 팔고 장사를 하는, 즉 이익을 남겨야 하는 그들의 사회·문화적 활동을 위한 것이다. 그리고 가격 결정을 포함해서 그들이 거기서 필요로 하는 지식은 공동체 안에서 실천적인 경험의 축적으로 공유되어, 신참이 숙달된 선배의 지도를 받으면서 점차적으로 몸에 익혀가는 것이다. 거리의 공동 활동을 빼고 아이들이 습득한 '노상수학'의 지식을 논의할 수 없다.

실질적이고 물리적인 활동과 문화 사이에 직접적인 연관이 있기 마련이다. 개인이 문화 매개 수단을 숙달한다는 것은 본질적으로 개인이 공동 활동 속에 위치하고 있음을 말한다. 문화는 공동 활동의 주제이자 방법이자 결과이다. 문화를 공동 활동의 과정으로 묘사할 때는 활동과 인간 능력, 기량의 구체적인 방법과 그 결과의 유기적 결합을 반영하는 '활동 방식' 및 '그 실현 방법'이라는 개념을 이용해야 한다. 이같은 문화 요소들은 인간의 공동 활동적 삶을 재생산할 수 있게 만들어준다.

사회의 역사적 격변이나 기술적이고 문화적인 변형이 공동 활동을 구성하는 도구, 혹은 언어 기호적 '매개 수단'에도 영향을 미친다. 특히 기호의 매개 기능이 발달 효과를 일으키는 장소에 주목하면서, 사회·문화의 역사 속에서 문화적 도구의 출현과 이들 도구가 개체발생에 미치는 영향력을 파악할 필요가 있다.

한편 공동 활동을 국지적인 활동 범위에서 신체성의 조건에 준하는 체화된embodied 활동으로 파악하는 것도 매우 중요하다. 체화된 활동에서 신체는 생식이나 성행위, 또는 감각적 만족을 위한 도구나 사물과 같은 대상이 아니다. 오히려 정신과 지식이 신체의 한 기능에 불과하다는 보다 폭넓은 시각의 인정을 제안하는 것이다. 그 시대 그 장소에 살고 있는 사람들만이 완전히 도달할 수 있는 특수한 시간과 장소에서 체험한 문화가 있기 마련이며, 그것을 체감하는 것은 발달에 지대한 영향을 미친다.

공동 활동에 참여하는 개인들이 만들어내는 신체적 집합 상태의 강도와 다양한 활동 방식에 의해 잠재적 발달 수준의 폭과 깊이 역시 달라지기 마련이다. 아이들의 발달은 피아제처럼 자연 성장적인 것이 아니다. 체화된 활동을 강조하는 이유는 발달의 잠재적 수준이란 서로 몸으로 부딪치면서 공동 체험을 통해 발생되는 것이지 개인 간 상호과정 이전에 존재하는 것이 아니기 때문이다.

또한 여러 관계들과 상호 행위는 국지적인 활동 범위niche를 구성해낸다. 활동 범위 내에서 기호의 사용과 집합적 신체는 상호작용과 상호 교차가 빈번하게 일어나 변형을 거듭하면서 발달의 잠재성을 도모한다. 또한 국지적인 장소에서의 발달들이 서로 고립된 것은 아니다. 우리는 발달의 국지적 영역들과 조건들이 누적되면서 심리 기능과 구조들이 형성되고 변환되는 문화-역사적 장을 탐구해야 한다.

발생적 발달의 특성 (2)—기능 발달의 두 국면

문화 발달의 일반적 법칙[5]

비고츠키는 말의 습득과 습득 후에는 특정한 말로 표현되는 개념들이 총체적인 인간 정신을 구성하고 변화시킨다고 믿었다. 말은 타인을 위해 존재하고, 그로 인해 나를 위해서도 존재하게 되는, 현실적이고 실재적인 의식이다. 비고츠키는 말이 어떻게 사회적 말에서 시작하여 자기중심적 말을 거쳐 내적 말로 변화하는지를 논증하였다. 기능 발달의 두 국면은 말의 발달 국면과 과정들을 일반화한 내용인 것이다. 이것을 비고츠키가 개체발생의 원리로 파악한 '문화 발달의 일반적 법칙'이라 명명하였다.

그 법칙에 따르면, 모든 심리 기능의 발달은 사회적 국면과 개인적 국면에 걸쳐 '두 번 혹은 두 층위'에서 일어난다. 심리 기능들은 개인들 간의 상호작용을 통해 점차 개인 내로 내면화internalization하면서 재구성되고 개인은 그 기능을 통해서 외부 세계에 적응하게 된다.

그리고 두 국면에서의 기능이 질적으로 다르면서도 상호 연관되어 있음을 부각하기 위해 기능 발달의 '이중화double'라는 개념을 제안한다. 기능 발달의 이중화는 외적 과정의 층위와 내적 과정의 층위가 구분되면서도 심리 기능이 각각 동시적으로 작용한다는 점에 착안하여, 그것을 기능 발달의 전이displacement 과정으로 파악한 용어라고 보면 된다. 어린이의 자기중심적 말은 개인 간 기능으로부터 개인 내 기능으로 전이, 즉 어린이의 사회적·집단적 행위로부터 보다 개별화된 행위로의 전이의 한 현상으로서 언어 발달의 경로를 보여준다.

언어는 신호 기능, 사회적 기능, 의사소통 기능 등의 정신 간 기능intermental functioning을 통해 그것을 사용하는 당사자가 개인의 외부에 있는 대상을 인지하고 그것을 자신의 의도에 따라 변형시킬 수 있도록 한다. 그와 동시에 의미 기능, 개인적 기능, 지적 기능 등 정신 내 기

5. 이 법칙은 개체발생의 발달 원리를 가장 단순화한 것이면서 핵심적인 내용이다. 이 법칙은 기능 발달에 관한 것이다. 비고츠키는 발달을 자연 기능(초보적 기능)에서 문화 기능(고등적 기능)으로의 이행과정으로 설명한다. 이 과정에서 문화 기능의 발달이 두 번 일어나는데, 한 번은 사회적 국면에서 일어나고 또 한 번은 개인적 국면에서 일어난다. 즉, 개체발생의 모든 기능의 발달은 두 번에 걸쳐서 일어난다. 이 책 75~78쪽에서 기능 발달을 다시 한 번 다루고 있으니 참고 바람.

능intramental functioning을 통해 외부에 있는 대상을 내면으로 끌어들여 자신의 내부에 새로운 연결들을 생성시키도록 한다. 즉 정신 내 기능들은 그 자체의 법칙을 가지고 있는 새로운 체계에 편입한다. 이것은 기능 발달의 이중화 작용에서 발생하는 문화적 도구의 전이 효과에 관한 설명인 것이다.

아이들은 내면화 혹은 이중화를 거치면서 자기와의 관계에서 발달의 독립적 성취를 이룬다. 내면화란 사회적 국면에서 타인과의 관계가 심리적 국면에서 자기와의 관계에 의해 이중화되는 것이다. 이것은 타인과 자아 사이의 '존재론적 이중화'를 의미한다. 존재론적 이중화란 다른 사람과의 관계에서 특정한 삶의 형태를 표현하는 것이자 어떤 존재 양태의 발생적 징후를 지적하는 표현이다.[6]

이것은 활동의 측면에서 보면, 공동 활동에서 개인 활동으로 넘어가는, 즉 존재의 측면에서 보면 공동 활동에 참여했던 각자가 개체화하는 과정이기도 하다. 개체화 과정은 그것이 일반적·합리적 공식으로 환원되지 않는다는 점이 중요하다. 그러므로 개체는 개체로서의 유일함을 가짐으로써 새로운 가능성을 시사하는 개체이다.

문화 발달에서의 이중화와 개체화라는 관점으로 보면, 교사 개인의 삶의 방식까지도 아이와의 관계에서 발달에 영향을 미친다는 것을 감안해야 한다. 어느 초등 교사의 강의록 『삶을 가꾸는 국어』를 살펴보자.

6. 사회적 국면과 개인적 국면에서 발생하는 '존재론적 이중화'는 개체발생(개체화)의 존재론적 발달을 설명하려는 중요한 단서이다. 이것을 사회와 개인의 관계에서 살펴본다면 '사회 속의 개인'과 '개인 속의 사회'라는 이중적 존재자로 표현할 수 있다. 이런 점에서 보면, 순수한 개인은 없으며 이중적 존재자인 사회적 개인만이 존재할 뿐이다. 따라서 '이중화'라는 개념을 도입한 것은 사회적 개인의 존재 발생을 개체화의 원리로 설명하고자 한 것이다.

······ 언제부터인지는 모르겠으나 저에게 교육은 '삶을 나누는 일'과 같은 말이었습니다. ······ 그래서 교육은 교사의 입에서가 아닌 뒷모습에서 일어나는 것이라고 꾸준히 생각해왔습니다. 결국 이 말은 '아이들을 어떻게 키울 것이냐 하는 물음이 결국엔 내가 어떻게 살아갈 것이냐'와 같은 뜻이라고도 정리할 수 있을 것 같습니다. 어떻게 살지에 대해 생각해보지 않고, 혹 생각하고 있더라도 실천(삶으로써 일관성 있게 보여주는 일)하지 않는다면 어디에서도 교육은 일어나지 않는다고 생각합니다.

박동섭에 따르면, 비고츠키가 '문화적 발달의 일반적 발생적 법칙'에서 말하고 싶었던 것은 성인이나 유능한 또래와 협력하면 인지 능력 혹은 문제 해결 능력이 높아진다든지 특정한 수업 방식을 사용하면 아이들의 학습 참여도가 올라간다는 것과 같은 '공리주의적' 생각이 아니었다고 한다. 그것보다 비고츠키는 이 법칙에 근거해서 먼저 태어난 사람들(예컨대 성인들)과 관계를 맺으면서 어떻게 어린이가 그 성인들의 특정한 생각하는 방식, 느끼는 방식 그리고 말하는 방식을 그들과의 부단한 상호작용을 통해 차츰 습득해서 한 사회 문화의 한 사람 몫을 해낼 수 있는 구성원이 되어가는지를 탐색하고자 했던 것이다.

아이가 문화적인 전통에서 태어나고 그 안에서 성장하면서 문화를 배워나가듯이, 비고츠키는 문화가 심리 기능을 강하게 개선시킬 수 있다고 보았다. 인류학자 기어츠Geertz 역시 문화를 "인간에 의해 만들어진 역사적으로 전달된 기호학의 그물망이며 인간의 세계에 대한 자신들의 지식, 신념, 태도를 발전시키고 의사소통을 하며 영속시키도록 하는 것"으로 정의한다. 문화에 대한 이러한 견해는 문화와 정신을 기호학적으로 조직된 기능적 시스템으로 생각하며 문화와 정신 사이에서 고유한 변증법적 관계를 주장한다.

언어 기호의 내면화[7]

심리적 도구의 전형인 '말'을 보더라도, '말'은 처음에는 자신의 것이 아니라 사회·문화 속에서 자신보다 이미 앞에 존재한 것이다. 비고츠키는 말로 하던 생각을 글로 옮기는 프로세스를 통해 그 생각이 다듬어지고 새로운 사고방식을 발견하게 된다는 것을 밝혀냈다. 글을 쓰는 동안 생각을 문자로 보다 정확하게 포착하려고 노력하는 가운데 내면적 대화가 이루어진다. 생각을 글로 표현하려고 고심해본 사람이라면 누구나 글을 쓰는 동안 생각의 형태가 바뀌는 것을 경험한다.

월터 J. 옹의 『구술문화와 문자문화』에서 구술성의 정신역학과 의식을 재구조화하는 쓰기에 대한 비교 연구는 참고할 만하다. 쓰기는 의식적 통제 혹은 신중한 숙달을 요구하는 기술이다. 동시에 쓰기를 배울 때, 어린이는 모국어가 어떤 구조를 가지고 있다는 것을 깨닫는다. 결국에는 쓰기를 배운 것이 입말을 이해하는 데 역으로 도움을 준다.

심리적 도구는 자기와의 관계 아래 자신을 숙달시키려는 목표를 갖는 내적 활동의 수단으로서 내부 지향적이다. 그리고 인위적인 자극인 기호는 내적 정신 기능을 변형시키는 과정에 관계한다. 이 과정에서 심리적 도구는 정신 기능을 촉진하는 보조 수단의 기능만을 하는 데 그치지 않고 정신 기능을 질적으로 변형시킨다. 기호 체계는 전체 심리과정을 재구조화하여 아동이 자신의 동작을 통제할 수 있는 내적 능력

---

7. 비고츠키는 입말의 발달과정을 통해 내면화를 설명한다. 즉, 사회적 소통을 위한 외적 말은 혼잣말을 거치면서 개인 심리적 측면의 내적 말로 이행한다. 이때 내적 말에 의해 내면이 형성된다는 것이 밝혀진다. 내적 말의 내면화는 자기 자신과의 대화, 즉 생각을 하게 된다는 것이다. 이 책의 85~88쪽에서 내적 말의 내면화 과정을 언어적 자기 규제의 발달이라는 내용으로 설명하고 있으니 참고 바람.

을 지니도록 한다.

사회적 국면의 상호 심리과정과 개인적 국면의 개인 심리과정 모두 기호 조작 과정이 매개된다. 이때 문화 매개 수단이 사회적 국면과 개인적 국면에서 작용하기 때문에 전자로부터 후자로의 이행뿐 아니라 그 반대로의 이행 또한 가능하다. 비고츠키와 동시대의 인물인 볼로시노프의 작업에 따르면, 그는 의식이 '기호의 물적 존재the material of signs' 속에서 형성된다고 본다. 그러므로 인간의 의식 발달과정을 분석하는 적절한 방법은 바로 기호의 물적 존재성을 분석하는 것이다.

비고츠키는 "내면화가 과정 그 자체를 변형시키고 그것의 구조와 기능들을 변화시킨다"고 진술한다. 이렇듯 기능 발달의 내면화와 이중화는 외적인 수준에서 수행되어왔던 활동 유형 중 어떤 측면이 내적인 수준에서 실행되는 과정이다. 이때 외적인 활동은 기호적으로 매개된 전이 과정을 거치면서 내적 기능의 출현을 위한 열쇠이다. 그 과정을 단순하게 표현한다면, 타인을 외적인 도구들로 대체하고, 도구를 상징으로 대체하며, 상징을 의미로 대체하면서 내적 통제가 가능해지는 것이다. 이 과정을 보면, 외적 형태의 기능이 내적 형태의 기능의 단순히 모사본일 수 없다.

언어 기호의 내면화 과정은 이른바 감관에 의해 지각 가능한 것이 기호로 변환되는 상징화 과정이다. 이것이 행위자의 인식 및 지각 구조를 형성한다. 기호의 지시 기능이 주의력을 발달시키고 상징 기능은 논리적 기억을 발달시킨다. 문화가 심리 기능에 영향을 미치는 전이 효과를 이해하려면, 문화를 인지적 영역에 국한하여 정의할 필요가 있다. 인지-문화적 접근에서 보면, 기능 발달의 두 국면은 공적인 기호, 언어 표현, 도구 사용 행동 등의 사회적 상호작용을 통해 사회적 실재social reality를 구성하고 그것들을 내적·심리적 국면에서 실행하는 것을 학습하는 것이다. 그러므로 개개인의 능력은 사회적 상호작용에서 문화적 도구를 습득하는 것에 좌우된다고 볼 수 있다.

문화는 단순히 변화의 대상이 아니라 인간의 심리 기능에 변화를 만들어내는 힘이라는 인식은 문화를 그 자체로 하나의 체계로 검토·연구할 수 있다는 가능성을 열어준다. 문화는 인간이 그들의 경험을 조직하고 해석하기 위해 정신적으로 구사하는 개념들과 모델들로 이루어진 의미 해석의 틀이다. 이렇게 외부적으로 존재하는 의미 해석의 틀인 문화를 의미의 기호 체계로 보는 문화 개념이 성립한다. 기호가 매개되는 전이 과정에서는 우리가 접하는 사물과 사건들은 오로지 의미를 담고 있는 기호의 자격으로만 인지-문화적으로 유효하다.

일반적인 어린이에게서 나타나는 정신 발달의 역사에서 기호화 과정은 특별한 노선을 형성한다. 『도구와 기호』에서 어느 정도 드러났듯이, 비고츠키의 연구 방향에서 발달의 기호화 과정에 대한 독립된 역사를 구체화할 필요성에 직면했음을 알 수 있다.

발생적 발달의 특성 (3)—발달 시기의 민감성

발달의 유기체적 특성

비고츠키는 인간의 생물학적 진화가 인간의 역사 발전이 시작되기 이전에 끝났다고 보았다. 그래서 개체발생과 사회·문화의 역사가 교차하는 방식에 더 관심을 쏟았다. 그의 관심을 들여다보면, 사회·문화의 역사는 사고 발달에 필수적이지만 충분하지는 않은 원인이라는 입장을 취한다. 사회언어학자 존 컴퍼즈John Gumperz의 인도 영어 연구에서는, 사회·문화적 맥락이 변하더라도 사회적으로 일단 체득한 말하기

방식이 어떻게 평생 동안 지속되는지를 지적한다.

그것은 개체발생에는 다른 발생적 영역과 달리 두 개의 발달적 힘이 작용하기 때문이다. 하나는 발달의 신체적 측면인 자연 발달적 힘이고 다른 하나는 언어 기호적 측면인 문화 발달적 힘이다. 개체발생적 차원에서 보면, 일단 어린이들이 자신이 타고난 문화 속으로 학습해나가면서 그와 동시에 어린이들에 대해 생물학적으로 특수화된 생명 현상이 특수한 방식으로 발달적 변화를 일으킨다. 비고츠키는 발달에서 어린이의 유전적 장비들과 성숙의 역할을 염두에 두었다. 그러나 비고츠키의 경험 연구에서는 자연 발달적 노선과 문화 발달적 노선이 혼합하여 변형되는 것을 구체화하지 못하고 문화 발달적 힘들이 자연 발달적 국면에 변형을 가하는 방식에만 초점을 맞추었다.

메뉴크(Menyuk, 1999:7)에 따르면, 16개월 된 아기가 이해할 수 있는 어휘가 100개인 데 비해 36개월 된 아기의 이해 어휘는 4,000개에 이른다. 24개월에서 36개월 사이에 어휘 폭발이 일어나는 것이다. 이 시기 이후 어휘의 성장은 완만하게 이루어지다가 학교 입학을 전후하여 문자를 해득하고 독서량이 증가하면서 다시 폭발적으로 증가한다. 이와 같이 발달은 일직선으로 이루어지기보다는 발달상 중대한 국면과 시기가 존재한다고 보는 것이 타당하다.

비고츠키는 기능 발달을 일련의 질적인 변화들로 특징지을 수 있다는 데 역점을 두고 그것들의 역동성[8]에 대해 이렇게 말한다.

---

8. 발달의 역동성은 앞에서 설명한 세 개의 발생 영역들—계통발생, 사회·문화, 개체발생 등의 중층적 발생 관계에서 일어나는 발달 현상을 표현한 것이다. 발생 영역들의 중층 발생 관계에 기반을 둔 아이의 성장과정에서 특정한 시기에 보이는 발달의 민감성을 강조하는 용어가 역동성이다. 이 책의 62~65쪽에서는 개체발생의 내외부에서 일어나는 기능과 구조의 통합적 발생 관계를 발달의 복잡성이라고 표현하고 있다. 발달 현상에 대한 다양한 표현은 다음 글에서 정리할 예정이다.

우리는 어린이 발달이 상이한 기능들이 발달하는 데 있어서의 주기성periodicity과 독특성uneveness, 한 형태에서 다른 형태로의 변화나 질적 변형으로 특징지어지는 복잡한 변증법적 과정으로서, 발달에는 외적 요인들과 내적 요인들, 아동이 직면하는 장애들을 극복하는 적응 과정이 얽혀 있다고 믿는다.

우리는 특정한 유형의 상호작용적 학습이 이 시기에 특정한 민감성을 가진다는 것을 알게 된다. 민감한 시기란 발달의 최적기라고 할 수 있다. 비고츠키는, 어린이 행동의 발달사는 그것의 이전 과정, 생물학적 근원, 그리고 그것의 유기체적 성격을 연구하지 않고서는 알아내는 것이 불가능하다고 말했다. 생물학자 드 브라이스De Vries의 실험에서도 확인된 바 있듯이, 유기체가 특정한 유형의 영향에 각별히 민감한 개체발생적 발달의 시기를 보이는 것과도 맥을 같이한다.

발달 시기의 민감성은 특수한 변화가 중점적으로 이루어지는 시기가 존재한다는 것을 말한다. 그 변화가 시작되는 시기와 지속되는 기간 그리고 그 변화에 가장 영향력 있는 활동의 형식과 내용은 문화 역사적인 특수한 상황들과 밀접한 관련이 있다. 각기 다른 발생적 영역들의 상대적 자율성 및 발달 노선들의 내적 동인이 각기 다른 시간대에서 반응한다. 그렇기 때문에 개체의 발달적 양상은 복합적이며 불균등하다. 따라서 발달은 선형적이지 않다.[9]

---

9. 선형적이라는 것은 예정되어 있다는 의미를 담고 있어 일정한 단계를 밟아가는 피아제의 발달론과 일맥상통한다. 또한 선형적이지 않다는 것은 예정되어 있지 않을 뿐이지 알 수 없다는 것은 아니다. 이것에 대한 보완은 다음 장에서 근접발달대를 설명하면서 좀 더 이루어질 것이다.

무의식성과 의식성

우리가 해야 할 일은 오직 이 민감한 시기의 본질을 명확히 밝혀내는 것이다. 민감한 시기란 취학 전 어린이의 놀이에서 그 과정을 살펴볼 수 있다. 놀이가 보여주듯이 사회적 상호작용을 통해 새로운 의미작용이 일어나고, 그것이 기호로 변형되는 일련의 과정이 민감하게 반응하는 특정 시기에 집중된다. 민감한 시기에 집중한다는 것은 자신이 의식하지 못하는 무엇인가가 있다는 것을 의식한다는 것으로 파악할 수 있다.

어린이의 언어 발달에서 무의식적이었던 것을 의식하게 하는 대표적인 예로서 주목해야 할 것이 상위 언어적 능력metalinguistic ability이다. 언어를 탈맥락적 대상으로 사고할 수 있는 상위 언어적 능력은 아동이 언어 형식을 숙달한 후에 나타난다. 아동은 학령 초기가 되면 그전에는 무의식적으로 사용하던 언어 형식과 내용에 대해 상위 언어적 수준의 인식을 갖게 된다.

대체로 초등 저학년 단계에 이르면 한 언어의 체계에 온전히 익숙해진다. 저학년 어린이들은 교사가 읽어주는 이야기책에 빠져드는 모습을 보인다. 바로 아이들이 새로운 언어 발달 사태에 주의를 기울이는 것이다. 책의 언어가 특별한 점은 어휘력의 확대뿐만이 아니다. 그에 못지않게 중요한 것이 바로 여기 나온 것과 같은 일상적인 구어에서 거의 찾아볼 수 없는 통사적·문법적 구조다. 책에만 등장하는 구문들의 전형적인 표현들을 접하게 된다.

사회·문화의 역사적 맥락은 의식하고 있지 않으나 우리들의 지식 기반이나 가치, 신념 등에 영향을 미친다. 무의식적으로 미치는 사회적 영향력은 현실에 존재하는 관계들에서 비롯한다. 비고츠키는 말년에 이룬 연구 성과인 『마음, 의식, 무의식Mind, Consciousness, The Unconscious』

에서 무의식적 수준이 존재함을 지적한다. 인간과 자연, 인간과 동물, 인간과 기계 및 인간과 사물의 관계, 한마디로 인간과 인간 아닌 것의 관계들 속에 잠재적 수준의 정신 기능이 무엇인지를 파악하는 데에 어느 정도 단서가 될 만한 무의식적 요소들이 거주하고 있음을 시사한다.

어린이의 지적 발달 과정을 보면, 사회적 국면은 둘 이상의 사람들의 행동과 인지, 그리고 사람들 간의 관계로 구성되는데 이때 상상적이고 상징적인 관계는 무의식적 기반 아래에서 작동한다. 어떤 행동들은 합리적 질서에 속하거나 속하는 것처럼 의식된 상태로 보이지만, 또 다른 행동들은 원칙적으로 그 목적들을 알아내기 힘든 경우도 있다. 그런 경우에는 개인들이나 집단들의 명백한 이해와는 반대되는 방식의 무의식적 상태에서 행동하도록 이끌기도 한다.

발달의 민감한 시기는 일상적인 관심의 대상이 변하고, 행동 상에서의 감응과 감각이 바뀌면서 무의식적이었던 것들을 변하게 한다. 이때 상황 조건적 맥락을 의식하도록 유도하는 개인 간 정신intermental 국면에서 유능한 타인과의 상호작용이 필수 불가결하다. 발달 시기의 민감성이란 모든 정신 기능을 아무런 구분이 없는 형태로 한꺼번에 압축하고 있는 무의식의 측면이, 타인과 상호작용을 하면서 개인 내 intramental 정신 국면에서는 그 기능들이 의식적 수준으로 일깨워지는 과정인 것이다.

무의식 상태가 개인 간 국면에서 의식 상태로 구현되는 과정은 개인의 의식 수준이 독립적인 발달적 성취를 이루어가는 것을 뜻한다. 그러나 현실은 교과서의 진도와 시험이라는 기준에 의해 발달 시기의 민감성이 압살되고 있다. 비고츠키는 개인의 발달적 양상이 개별적으로 상이하게 나타나는 것을 강조한다. 그것은 각 개인이 타고난 무의식이

다르기 때문이 아니라 사회적 국면에서의 무의식을 의식으로 구현하는 과정에서 각 개인이 겪는 심리과정이 상이하기 때문에 나타나는 현상이라는 것이다.[10]

근접발달대의 사회적 구성

근접발달과 상호작용

근접발달대Zone of Proximal Develpment가 주목받게 되는 것은 IQ 검사를 비롯한 각종 지능 검사에 비판적이었기 때문이다. 또한 IQ가 똑같은 어린이들도 서로 다른 근접발달대를 지닐 수 있다. 근접발달대는 개체발생적 영역에서 새로운 심리 기능의 발달을 도모하는 발생적 영역을 한계 짓는 개념이다. 어린이의 근접발달대는 독립적으로 해결한 문제를 통해 확립된 어린이의 실제적 발달 수준과, 성인의 안내나 혹은 더 지적인 파트너와의 협력으로 어린이가 해결한 문제를 통해 확립된 어린이의 가능한 발달 수준의 차이다. 간단하게 말하면, 이미 발달된 심리 기능과 앞으로 새롭게 발달할 심리 기능과의 격차라고 할 수 있다.

일반적으로 근접발달대의 형성은 협력 수업을 통해 가능하다고 알려져 있기에, 학교 현장에서는 교사들의 오랜 경험과 노련한 수업 기술을 활용하여 협력 수업에 대한 다양한 시도들이 진행 중이다. 협력의

---

10. 사회적 국면의 무의식성과 개인적 국면의 의식성은 입말 행위와 글말 행위의 예를 생각해보면 된다. 입말 행위는 의식하지 않고도 할 수 있지만 글말 행위는 의식적인 과정이기 때문이다. 아이들은 무의식적 존재 상태에서 의식적 존재 상태로의 존재 이행을 하는 국면에서 발달적 민감성을 겪는다고 볼 수 있다. 이때 아이들이 겪는 다양한 심리과정들을 염두에 두고 쓴 글이 제2부의 「발달 교육의 발판, 체험·탐구·놀이」이니 참고 바람.

의미는 삶의 윤리적 측면에서 당연시되었으므로 교사와 아동이 지향하고 마땅히 구축해야 할 것으로 받아들여진다. 이러한 태도가 학습과 발달의 관계에 대한 개념상의 모호함을 낳아 다양한 협력 수업의 시도들이 있음에도 불구하고 기대했던 만큼 큰 진전을 이루지 못하고 있다.

협력 수업의 원리에 대한 문제 인식은 학습과 발달이 다르다는 문제 인식에서부터 출발해야 한다. 비고츠키에 따르면, 학교의 지식 프로그램에 의한 학습의 곡선과 아이들의 내적 발달의 곡선이 일치하지 않는다고 한다. 학습과 발달 각각이 상대적인 독립성을 갖는 두 개의 과정으로 이루어졌기에 학습이나 발달 중 어느 하나만 이루어지고 한쪽은 일시적으로 중단될 수도 있다는 것이다.[11]

피아제의 경우도 학습과 발달이 분리되어 있음은 인식하였으나 발달이 특정 단계에 도달한 이후에야 학습이 가능해진다는 입장이다. 그러나 학습과 발달이 불일치하기 때문에 학습은 현재의 발달 수준에서 잠재적 발달 수준으로, 즉 근접발달적 변화를 창안하는 경우에 비로소 유의미하다는 것이 비고츠키의 견해이다.

비고츠키는 근접발달을 촉발하는 학습의 주요한 형태가 모방이라고 했다. 이미 아리스토텔레스는 인간은 모방적인 존재임을 말하며 모방 개념을 학습의 한 형태로 발전시켰다. 아이들의 언어 습득 과정을 보면, 다른 사람들과 대화를 통해 상호작용함으로써 모방이 주요한 학습의 형태임을 잘 보여준다. 학습이 발달을 이끌어가려면 모방 능력이 중요하다. 모방 능력은 유능한 타인과의 상호작용을 통해 발달한다는 점

---

11. 비고츠키의 연구 중 가장 중요한 것이 학습과 발달이 불일치한다는 점을 밝힌 것이다. 학습이나 발달 중 어느 하나만 일어날 수 있다는 것은 앞에서 언급한 문화 발달의 일반 법칙으로 설명할 수 있다. 도식적이지만, 사회적 국면에서는 학습만 이루어지고 개인적 국면에서는 발달만 일어나는 경우를 생각해볼 수 있다.

이 중요하다.

아이는 태어나서 타인의 목소리에 사회적 반응을 하거나 부모가 어떤 대상을 특정 단어와 빈번히 짝지어줌으로써 조건반사적으로 학습한다. 즉 아이는 대상에 묶여 있는 반응만을 보이는 것이다. 모방은 먼저 무작위로 볼 수 있어야 하며, 그러고 나서 본 것을 비교하는 것이다. 아이가 반응하는 것이 아니라 본다는 것은, 또다시 보려 하고 그리고 비슷한 사실들을 볼 수 있어야 한다는 것이다. 그것은 자신과 다른 사람 혹은 주변 대상들이 분리되어 있음을 전제로 해서야 가능하다.

아이가 사물을 붙잡는 동작에서 가리킴의 제스처로 내적 발달을 하는 과정을 보면 엄마와의 상호작용이 필수적인 조건이다. 엄마의 등장으로 아이와 사물의 관계는 더 이상 사회적 반응이나 조건반사적이지 않게 된다. 엄마와의 상호작용을 통해 알 수 있듯이 사람들과 사물 그리고 아이의 사이에 기호 작용이 일어나면서 아이는 자신을 제외한 주변 대상과의 분리가 일어난다.

이것은 마치 노동도구를 사용하면서 객체로서의 자연과 주체로서의 인간의 분리가 일어나는 것과 같다. 주변 대상과 아이가 분리되면서 아이는 관찰을 할 수 있게 된다. 관찰은 주체와 대상의 분리에 의해 의식 내부에서 일어나는 격투이다. 대상과의 분리로 인한 상호작용의 성립이 새로운 의식의 질적 고양을 일으킨다.

아이가 주변 대상과의 분리로 인해 주체와 대상 사이에 '상호작용 과정'이라는 중간 항이 매개된다는 것에 주목해야 한다. 근접발달대는 우리가 눈으로 볼 수 없는 발달적 힘들이 서로 얽혀 있음과 동시에 교실 수업에서의 상호작용 과정의 산물이다. 잠재적 수준의 정신 기능은 바로 상호작용 과정에서 창출된다. 중간항은 기능의 발달 형태가 이중화되어 개인 간 정신 기능에서 개인 내 정신 기능으로 변환되는 영역이기도 하다. 두 기능은 각각 질적으로 다른 발달 계열을 갖기 때문에 시간대도 역시 이중적일 수밖에 없다.

발달과 학습이 불일치한다는 점 그리고 기능 발달의 전위 과정에서 도 이중화의 시간이 존재한다. 그러한 발달 조건을 바라보는 교사의 태도는 어떠해야 할까? 그 중간 항에서 바로 사회적 상호작용의 복합적 현상이 일어나 근접발달대의 사회적 구성이 가능해진다는 점에 주의를 기울여야 한다. 근접발달대의 사회적 구성을 이끌어내는 상호작용의 복합적 동인들을 네 가지 범주—사회적 관계, 미소발생, 의지, 정서 등으로 나누어 살펴본다.

사회적 관계의 구성과정

상호작용은 사회적 관계의 구성과정이다. 상호작용은 접촉이나 마주침이란 사태를 전제하고 있는 용어이다. 그 용어는 어떤 관계 맺음의 가능성을 짐작케 한다. 상호작용 과정은 교수자와 학습자의 사회적 관계를 기반으로 구성되므로 그 과정에 객관적인 관찰자는 있을 수 없다.

객관적 관찰자가 없다는 것은 상호작용 과정이 이론적이고 기술적 시선으로 포착할 수 없는 까다로운 과정이라는 것이다. 만일 교수-학습 상호작용을 객관적 지식의 대상으로 표상하려고 시도할 경우, 대개가 교수자 중심 혹은 학습자 중심으로 귀결될 수밖에 없다. 그렇기 때문에 교수-학습 상호작용은 무엇이라고 할 수 있기보다는 무엇이 될 어떤 것이어야 한다.

발달의 잠재적 가능성을 이끌어내는 상호작용 과정은 교수자와 학습자 사이에 어떤 관계를 만들어내면서 동시에 그들을 이전과는 다른 존재로 변화시키는 사회적 구성 과정이다. 사회적 구성과정은 이미 주어진 문화-역사적 환경에서 공동 활동적 특성을 갖는다. 공동 활동은 특수한 문화 환경, 기관institutional 환경, 역사 환경을 반영한 복수적인 요인들이 복합적으로 작용하기 때문에 교수-학습의 사회적 관계 역시 어떤 내적 본질도 내적 성질도 지니지 않는다.

교수-학습 상호작용은 그 자체로 사회적 관계를 구성하고 재구성한다. 교사는 학습 환경을 조성하고 제공하는 지원자일 수도, 활동을 매개하는 촉진자일 수도 있으며 수업 장면을 설정하는 연출자가 되기도 한다. 학습자 역시 스스로의 발달을 내면화하는 자기-통제와 자기-통치, 자기-훈련 등의 방법들을 창안해낸다. 그 과정은 발달적 힘들이 발생할 수 있는 잠재적 발달 수준을 형성하게 된다. 교수자와 학습자의 상호작용적·사회적 관계는 현재의 발달 수준에서 좀 더 잠재력을 지닌 발달 수준으로의 변형이 일어나는 민감한 지대라고 할 수 있다.

가르침과 배움의 비대칭적 관계로 마주한다는 것이 공동 활동을 구성하는 첫걸음이 된다. 물론 가르침과 배움이라는 비대칭적 교수-학습 관계는 경직된 권력 관계로 귀결될 수도 있지만 근접발달적 관점을 갖는다면 상호작용적 역동성을 낳을 수도 있다. 앎의 수준에서의 비대칭적 관계가 지적 예속을 낳고 그리하여 권위적인 관계로 고착되면, 그런 경우 교사는 설명자이고 학습자는 이해하는 자로서 역할이 나뉜다. 전통적인 교육학에서는 교수와 학습의 관계를 설명과 이해의 관계로 받아들인다. 설명하는 자와 이해하는 자라는 구분에서 교사는 주체이고 학생은 대상이 되기 마련이다.

그렇기 때문에 전통적인 교실에서는 교사의 입장과 관점만이 일방적으로 존재한다. 특정 역할로 분담된 주체들로 분업화된 과정과 상호작용 과정은 완전히 다른 차원에 속한다. 교수자와 학습자를 갈라놓는 고질적인 이분법에서 벗어나 상호작용에 참여함으로써 함께 변화하는 과정인 것이다. 상호작용의 사회적 관계는 언제나 함께 이야기되고 함께 움직이는 만남과 생성의 결합적 관계일 수밖에 없다.

비대칭적인 교수-학습 관계가 발달을 극대화하는 사회적 배치를 만들어내는 것이 관건이다. 상호작용에 참여하는 주체들이 비대칭적 조건임에도 불구하고 특정 주체에 기울지 않는 공동 활동이어야 한다. 서로가 서로를 뒤섞는 활동적 관계가 이루어져야 발달을 견인할 수 있다. 특정 주체에 치우치지 않도록 하는 공동 활동적인 사회적 배치의 성분들은 다양하다. 인간도, 동물도, 식물도, 도구도, 공간도, 사물 모두 사회적 배치의 성분일 수 있다. 공동 활동을 구성하는 데 인간보다 생태적 공간이 혹은 학습 도구가 실질적인 역할을 할 수가 있다. 비대칭적 관계로 공동 활동을 수행하기 위해서는 적절한 사회적 배치를 통해 발달적 힘의 흐름을 타야 한다. 책상과 의자의 배열, 공기의 순환, 입말과 글말의 겹침, 무/의식적 욕망 등이 발달적 힘의 흐름을 형성한다. 공동 활동의 사회적 관계는 발달적 힘을 끌어내는 사회적 배치를 구안해내야 존속되는 것이다.

미소발생적 과정

상호작용은 미소발생적 과정이다. 교사와 학생은 수업 시간에 수없이 많은 상호작용을 한다. 그것은 학생들끼리도 마찬가지이다. 아이들의 근접발달적 변화의 힘은 교사-학생, 학생-학생 간의 상호작용을 통해 형성된다. 상호작용 과정에서는 교수-학습의 미소발생적 역동성에 주목해야 한다. 미소발생적 영역을 어떻게 사고할 것인가?[12]

---

12. 개체발생의 발달과정이 특정한 장소에서 일어나는 역동적 현상을 설명하는 개념이 미소발생이다. 이 글에서는 교수-학습관계에서 일어나는 상호작용을 미소발생적 흐름으로 파악하고자 한다. 이 책의 88~90쪽에서는 생각과 말의 발달을 미소발생적 흐름 작용으로 설명하고 있으니 참고 바람.

그 영역에서의 역동적 움직임을 고체의 물질적 속성을 지닌 알갱이로 파악하기보다는 유체의 흐름으로 파악하는 것이 더 납득이 간다. 흐름의 역학에서는 개울물의 작은 맴돌이처럼 미세한 일탈이 어떤 반복 과정을 통해 여러 소용돌이를 만들어낸다. 흐름과 움직임을 갖는 미소발생적 영역은 잠재력이라는 차원에서 다루어진다. 미소발생적 흐름에서는 엇갈렸던 방향들이 합류하면서 변형과 변이들이 일어난다.

비고츠키 역시 언어 발달적 변화를 말의 미소발생적 흐름으로 파악한다. 언어 발달에서 통사론적 능력과 의미론적 능력 간의 말의 기호 작용적 흐름은 상반된 이동 경향을 보인다. 낱말의 의미적 측면은 전체에서 부분으로, 구에서 낱말로 발달하지만, 말의 음성적 발화 측면은 부분에서 전체로, 낱말에서 구로 움직인다. 미소발생적 과정에서는 말의 흐름 특성으로 발달적 변화를 구명할 수 있다.

미소발생적 영역에서는 잠재적 발달 수준을 구성하는 힘이 작동한다. 그 힘은 신체의 물리적 힘과 정신의 지적·의지적 힘으로 표현된다. 이 힘들은 교구를 이용한 활동뿐만 아니라 언제나 기호 사용 활동과 결부되어 작용한다. 미소발생적 영역에서는 기호 사용 활동에 주목할 필요가 있다. 세계는 기호들이 다른 기호들을 지시하기만 하는 그러한 텍스트가 아니라 기호의 사용이 발달적 힘의 징후가 되는 활동들의 관계망이다. 언어구성체의 원질료는 기호이다. 문자로서의 기호이든 소리로서의 기호이든 그 기호들이 어떤 규정성을 띠게 되면 명제, 어구, 담화 행위 등이 된다. 교수-학습에서 기호 사용 활동이 없이 어떻게 상호 의존적인 활동이 되며, 학습의 동기가 부여되고, 지식과 아이디어가 창출되고 교류될 수 있는가?

기호 사용 활동의 서로 다른 형식들은 상이한 상호작용적 패턴을 가져올 수 있다. 기호 사용 활동에서의 기호-생산과 기호-흐름의 미소발생적 변화를 의식하지 않는다면, 그것은 지도서의 표준화된 교수 행위가 기호 사용 활동을 대체하게 되어 평가가 학습을 강제할 뿐이다. 발달적 사건을 일으키는 교수-학습의 미소발생은 기호 사용 활동의 수준에 달려 있다. 공동 활동적 차원에서 구성원의 발달을 촉발하는 기호 작용적 흐름을 만들어내지 못한다면 사용된 기호들은 상호작용 과정과는 무관한 한낱 기호덩어리에 지나지 않는다. 기호 작용의 미소발생적 흐름이 형성되는 상호작용 과정만이 발달적 변화를 일으키는 것이다.

상호작용의 미소발생적 흐름은 고체적 물질성처럼 기계적 인과성으로는 파악할 수 없는 결정 불가능성을 암시한다. 결정할 수 없다는 것은 예측 가능하지 않다는 것이니 불가지하다는 것으로 혼동해서는 안 된다. 상호작용의 미소발생은 발달의 범위와 깊이가 제한되지 않는다는 점을 시사한다. 근접발달대는 미리 정해져 있는 것이 아니라 발달이 일어난 연후에 그 범위를 확인할 수 있는 것이다. 우리는 발달의 미소발생적 흐름이 결정 불가능하다는 것을 전제로 발달 단계적 접근보다는 발생적 발달을 사유할 수 있어야 한다.

여러 발생 영역들 사이의 복잡한 변증법적 과정으로서 발달한다는 것은 모든 가능성을 열어두어야 한다는 것이다. 그러면서도 근접발달대는 모든 가능성에 대해 기능들의 인과 역동적 발달을 주도하는 핵심 고리를 모색하려는 개념이다. 근접발달대의 발달 양상은 매우 불균등하며 가변성을 지닌 불확정적인 상태에 놓인다. 발달적 양상이 불확정인 상태에서 유동적이지만 일정한 지점을 근방으로 하여 근접발달대를 포착함으로써 발달적 변화의 가능한 확률을 높일 수 있다. 그것은 또한 근접발달대의 불확정인 상태로부터 아동의 발달 가능성이 극대화되는 것이기도 하다.

의지들의 교섭과정[13]

상호작용은 의지들의 교섭과정이다. 근접발달대에서 발달 중인 기능의 의식 상태는 한 순간 한 순간 여러 가지 방향을 가질 수 있는 잠재력을 지닌다. 그 의식은 동요하고 불안정한 상태이기도 하지만 뭔가를 구상하고 실험하는 것이기도 하다. 발달 중인 기능에 의해 근접발달적 변화가 일어나는 긴장 상태에 놓일 때 물음이 성립한다. 물음은 개인의 의식을 자극하지만 동시에 개인적 의식의 한계에 가둬 넣어져 있다.

물음의 성립과 그 해결은 개인으로 감당하기에는 역부족일 수 있다. 이때 기존과는 달라진 관계가 요구된다. 공동 활동을 통해 서로가 생각을 나누고, 서로를 모방하면서 기호 사용 활동을 통해 새로운 형태로 재현하거나 번역될 수 있도록 해야 한다. 이러한 의미 작용은 의지의 소산이다. 거기에는 서로의 생각을 짐작하려는 의지들의 교섭과정이 필수적일 수밖에 없다.

생각은 말이 되고, 이어서 말이나 단어는 다시 생각이 된다. 이 모두가 서로 돕는 의지의 교섭 효과이다. 서로 돕는 의지의 교섭과정이 함께 변화하는 활동을 구성한다. 공동 활동은 학습의 정해진 목표나 목적이 묶어주는 것이 아니라 서로가 서로에게 공통화하려는 행동의 리듬을 구성한다. 그것은 누구를 인정하고 무엇을 받든다고 되는 것이 아니다. 행동을 공통화하는 리듬을 타면서 자신의 발달적 본성과 맞는 만남을 조직하고 이를 통해 자신의 능력을 증가시키려고 노력하게 된다.

교사는 단순히 학습을 시키는 자가 아니라 발달과 학습의 특정한 관계를 만들어가야 한다. 그러나 의지의 교섭 현상이 일어나지 않는

---

13. 이 책의 90~93쪽에서 자기행동의 숙달로 의지를 설명하고 있으니 참고 바람.

교실에서는 어쩔 수 없이 교사의 적극적인 교수에 의존하게 된다. 예를 들어, 정해진 교육과정을 재구성하기, 아이들이 학습하도록 충분히 통제하기, 학습된 내용을 충분히 습득하도록 하기를 통해 학습자가 '근접학습영역'에 도달하기를 기대한다. 이런 교실에서는 교사의 말이 교실 의사소통 과정에서 커다란 비중을 차지한다. 더욱 놀라운 것은 의지의 협력 과정조차도 모둠 활동을 통해 교사의 우회적 강제에 의해 산발적으로 행해지기도 한다.

학습이 매개되는 근접발달대에서 가장 중요한 것은 아이의 발달을 관찰하고 이해하는 것이 아니라, 발달과 학습의 상호 연관이나 각각의 과정에 영향을 미치는 요소들 사이의 관계와 조합을 바르게 파악해야 한다. 실제적 발달 수준을 평가하는 문제 지향적 질문보다는 포괄적이고 구조적인 질문들을 시도해야 한다. 질문을 구조화하려는 교사는 자신의 교수적 행위를 구상하고 구상된 것을 행동으로 옮기는 '실험'을 감행할 수 있어야 한다.

또한 실험은 구상한 바를 부정할 수 있어야 시행착오로부터 배울 수 있다. 어떤 구상을 세우고 행위를 할 때, 결과를 바르게 이해하는 것은, 바르게 실천하는 것 이상으로 어려운 일이다. 새로운 아이디어의 단순한 표면적인 수용에 그치지 않고 새로운 문제 해결로 나아가는 실험은 교수-학습의 매개 수단과 도구들의 질이나 형태들을 부단히 바꿔갈 수 있지 않으면 안 된다. 매개 수단과 도구들의 개량이 자유스러워야만 한다. 이처럼 다양한 조건하에서 상호작용이 일어나야 하는 것이다.

의지의 교섭 작용이 뒷받침될 때, 일회적인 경험으로만 끝나는 것이 아니라 경험 그 자체로부터 배울 수 있게 된다. 의지의 협력은 의식을 조직화한다. 의식은 처음부터 모방하는 능력이지만 조직화된 의식은 대상에 힘의 작용을 가하는 실험을 하면서 모방하는 것이 되어야 한다. 결국 의식은 추론을 하게 된다. 조직화된 의식은 배후에 개념을 형성하면서 모방하는 것이다. 상호작용 과정에서만 의지의 교섭 협력이 가능하다. 그리고 의지의 협력으로 조직화된 의식은 어린이가 겪는 경험이 질적으로 다른 반복적인 형태를 가질 수 있게 한다. 그리하여 경험된 것을 모방하면서 아이들의 정신 속에 기억될 수 있을 뿐만 아니라 새로운 경험으로 나아갈 수 있는 토대가 마련된다.

정서의 변환과정[14]

상호작용은 정서의 변환과정이다. 인간 정신과 사회·문화적 세계 간에는 직접적인 감정적·정서적 관계가 존재한다. 개인 간에 그리고 사물과의 상호작용에서 정서의 변환이 일어나는 것은 당연하다. 언어, 소리, 색깔, 모양 등의 외적 자극들에 대한 지각들perceptions은 정서이다. 정서는 이미 역동적으로 상호작용하는 지각장에 속해 있다.

비고츠키는 정서를 감각적 즐거움과 같은 초보적인 일반적 정서와 그와 차별화되는 심미적 정서로 구분한다. 일반적 정서는 어떤 자극을 받았을 때 그 자극이 의도한 대로 나타나며 그 반응이 즉각적이고 강렬한 반면에, 심미적 정서는 단순히 외부적인 대상으로부터 부과되는 것이 아니다. 다시 말해, 심미적 정서가 발생하는 데에는 모종의 특별한 조건이 필요하다.

심미적 정서의 발생에 결정적으로 기여하는 것 중 하나가 단어에 의해 구현되는 정서, 즉 단어 감각이 맥락에 따라 역동적으로 변화한다는 점이다. 비고츠키에 따르면, "단어 감각이란 그 단어에 의해 의식

---

14. 이 책의 124~126쪽에서는 정서를 관계 형성 차원에서, 195~198쪽에서는 정서를 감성적 체험의 특질로, 260~263쪽에서는 정서를 심미적 형상 체험으로 설명하고 있으니 참고 바람.

속에 일어나는 모든 심리적 사건의 총화이다. 따라서 한 단어의 감각은 언제나 역동적이고 유동적이며 복잡하게 형성되어 있다. 의미는 감각의 한 영역일 뿐이다. ……단어는 맥락에 의해서 감각을 획득하며, 맥락에 따라 감각은 변화한다. …… 단어의 사전적 의미는 감각이라는 건물의 벽돌 하나에 지나지 않으며, 단어에서 다양하게 발현될 수 있는 잠재적인 가능성일 뿐이다."

심미적 정서가 외적 상황과 고립된 상태에서 나타나는 것은 그것이 정서를 현실로부터 자유롭게 재구성하는 상상력에 의해 발생되기 때문이다. 즉 상상은 불확정적이고 찰나적인 정서를 의식 속에 연장시키고 새롭게 재구성함으로써 정서를 의식화하는 심리 기능인 것이다. 상상은 어디까지나 정서를 의식의 영역에 지속시키고 새롭게 변형시킴으로써 개인 내에 심미적 정서가 발생될 여건을 만들게 된다.

동시에 심미적 정서가 발생됨으로써 상상은 의식 속에 잠재적 수준의 정신 기능을 깨우쳐 '창조'의 역할을 할 수 있다. 그리하여 창조적 상상에 의해 의식은 그 영역을 더욱 확장할 수 있다. 심미적 정서는 단순히 인간 고유의 마음에서 발견되는 여러 심리적 현상 중 하나에 그치는 것이 아니라 인간 고유의 마음의 발달을 이끄는 내적 원인이 된다고 한다. 그렇기 때문에 총체로서의 마음이 발달하는 과정은 그 출발점에서부터 이전에는 전혀 경험한 바가 없는 새로운 정서, 즉 심미적 정서를 경험하는 일이 전제되어야 한다.

일반적으로 정서는 사물들을 그것의 신체적 이미지로 알게 되므로 가장 낮은 수준의 인식임에 틀림없다. 정서에만 의존해서는 물속의 막대기가 구부려져 보이는 원인을 알 수가 없다. 그런 점에서 신체적 이미지로서의 일반적 정서는 부적절한 관념이다. 그런데 우리는 일반적 정서의 지각 능력이 있기 때문에 사물 혹은 다른 신체들과 우연히 마주침을 겪게 된다. 어떤 사물이나 사건이 나의 신체 위에 남긴 순간적인 이미지들은 정서의 효과이다. 이때 정서는 신체의 변용을 포함한다. 거리를 산책하는 하는 동안 마주치는 사람들과 신체적 효과를 일으키는 경우를 생각해보면 알 수 있다. 우리의 신체는 여러 가지 방식으로 실존의 상태를 겪게 된다. 신체는 이전보다 더 큰 행위 능력을 지니도록 변용될 수도 있고 반대로 작은 행위 능력을 지니도록 변용될 수도 있다.

스피노자는 신체적 상호작용을 이해하는 데 의미 있는 착안점을 제공한다. 스피노자는 정서를 이렇게 정의한다.

나는 정서를 신체의 활동 역량을 증대시키거나 감소시키는…… 신체의 변용인 동시에 그런 변용의 관념으로 이해한다. 그러므로 만일 우리가 그런 변용의 어떤 적합한 원인이 될 수 있다면, 그 경우 나는 정서를 능동으로 이해하고 그렇지 않을 경우는 수동으로 이해한다.

스피노자의 정서는 신체의 상태이다. 신체의 상태에 영향을 미치는 정서적 요인들은 몸짓, 음향, 리듬, 색채, 냄새 등의 비언어적 기호 작용을 통해서 가능하다. 또한 행위는 언제나 어떤 접촉을 함축한다. 행위와 결부된 정서는 두 신체들의 혼합이다. 즉, 다른 신체 위에 작용하는 또 다른 신체가 있으며 그 신체의 흔적이 새겨진 것이 정서이다. 상호작용의 차원에서 보면, 신체의 능력을 증대시키는 상호작용 과정이 서로를 긍정하며 상승되는 차원이라면, 신체의 능력을 감소시키는 상호작용 과정은 권력과 예속에 의해 서로가 서로를 견지하며 축소되는 차원으로 구분할 수 있다.

누구든지 정서의 상태에 따라 자신의 행동 능력 혹은 존재 능력의 증대와 감소를 번갈아가면서 상호작용적 변이를 체험한다. 일반적으로 교수-학습 상호작용의 근본 계기를 정서적 차원에서 찾지 않는다. 우리는 대부분의 교수-학습이 합리적 의식의 산물이라고 믿기 때문이다. 감각 가능한 존재로서 우리는 스피노자의 제안을 수용한다면, 교수-학습에 대한 합리적인 모델만이 모든 것의 해결책이라는 주지주의를 넘어설 수 있다.

근접발달대와 이오덕의 표현 교육

표현 교육과 언어 발달

비트겐슈타인Wittgenstein은 철학의 임무를, '파리를 파리병에서 끌어내오기'에 비유한다. 파리는 파리병에 한번 갇히면 밖으로 나올 수 없다. 파리 주위가 온통 투명한 유리병이기 때문에 파리는 출구가 어디인지를 알아보지 못하고 보이는 대로 거기가 출구이겠구나 하고 날아들다 유리병 벽에 부딪쳐 혹만 얻게 된다. 비트겐슈타인은 지금까지 철학의 문제란 파리병 안의 파리처럼 언어라는 벽을 모르며 직접 현실에 뛰어들어 날뛰다가 얻게 된 혹과 다르지 않다고 말한다. 바깥에 있는 현실과 우리 인간 사이에는, 유리병과 그 안에 있는 파리처럼 언어라는 보이지 않는 투명한 벽이 가로놓여 있다.

우리 사회의 언어 문화적 전통을 보면, 말을 충분히 하라는 열린 태도보다는 아끼고 침묵할 것을 암묵적으로 강요하는 표현이 많다. '침묵은 금이다', '가만히 있으면 중간이라도 간다', '모난 돌이 정 맞는다' 등이 대표적인 사례이다. 자신의 생각을 충분히 드러내고 말로 표현할 수 없는 분위기에서 자란 아이일수록 과묵한 것을 미덕으로 삼기 마련이다.

또 해야 할 과업이 많고 목표가 분명한 교실일수록 말이 닫히는 경우가 많다. 학교 현장은 학문 중심 교육과정과 그것을 실행하는 지도서의 영향에서 자유로울 수가 없다. 국가교육과정의 나선형식 질서와 교육행정의 관료제적 통치 체제는 교수-학습 행위를 표준화된 수업 모델들로 동질화시킨다. 교육과정의 내용 체계는 교수-학습 행위를 프로그래밍이 된 텍스트에 종속시키도록 점점 더 강화되고 있다.

이로 인해 표준화된 교육과정 목표에 직접적으로 기여하지 못하는 말은 모두 '군소리'로 취급받기 마련이다. 좀 더 여유 있는 상호작용적 맥락을 갖고 아이들을 대한다면 그 군소리가 수업에 기여할 수 있는 여지가 충분한데도 말이다. 이오덕은 '생명을 살리는 표현 교육'이라는 테제를 통해 침묵을 암묵적으로 강제하는 교육 현장에 비판적 개입을 한다. 이오덕은 사람이 자기가 가지고 있는 느낌이나 생각이나 주장을 몸짓이나 말이나 글이나 그림이나 노래로 나타내어 보이는 것을 표현이라 한다. 실제 교과서 속 지식은 마치 교양 있는 서울 중산층 사람의 삶의 양식을 표본으로 한 것이라 해도 과언이 아니다. 모든 교과서가 이미 특정한 관점에서 쓰였다는 점을 망각해서는 안 된다. 표현 교육은 교실에 민주주의를 심으려는 이오덕의 비판적 시선 이외에도 아이들의 언어 발달적 측면에서 비고츠키의 근접발달대와 맞닿아 있음을 살펴보려고 한다.

생명 해방과 표현 교육

생명 기능이란 우리가 처한 환경을 이해하고 그 속에서 좀 더 온전하게 살아가고자 하는 것이다. 그것은 환경을 다시 만들고 그렇게 함으로써 자신을 다시 만들어가는 것이다. '생명을 살리는 표현 교육'은 아이들이 환경에 대하여 볼 줄 알고 말할 줄 아는 존재임을 언명하는 것이다. 아이들에게는 자신이 본 것과 말하는 것에 주의를 기울이게 하는 태도가 중요하다. 이오덕은 아이들에게 자신들이 본 것과 그것에 대해 생각한 것 그리고 그것에 대해 행한 것을 입말과 글말로 그리고 그리기로 표현하게 하라는 것이다.

신화학자인 캠벨Cambell은 "사람이 추구하는 것은 인생의 의미가 아니라, 살아 있다는 체험"이라고 말했다. 그는 다시 "그대 자신의 의미는 그대가 거기 있다는 것"이라고 했다. 방브니스트Benveniste는 "인간 자신이 하나의 기호이고, 그의 사상이 하나의 기호이며, 그의 하나하나의 감정이 기호이다"라고 말했다. 캠벨과 방브니스트의 의견을 조합해보면, 자아는 "여기 있다는 것"이고, 그것은 인간이 바로 기호로 존재한다는 사실이다. 이것은 이오덕이 언명한 바와 같은 맥락으로 볼 수 있는데, '생명을 살리는 표현 교육'이란 결국 생명이 살아 있다는 체험이 기호를 통해 느껴진다는 것이다.

할리데이Halliday는 아동을 기호학적 존재로 표현한다. 아주 어릴지라도 아동이 의미를 이해하고 창조하는 기호적인 힘semiotic power을 가지고 있다고 보기 때문이다. 아동의 기호 기능은 'go'의 과거형이 'went'가 아닌, 한 번도 들어보지 못한 'goed'라고 말한다. 이것은 기호 기능을 일종의 언어 체계로 파악하고 있기 때문이다. '체계'란 언어가 관계의 체계로서 상호 의존적인 전체 요소를 비교할 수 있게 된다.

우리가 투명하다고 생각하는 세계는 언어로 짜인 의미의 그물망이다. 자신이 경험한 것에 대한 새로운 묘사를 발견하고 조직해내는 기호 구성 기능 역시 표현 교육을 통해 발달한다. 우리는 밤하늘의 무수한 별들 가운데 가까이 있는 것끼리 합치고 우리에게 익숙한 동물과 유사한 형태를 만들 수 있는 별들을 합쳐서 북두칠성과 페가수스자리를 지각한다. 원래부터 북두칠성이나 페가수스자리가 있었던 것은 아니다. 다시 말해 형태는 바깥에 실재하는 것이 아니라 우리가 만들고 합쳐서 어떤 형태를 지각하는 것이며 우리에게 편하게 다가오는 방식으로 지각하는 것이다. 이처럼 밤하늘의 별들에 별자리의 형상을 부여하여 의미를 만들어내는 것을 기호의 구성 기능이라고 한다.

비고츠키 역시 아동이 여러 형태의 기호적 매개 수단들을 그들의 행위로 통합하기 시작할 때, 비로소 '발달 유형에 있어서의 변화'를 발견할 수 있다고 주장한다. 예를 들면, "말과 기호 사용이 어떤 행위로 합해질 때 그 행위는 전적으로 새로운 발달 노선을 따라 변형되고 조직된다"는 것이다. 한편 이오덕의 표현 교육은 지금 묘사할 수 있는 것이 무엇인지를 의식하게 해준다. 아이가 본 것을 다른 사람들에게 말하려면 단어들, 문장들, 형상들을 형성해야만 한다. 표현 교육은 아이가 스스로 지적인 주의를 기울인다면 스스로 표현해낼 수 있는 가능성의 영역을 열어주는 것이다.

표현 교육을 통해서 잠재적인 모방 능력의 발달이 뒷받침될 때, 교수-학습 상호작용은 근접발달대를 창안할 수 있다. 그러므로 표현 교육은 모든 교과 학습에 필수적인 부분이다. 그런데 학문 중심 교육과정은 표현 교육을 교과 지식의 사회적 구성으로 대체하려고 한다. 이런 경우 교사의 교과서 사용 방식이 강조되어 교과서 재구성의 필요성과 방법이 제시될 뿐이다. 교과서의 재구성은 학습자의 관심과 참여를 유도하려는 의도된 활동으로 지식을 습득하는 능동적 학습자조차도 조작 가능한 대상화를 할 뿐이다. 문제 해결 학습, 창의성 계발 학습, 가치 탐구 학습, 개념 학습, 탐구 학습 등의 교육공학적 수업 모형이 늘어만 가는 것이 그것의 징후이다. 결국 학습자는 교사와의 지적 비대칭성하에서 예속적인 사회적 관계로 전락하고 만다.

표현 교육과 담화 기능의 발달[15]

모든 입말과 글말은 사회적이다. 여러 사회적 세계에 참여하는 과정을 통해 아이들은 새로운 내용을 배울 뿐 아니라 새로운 방식으로 말하고 참여하는 것을 필연적으로 배우게 된다. 즉, 아이들은 언어의 다기능성에 관해 배우게 된다. 특히 비고츠키의 기능 발달적 측면에서 본다면 이오덕의 표현 교육은 담화 기능의 발달과 관련된다.

담화 기능 발달의 기본 조건은 대화이다. 할리데이는 아들 나이젤 Nigel의 언어 발달 과정을 관찰하고, 보통 아이들은 18개월에 이르러 '대화'를 시작한다는 것을 알게 되었다. 아이들은 수많은 대화를 통해 '역할'을 연습하고 질문자-답변자의 사회적 관계까지 생각하며 답변자 역할까지도 수행하게 된다. 아이들은 점차로 대화에 진정으로 참여하게 됨으로써, 다른 사람과 관계를 형성하는 방식, 사회·문화에 참여하는 방식을 배우게 된다.

담화의 가장 간단한 정의는 '언어 사용'이다. 담화 역시 사회적이며, 의미를 구성하고 공유하는 상호작용의 형태이다. 비고츠키와 동시대에 살았던 볼로시노프가 지적했듯이, "마을의 바느질 집단들, 도시의 술자리들, 노동자들이 점심시간에 하는 잡담 등은 모두 나름대로 형식을 가진다. 각각의 상황은 사회적 관습에 의해 고정되고 유지되며 특정한 종류의 청중이 조직되도록 한다."

언어는 특정한 맥락에서 그 가치와 의미가 있다. 말, 다이어그램, 기호, 체계적 표현 등의 언어는 사용되는 맥락에 따라 다를 수 있고 그 의미가 정해진다. 담화들은 그것이 형성되는 제도와 사회적 실천의 종류에 의해, 그리고 말하는 사람들과 그들이 말을 하는 상대적 위치에

---

15. 이 책의 172~180쪽에서 담화 기능의 발달과 관련된 교육적 실천들을 설명하고 있으니 참고 바람

따라 모습을 달리한다. 담화 기능은 다양한 사회적 맥락에 따라 달라진다. 어디서 어떤 상황인가에 따라 똑같은 단어가 두 개의 서로 상충되는 맥락을 만들어낼 수도 있다.

한 초등 교사의 경험담이다.

얼마 전 나는 맥락의 차이를 인식하지 않아 오해를 한 경험이 있다. 내가 가르치는 학생 등 뒤에 이름이 적힌 쪽지가 붙어 있었다. 어렸을 적에 짓궂은 친구들이 다른 친구 등 뒤에 몰래 쪽지를 붙여서 놀렸던 경험이 있는지라 누가 쪽지를 붙인 것인지 화난 표정과 목소리로 물어보았다. 범인은 짝이었고, 나는 호되게 야단을 쳤다. 그런데 알고 보니 그 둘은 쉬는 시간에 '런닝맨' 놀이를 한 것이었다. 나는 야단을 친 학생들에게 미안하다고 사과하며, 불같은 나의 성격을 탓하였다. 더불어 나와 학생들의 맥락이 다름을 인식했다.

표현 교육에서 지식은 교실, 학교 제도, 나아가 사회의 문화에서 공유된 담화의 실행으로부터 등장한다. 교육정책과 교육과정은 교실에서 무엇이 허용되고 무엇이 허용되지 않는지를 교사에게 알려준다. 표현교육은 커뮤니케이션의 사회적 역할에 주안점을 두고 상대방을 설득하거나 정보 전달 행위를 중심으로 진행될 수도 있다. 하지만 교실 수업 사태에서 담화 기능의 발달 양상은 교사가 어떻게 말하는지뿐만 아니라 어떻게 반응하는가에 달려 있다. 교사가 말을 많이 할 것이라고 생각할지 모르지만 수업 주제, 수업 모형, 교수 스타일에 따라 다를 수 있다. 그러므로 수업에서 나타나는 발언 차례, 교사의 질문 방식, 학생들의 대답에 반응하는 방식 등은 매우 중요하다.

교실 수업에서 담화 기능의 발달은 맥락과 이야기가 서로 어떻게 영향을 주고받는지를 이해하려고 교실 수업 맥락에서 언어 사용을 돌아보는 것이다. 벳시 라임스는 교실 수업 개선을 위한 담화 분석에서 예측 가능한 상호작용적 맥락, 예측할 수 없는 상호작용적 맥락, 새로운 상호작용적 맥락 등을 구분한다. 맥락은 교실 수업뿐만 아니라 교실 밖의 다양한 사회적 맥락에 영향을 받는다. 언어의 기능은 맥락과 깊은 관련이 있다. 맥락은 '부가적', '환경적' 요인이라기보다는, 언어적 사건을 직접 작동시키고 발생시키는 가상적 힘으로 간주되어야 한다.

특히 어떤 상황에서 어떤 주체가 발화하느냐에 따라 이러한 언어적 힘은 전혀 다른 효과를 발휘할 수 있다. 표현 교육이 추구하는 바는 교실 수업 내의 상호작용을 향상시키고 교실 수업 바깥의 맥락에서는 그것의 사회적 결과에 대해 민주주의적 이상을 실현하려고 하는 것이다. 이오덕은 표현 교육이 민주주의의 훈련장이어야 한다고 주장한다. 담화 이론은 사회구조가 언어 기호를 통해서 형성된다고 본다. 브르디외Pierre Bourdieu는 다음과 같이 말한다.

사회세계는 말에 대한 투쟁 공간이다. 말은 사물이다. …… 정치는 본질적으로 말에 대한 것이다. 왜냐하면 과학적으로 현실을 인식하기 위한 투쟁은 거의 대부분이 말에 대한 투쟁을 통해서 시작되기 때문이다.

이렇게 사회적 맥락이 담화에 어떤 영향을 미치는지를 더 많이 의식하게 될수록 아이들의 담화 기능은 비판적 성격을 띤다. 표현 교육의 비판적 담화 기능은 언어와 힘의 관계, 언어와 이데올로기의 관계, 힘의 사회적 실천으로서 언어 사용 등을 부각시킨다. 복잡다단한 사회적 관계망 속에서 아이들의 담화 기능을 발달시키는 것은 근접발달대의 사회적 구성과정에 필수적이다. 담화 기능의 발달을 이끄는 표현 교육을 촉발하려면 아이가 언어의 형식들을 관찰하고 비교할 수 있어야 하며, 다른 사람과의 의사소통 목적에 적절한 언어의 사용을 조합하고 만들어낼 수 있어야 한다.

또한 언어 사용이 사회적 행위임을 의식할 수 있도록 하려면 아이는 구성된 의미가 어떻게 사회적 힘으로 작용할 수 있는지에 주목할 수 있어야 한다. 따라서 아동의 발달을 바라볼 때는 그들이 무엇을 할 수 없는지, 아동의 언어에서 무엇이 문제이고 오류인지를 찾는 것보다, 그들이 무엇을 할 줄 알고 어떤 가능성을 갖고 있는지에 초점을 맞추어야 한다. 그래야 아동의 온전한 성장과 근접발달적 변화를 제대로 도울 수 있다.

발달 교육을 기대하며

지금까지 비고츠키의 발생적 발달의 특성과 근접발달대의 사회적 구성과정에 대해서 알아보았다. 발생적 발달의 세 가지 특징, 즉 발달 장소의 국지성, 기능 발달의 두 수준 그리고 발달 시기의 민감성을 나름대로 충족시키는 교육과정은 학교 단위에서 수립되어야 함을 시사한다. 최근 혁신학교 운동이 일어나면서 학교 단위 교육과정을 구성해 보려는 다양한 시도가 있지만 갑작스런 변화에 의욕이 앞서 선행 혁신학교의 교육과정과 수업 매뉴얼을 그대로 갖다 쓰는 안타까운 사태도 일어나고 있다.

학교 단위 교육과정이 캐비닛에 방치되지 않으려면 학교별 교육 생태적 환경에 적절한 단위 학교 교육과정 구성이 용이하도록 해야 한다. 그것은 국가교육과정에 교육과정 문서 체계상의 소주제명 삭제와 성취 기준 수의 감축 및 표현 형식상의 변화 등 대강화大綱化의 원칙이 적용될 필요가 있다.

현대 사회의 지식정보화가 진전됨에 따라 새로운 지식이 생산되면서 학문 지식의 양도 증가하고 그 수준도 높아진다. 학문적 수준에서 지식을 구성하는 관심에 대해 하버마스J. Habermas를 참조하는 것이 좋을 듯하다. 하버마스는 그 관심을 통제에 대한 관심, 이해에 대한 관심, 해방에 대한 관심으로 구분하였다. 미숙한 학습자를 통제하려는 교사의 관심은 행동주의 교육학에 의미를 부여할 것이고, 상호 이해의 공동 주체성 형성에 관심 있는 교사는 구성주의 교육학에 눈길을 돌릴 것이다.

이러한 관심보다 더 중요한 것은 해방적 관심일 것이다. 비고츠키와 이오덕이 우리에게 제기하는 바는 해방적 관심이다. 근접발달대의 사회적 구성은 지식적 앎의 과정이 아니라 아이가 지적 주체로서 자신의 발달적 본성을 구현하는 해방적 과정이다. 이오덕은 근접발달대를 창출하는 모방 능력을 극대화하는 표현 교육을 강조함으로써 역시 생명 해방을 주창한다. 자기 표현 활동이 뒷받침되지 않는 교과 지식 위주의 수업 기술은 그것이 협력적 모양새를 띤다고 해도 근접발달대의 사회적 구성을 창안할 수는 없다. 이 글에서도 근접발달대가 사회적 구성이 가능한 실재라는 단서만을 제시했을 뿐이다.

발생적 발달의 변화가 그 어느 때보다도 뚜렷한 초등 교육과정은 입시 경쟁적 선행 학습의 식민화에 따른 심각한 발달적 왜곡 현상에서 벗어나야 한다. 초등 교육에서의 선행 학습 식민화는 초등 교육과정을 중등 교육의 예비 과정으로 간주하는 국가교육과정 체제라는 내적 원인에서부터 진단해야 한다. 교육문제를 총론적으로 다뤄왔던 관행에서 벗어나 초등 교육이라도 해방적 관심에서 교육적 실천을 할 수 있도록 하루빨리 학문 중심 국가교육과정의 초중등 위계화 체제를 해체

해야 한다.

초등 교육과정을 중등 교육과정과는 별도로 하여 독립된 과정으로 구성할 수 있는 교육과정정책의 패러다임 전환이 시급하다. 다행히도 초등 교육과정의 독자성을 구축할 수 있는 근거를 이오덕의 교육 실천 사상에서 모색할 수 있다고 본다. 이 글에서 의도했던 바대로 이오덕의 현장 교육적 맥락에서 비고츠키의 텍스트가 새롭게 읽히기를 바란다.

발달의 문화–역사적 접근과
사회적 내면의 형성

발달의 복잡성

피아제와 비고츠키

비고츠키는 자연의 산물로서뿐만 아니라 문화적 산물로서 인간을 이해하는 방식을 발견하려는 '과학적' 방법의 문화역사 이론을 탄생시킨 사람이다. 신병현은 「비고츠키와 방법–그 형성과 수용의 역사사회적 맥락」에서 이렇게 말한다.

> 비고츠키에게 점점 더 다가가면서 들게 되는 인상은 그가 과거로부터 현재로 이송된 퇴적암층에 포함된 정체 모를 다양체 덩어리mass 같다는 것이다.

발달과 학습 그리고 교육은 무엇인가라는 기본적인 문제 인식이 그의 연구 속에서는 어렵고 복잡한 질문들에 부딪히게 된다. 발달 교육으로 인식을 전환할 것을 제기하는 이 시기에 비고츠키를 읽는다면, 피아제의 구성주의에 전유된 사회 구성주의자 비고츠키를 '발달의 복잡성'이라는 다른 버전으로 읽을 필요가 있다.

구성주의 교육학의 이론적 바탕을 제공한 피아제는 심리학자요 철학자이다. 칸트의 영향을 받은 피아제의 관심은 발생적 인식론을 수립하는 것이었다. 감각-운동 단계라고 불리는 어린아이의 단계에서 지식 구조의 일반적인 단계에 이르기까지 인간의 과학적 지식 구조의 발생을 설명했다고 볼 수 있다. 사회·문화적 현상을 배제한 채 연구된 피아제의 발달 이론은 문화적 형편에 따라서도 전혀 변하지 않는 인지 구조의 단계 연속성을 본질적으로 가정한다. 특수한 내용은 다양할 수 있으나 구조와 단계의 형식은 문화마다 달라지지 않는다는 점을 강조하여 발달의 보편적 모델을 제시한 것이다.

피아제는 자신의 '발생론적 인식론'을 통해, 신체의 감각-운동, 언어와 상징의 사용, 논리-수학적 규칙을 다루는 능력 등, 이 모든 것은 새로운 '도식'을 발생시키고 새로운 인지 구조를 형성하는 데 기여한다는 것을 논증한다. 그는 동화와 적응 사이의 상호작용의 관점에서 인지 구조의 성장을 설명하려 했다. 도식은 감각-운동적인 것('행위의 도식')이건, 실행 수단이건(논리-수학적 인식의 '실행 도식') 간에 인식 주체의 동화와 적응 활동 사이에서 매개자의 역할을 수행한다. 지식 과정은 이렇게 보면 현실을 도식화하는 과정이다. 현실에 대한 인간의 지식은 피아제를 따르면, 이런 방식으로 성장해가며 현실에 대한 인간의 이해는 점점 넓어진다.

"인간은 인간으로서 도대체 무엇을 알 수 있는가?"라는 신칸트주의 철학의 인식론으로 접근한 피아제의 발생론적 인식론은 발달의 시작과 끝을 규명했다고 할 수 있다. 피아제에게서 지성의 도식 활동은 두뇌의 반성적 메커니즘과 어린이의 신체 동작(예컨대 쥐고, 당기고, 미는 행위)에서 시작되어, 그 뒤로는 언어·상징·논리적 형식들을 사용하는 가운데 점점 더 정교하게 발전된다. 우리의 과학적 지식을 주어진 사실들의 축적 과정이라고 보지 않고, 더 발전되고 세련된 형태로 구조가 변형되는 과정이라고 본 것이다.

반면에 비고츠키의 발생적 발달은 발달의 출발점과 종착점을 염두에 두지 않고 있다는 것이다. 비고츠키의 발달에 대한 견해를 보면, "우리의 발달에 대한 개념은 인지 발달이 각각의 분리된 변화들을 점진적으로 누적해놓은 결과라고 하는 관점을 거부한다." 그는 다양한 발생영역들(계통발생, 사회역사, 개체발생)은 다양한 발달 형태들을 가지고 있고 각 영역에서의 발달 형태는 독특한 설명 원리에 지배된다는 점을 여러 차례 강조하였다.[16] 그의 관점은 인간 발달의 보편적 변화를 설명하기 위해 단일한 설명 원리를 가정하는 피아제 같은 접근들과는 대조된다. 비고츠키의 작업은 발달의 존재론적 탐구의 장에서 과학적 방법을 통해 새로운 지평을 열었다고 볼 수 있다.

발달의 복잡성[17]

태어났을 때의 사람이 완전한 존재가 아님은 말할 필요가 없다. 이것은 육체적인 것을 말하지만, 정신적으로도 그러하다. 그리하여 인간은 성장과 발달을 거치면서 완성되어가는 존재다. 그것은 발명되거나 타고나는 것이 아니라는 점에서 그렇다. 기존의 심리학은 어린이의 발

---

16. 계통발생은 생물학적 진화의 원리를 따르고, 사회·문화는 역사의 전개과정이 있으며, 개체발생은 문화 발달의 일반적 법칙이 적용된다. 이것을 볼 때, 세 영역은 각자의 독특한 원리를 따른다고 볼 수 있다. 그런데 발달은 개체발생 영역에서 일어나며, 계통발생적 진화와 사회·문화의 역사는 개체발생을 일으키게 하는 배경적 발생 영역이라고 할 수 있다. 그런 점을 고려한 비고츠키는 개체발생의 문화-역사적 접근에 초점을 맞추어 연구하였다.
17. 발달 현상을 표현하는 중층적, 역동성, 복잡성을 정리하고자 한다. 계통발생, 사회·문화, 개체발생의 세 영역을 전체적인 관점에서 표현한 것이 중층 발생 관계이고, 그것이 시간적 전개과정에서 보이는 움직임을 역동성이라고 표현한다. 복잡성은 문화-역사적으로 접근한 개체발생적 발달의 법칙을 기능성과 구조성의 통합적 관계로 설명하려는 표현이라고 할 수 있다.

달을 진화론적인 시각에서 바라보았다. 그러나 비고츠키는 발달의 복잡성을 주장한다. 복잡함complexity은 번잡함complication과는 다르다. 복잡성을 지닌 체계는 매우 특별한 것이어서, 이것의 이해를 위해서는 물리적 서술의 범위를 넘어서는 새로운 원리의 설정이 요청될 것이라는 암시를 내비친다.

복잡한 발달은 선형적이고 인과적인 합리적 법칙으로는 설명될 수 없다는 것이며, 근본적인 것은 전체를 포함하는 복잡계의 자기조직화self-organization이다. 발달은 4개의 발생적 영역, 즉 계통발생적 진화, 사회·문화의 진보, 개체발생적 성장, 미소발생적 변화 등 발생 영역들의 관계 속에서 일어나는 복잡한 변증법적 과정이다. 이 과정은 복잡한 주기성(즉 위기), 여러 기능들의 발달 사이에서의 불균등성, 어떤 기능의 다른 기능으로의 변형(예를 들어 기억의 예측능력으로의 변형), 진화와 퇴화의 복합적 엮임, 외적 요소들과 내적 요소들의 얽힘, 위기 극복과 동시에 위기 적응의 복잡한 과정이라는 특징을 갖는다.

비고츠키는 발달과정의 극적인 변화에 주목하고 산발적이고 급작스러운 도약이 종종 발달의 전환점이 된다고 한다. 그래서 발달은 그 자체의 본질을 규정할 수 없는 발생적 실체라는 점이 중요하다. 특히 변증법은 시간 속에서, 흐름 속에서, 과정 속에서 변화하는 것을 추적하는 것이기에, 양적·평면적·정태적 변화뿐만 아니라 질적·입체적·동태적 변화를 추적해야만 한다. 발달의 복잡성이라는 아이디어는 두 가지 정도의 논리적 귀결을 낳는다.

첫째는 정신 기능들의 통합성과 구조적 통합성의 일체성이다. 본래의 정신 기능들은 본성적으로 기능적이거나 구조적이지 않다. 오히려 자연의 도전에 직면하고 있는 과업의 특성상 요구되는 기능적 통합성과 전체 행동 과정을 지배하는 매개적 수단들의 구조적 통합성에 따른 것이다. 그러므로 우리는 일생을 통해 다양한 역할을 수행하며 때에 따라 매우 다른 정신 구조를 가진다.

둘째로 복잡한 정신 기능들은 자연적 정신과정으로부터 발생적으로 생겨난다. 발달의 발생성이란 선천적인 것도 아니고 어린이 스스로 만들어낸 것도 아니다. 고등정신기능은 반드시 형성되도록 운명 지어진 것도 아니고 우연인 것도 아니다. 발달적 변화의 발생적 특징을 잘 보여주는 것은 아마도 이전에 따로 떨어져 있던 초보적인 기능들이 새로운 기능적 학습 체계로 통합되는 방식이다.[18]

기능의 발달은 하나의 기능에서 두 개의 기능으로 분화되면서 진행된다. 이 두 기능은 하나의 구조에 근거하여 작동한다. 새로운 기능은 새로운 구조를 요구한다. 단, 발생적이기 때문에 모든 다양한 역할과 상이한 정신 구조들은 공통된 기원을 갖는다. 이렇듯 기능의 분화는 낡은 구조와 모순되고, 대립하여 분화가 이루어지는 것이다. 그렇지만 발달된 개별 기능들이 어우러져 서로가 서로를 떠받드는 하나의 통합체를 이룬다.

기초 과정의 초보적인 기능 없이는 고등정신기능도 있을 수 없다. 하지만 "고등심리기능들은 초보적 과정들 위에 두 번째 층으로 첨가되는 것이 아니다. 고등심리기능들은 새로운 심리체계를 의미한다." 이것은 문화적 상징 매개 수단들이 사전에 지각, 감각-운동 조작, 기억, 주의

---

18. 이것은 개체발생의 기능 발달에서 문화 발달의 일반적 법칙이 적용되는 과정을 설명한 것이다. 개체 발생적 발달은 자연적 정신과정(초보 기능)에서 문화적 정신과정(고등 기능)으로 이행하는 것이고, 별도의 문화적 정신과정에서 기능 발달은 사회적 국면과 개인적 국면에 걸쳐서 두 번 일어난다는 점을 확인하는 것이다.
이것은 다른 말로 표현하면 하나의 자연 기능이 두 개의 문화 기능, 즉 사회적 기능과 개인적 기능으로 분화하는 것이다. 입말 기능의 예를 들어 설명하자면, 입말 기능은 사회적 국면에서는 의사소통 기능으로, 개인적 국면에서는 지적 기능으로 분화하면서 발달한다. 이처럼 하나의 기능이 두 개의 기능으로 분화하면서 구조상의 변화도 일어난다. 이렇듯 기능적·구조적 발달이 전개되더라도 그것들은 계통발생, 사회·문화, 개체발생 등 세 영역의 중층 발생 관계라는 공통적 기원을 갖는다.

와 같은 생물학적 기능들을 재구조하기 때문에 가능하다.

이러한 특성은 일반적인 발달 지연을 보이는 어린이, 즉 정신지체아에게서 두드러진다. 문화적 행동 형태의 토대가 단순하고 기초적인 관계들로 이루어진 우회로임을 상기할 필요가 있다. 한 어린이가 직접적으로 성취할 수 없었던 것을 다른 기능들에 의해 대체가 이루어져 우회로를 통해 성취할 수 있게 된다. 발달의 복잡성은 '한 형태의 행동에서 복잡하고 질적으로 다른 것으로의 전환'이라는 특징을 가지며, 그것은 발생적·기능적·구조적이라는 세 가지 측면에서 바라볼 수 있다.

발생적 발달[19]—자연과 문화

자연과 문화

문화는 물질적 혹은 물질적 현실에 대한 인간의 역사적 변형이거나 인공물이다. 역사의 산물이자 의도적 인간 활동의 산물인 문화가 인류가 일궈낸 문명 일체, 즉 그 안에 담긴 고유한 정신, 제도, 관습 등을 의미한다면 그것은 자연 내지 야만과 반대되는 어떤 것일 게다. 문화는 이 자연을 벗어나 인간의 이성으로 이룩한 업적이면서, 자연을 정복함으로써 조작과 제작, 이용의 대상으로서 새로움을 창조하는 것이다. 이런 경우 문화의 가장 기초적인 인공물은 이성과 세계를 통일해주는 매개 역할을 한다.

19. 비고츠키는 계통발생, 사회·문화, 개체발생 등 세 영역의 중층적 발생 관계를 개체발생에 초점을 맞추어 문화-역사적으로 접근한다. 세 영역의 중층적 발생 관계를 개체발생적에서 파악하기 위해 두 가지 노선을 도입하는데, 즉 자연 발달 노선(자연 기능)과 문화 발달 노선(문화 기능)의 혼합으로 개체발생적 발달을 설명한다. 그래서 자연과 문화의 관계에 대한 다양한 논의들 속에서 개체발생의 발달 현상을 유추해보고자 한다.

문화를 자연과 반대되는 것으로 이해한 것과는 또 다른 전통은, 문화의 원형을 자연에서 찾는 경향이다. 즉 자연에서 나와 자연으로 돌아가는 인간 삶의 결과 무늬에서 문화의 원형을 찾는 것이다. 그것은 "자연으로 돌아가라" "자연적인 것이 순수한 것"이란 표현 등에서 드러나는 경향이다. 이 두 대립되는 경향을 넘어서는 제3의 길은 문화와 자연이 서로 역동적으로 어우러져가는 데서 인간의 성숙과 인간 삶의 통합적 경향을 이해하는 길이다.

고대 그리스인들은 자연을 '피시스physis'라고 불렀다. 철학자 하이데거는 피시스를 "스스로 안에서부터 솟아오름"이라고 풀이한 후, 덧붙이기를 "자연적 양상으로 그 자리에 있는 것"이며 자신을 "밖으로 끌어내어 앞에 내어놓는 돌출의 힘"을 가졌다고 말한다. 역시 자연은 '스스로 그러한 것'이라고 할 수 있다. 자연이 드러난다는 것 자체가 사람들에게는 존재의 경이감처럼 신비롭게 다가온다. 신비는 세상만물이 드러나면서 동시에 스스로 감추는 까닭에 생겨난다. 드러남은 감춤 가운데 작은 사건에 불과하다.

자연은 생명 현상과 관련하여 설명되기도 한다. 생명, 이 근원을 알 수 없는 '익명의 힘'은 한 개인에게 국한되어 있지 않다. 비록 그 힘의 체험과 표현은 개인을 통해 이루어지지만, 그 힘 자체는 개인을 넘어선 것이다. 생명의 장을 낳는 것은 개인이 아니기 때문이다. 오히려 삶이라는 형태로 개인 속으로 흘러 들어온 생명의 장이 '나'라는 개체를 낳는다고 할 수 있다. 계속적인 연구를 통해 자연에 대해서 더 알게 되는 것이 반드시 사람이 자연을 더 통제할 수 있게 됨을 의미하지 않을 수도 있다. 오히려 알면 알수록, 자연의 무한한 다양성과 복잡성의 움직임은 사람의 개입을 넘어선 차원에 있다는 것이 더 드러날 수도 있다.

문화라는 용어는 관리하다tend 또는 경작하다cultivate의 뜻을 지닌 라틴어 'colere'에서 유래하였다. 문화에 대한 키케로의 설명을 들어보면, "아무리 비옥한 토지라 하더라도 경작하지 않는 한, 어떤 수확도 거두어들일 수 없는 것과 같이 정신도 철학적 수련이 없이는 메마른 상태로 남아 있게 마련이다"라고 보는 것이다. 적어도 18세기 이전까지는 문화란 곡물과 동물들의 성장과 돌봄, 나아가 인간 능력의 성장과 돌봄을 의미했다. 이런 경우 문화는 어떤 것도 창조하지 않는다. 즉, 그것은 자연적인 자료를 인간의 목적에 부합하도록 바꿀 뿐이다.

문화는 인간의 존재 양식이지만 인간은 생물학적 조건을 배제할 수 없는 존재다. 인간은 여전히 유기체적 성숙의 생물학적 조건과 한계에 놓여 있지만 다만 그 안에 수동적으로 매어 있지만은 않다. 생물학적 조건을 넘어 그 이상의 영역으로 향해 가기에 인간은 문화적 존재로 자리한다. 자연의 생물학적 조건은 유전 코드에 의해 전수된 유산일 뿐이지만, 반면에 문화는 언어를 가장 중요한 구성 요소로 삼는 비유전적 코드에 의해 전수된 유산이다. 따라서 호모 사피엔스는 생물들 가운데서 유일하게 이중적 유산에 의해 잉태된 종으로 규정지을 수 있다. 왜냐하면 그에게는 자연언어(유전적 코드)가 신체 외부적인 언어(문화적 전통)와 나란히 진행되기 때문이다. 더욱이 중요한 것은 저 두 가지 유산이 서로 맺고 있는 관계의 복잡성이다. 그 복잡성을 간단한 대립으로 환원시키려는 시도는 결코 허용될 수 없다.

기호학적 문화

인간은 생물학적 출생으로 완성되는 것이 아니라 역사와 문화, 교육을 통해, 타자와의 관계를 통해, 역사의 전승을 통해 한 문화 안에서 점진적으로 형성되는 존재다. 이때의 문화는 의미의 영역으로서, 인간이 자신을 동물과 구분하거나, 역사의 흐름 속에서 자신을 자연에서 구별하고 벗어나게 하는 일체의 것이라고 할 수 있다. 문화는 인간의 존재 조건이면서 동시에 존재의 미래인 것이다.

비고츠키는 문화를 기호로 개념화하는 것을 옹호하는 전통을 따른다. 기호학은 기호를 다루는 이론이며, 우리는 이것을 통해 주체가 특정 문화에서 경험하는 객관적인, 언어에 토대를 둔 기호와 의미를 해석할 수 있다. 대체로 현대 기호학을 커뮤니케이션과 의미 작용의 현상들을 연구하는 학술 분야로 정의하는 데에는 동의한다. 기호학적 문화 이론은 인간 자신의 삶과 환경 세계의 관계 전체를 의미 체계로 이해한다.

문화를 인간이 의미를 만들어내는 실천의 터전으로 이해할 때, 문화란 언어라는 매개체 없이는 결코 이루어질 수 없을 것이다. 세계란 언어로 짜인 그물망이며 언어로 짜인 그물망은 그 언어에 의해 이미 의미 부여된 세계를 투영하고 있는 것이다. 언어는 의사소통의 수단일 뿐만 아니라 우리의 생각 방식 전체의 형태를 만든다. 따라서 문화 소통, 언어에 주목하게 된다. 언어는 기호의 일종이며, 언어 체계는 다른 기호 체계들의 우두머리이다. 문화를 기호의 체계로 보는 관점에서 언어는 가장 중요한 문화 이해의 열쇠가 된다.

문화는 인간의 존재 양식으로서 문화적 도구라는 중간 매체를 통하지 않고서는 어떤 것도 체험하거나 깨달을 수 없기에 인간은 어떤 형태로든 상징과 기호와 관련된다. 사실 문화는 그 본질에서 이미 기호이며 상징인 것이다. 우리는 이러한 문화 현상과 문화의 단위를 상징적 '기호'로 파악하고 그 기호들이 형성하는 전체 의미망에 따라 문화를 해석하고 이해하려 시도한다. 문화란 결코 인간이 만들어낸 문화재나 작업의 결정체가 아니라 인간이 자신을 이해하고, 그러한 이해의 원리와 지평에 따라 자신을 만들어가는 과정에서 생겨나는 현상으로 이해하게 된다. 하나의 문화와 문화 정체성은 그 문화를 상징하는 기호에 의해 규정되며 기호를 통해 인식된다. 기호 사용자들 사이의 의미 작용은 문화와 함께 시작되어 문화와 함께 성장한다.

기호학은 문화심리학에 근거한다. 우리는 사물을 지칭할 뿐만 아니라 어떤 의미를 표현하기도 하는 기호를 다룬다. 문화심리학에서 문화는 기호 체계 속에 존재한다. 따라서 기호의 사용은 인간으로 하여금 생물학적 발달로부터 벗어나 새로운 형태의 문화에 기초한 심리과정을 창조할 수 있는 특수한 행동 구조를 만들어내게 한다. 언어는 비교할 바 없는 가장 중요한 문화적 도구이다. 비고츠키의 문화역사적 이론에 따르면, 여러 문화에서는 특정 문제를 해결할 수 있는 문화적 도구들을 개발해왔다. 인류의 가장 높은 수준의 성취를 나타내는 문화적 도구들을 숙달하는 것은 결정적으로 중요하다.

말하기 이전 시기에 아동의 도구 사용은 유인원의 그것과 비슷하지만, 말과 기호 사용이 통합되면 행동은 완전히 새로운 경로를 따라 변형되고 조직되며, 침팬지 등 고등동물에게도 가능한 도구 사용의 한계를 뛰어넘어 특별한 도구 사용을 실현한다. 도구 사용이 활동 범위를 무한히 확장시키고 이러한 활동 범위 속에서 새로운 심리 기능들이 작용하듯, 매개 활동으로 전환시키는 인위적 수단(기호)의 사용은 모든 심리 작용들을 변화시킨다. 이러한 맥락에서, 우리는 심리 활동 속에서 도구와 기호가 결합하는 것을 지칭하는 '고등심리' 기능이나 '문화적 행동'이란 용어를 사용할 수 있다. 인간의 정신 발달은, 서로 다른 역사적 시기에 서로 다를 수밖에 없는 문화적 도구들의 습득과 불가분하게 얽혀 있다.

개체발생적 발달

특히 개체발생의 일반적인 발달 과정 내에, 그 기원에서도 차이가 나고 질적으로도 다른 발달 노선 두 가지가 있다. 하나는 생물학적 기원을 가지고 있는 자연 발달 노선이고, 다른 하나는 언어 기호학적 기원을 가지고 있는 문화 발달 노선이다. 질적으로 고유한 두 노선들, 즉 유전적으로 코드화되어 있는 자연적 노선과 언어를 가장 중요한 요소로 삼는 비유전적 코드의 문화적 노선이 일반적인 발생적 발달의 과정 안에서 명백히 구분된다.

비고츠키의 관점에 따르면, 신생아는 태어나면서 이 세상에 대한 준비를 잘 갖추고 있다. 그들은 다양한 최초의 반사들—예를 들면, 잡는 반사, 헤집는 반사, 빠는 반사 등에 잘 대처하고, 시각적으로 패턴의 윤곽을 살필 수 있고, 잘 발달된 후각과 언어의 리듬에 조응할 수 있는 청각 등이 자연적으로 형성되어 있다. 그것들이 자연적이라는 것은 문화 그리고 역사적 시기와 무관하기 때문이다.

신생아는 이러한 기본적인 자연적 능력들의 세트를 갖추고 자신의 문화적 환경과 상호작용을 하기 시작한다. 문화적 존재로서의 인간은 자기 자신을 단지 자연 상태의 생물학적 존재로서 이해하는 것이 아니다. 문화인은 자기 자신을 신체적 존재 못지않게 어떤 정신적 존재로서 이해하게 되는 인간이다. 신체가 성장하듯 정신도 성장한다는 것을 깨달았을 때, 또 신체의 성장에서와 마찬가지로 정신에도 양식으로서 문화적 도구와 그것의 사용법을 숙련하는 것이 필요하다는 것을 알게 될 때, 바로 개체발생적 발달이 이루어지는 것이다.

아동 행동의 발달사는 이러한 두 가지 노선, 즉 자연적 발달 노선과 문화적 발달 노선이 씨줄과 날줄로 엮어 짜는 복잡한 상호작용 방식으로 생겨난다. 두 노선의 복잡한 짜임새는 주어지는 것이 아니며 또한 무한한 가능성이 열려 있는 것도 아니지만, 두 노선이 서로 맺고 있는 관계의 복잡성을 간단한 대립으로 환원시키려는 시도 역시 결코 허용될 수 없다.

개체발생의 발달은 하나 이상의 노선을 포함하기 때문에 복잡한 과정이다. 이 발달의 시작에서 행동의 자연적 요소와 문화적 요소의 최초 조합이 관찰된다. 예를 들면, 숫자 세기를 배운 아이들은 좀 더 수월하게 세려고 손가락 같은 신체 부위 사용을 선호한다. 그러다가 시간이 경과하면 그들은 머릿속으로 수를 헤아릴 수 있게 된다. 추측건대 우리가 십진법을 사용하게 된 것도 열 개의 손가락과 관련되었을 것이다. 십진법의 사용과 같은 복잡한 상징 조작의 가장 초기의 출현은 행동의 자연적 형태들 속에서 일어남을 알 수 있다.

이제 두 노선 간의 발생적인 연결, 즉 기초 과정과 고등 과정 사이의 이행적인 행태들의 존재를 파악할 필요가 있다. 인간의 의식을 형성하는 발달과정을 보면, 고등 과정들의 심리 기능(언어화된 지각, 의지적 주의, 논리적 기억 등)은 기초적 과정의 심리 기능(자연적 지각, 본능적 주의, 일시적 기억 등)의 자궁 속에서 일종의 형태를 갖게 된다. 아이들이 흉내를 내는 것은 자연사적 능력이다. 아이는 특별한 장애가 없는 한 누군가가 말을 걸어오면 그 말을 흉내 낸다. 흉내 내지 않는다면 아이들은 언어를 익히지 못할 것이다. 배우는 것은 흉내 내는 일에서부터 시작된다. 그런 이유로 학습을 '생득적 능력'으로 설명하는 것은 진정한 의미에서 '배우는' 것에 다가가는 게 아니다.

의식의 개체발생 문제는 개인이 문화를 점유함과 동시에 기초적 과정에서 고등적 과정으로의 발달해가면서 근본적인 존재적 발생의 전환을 설정하는 것이다. 개체발생 영역의 의미는, 인간은 의식의 발달로 인해 진정하게 개체적 존재가 형성된다는 것이다. 개인이 문화를 점유한다는 것은 잘 닦인 의식 발달의 경로를 걷는다는 의미이다. 개체가 되다는 것은 자기에 대한 의식을 가진 존재가 된다는 것이고, 자기가 행하는 행위를 의식하고 그것을 적어도 어느 정도까지는 스스로 선택할 수 있는 행위로 생각할 수 있어야 함을 의미한다. 개인성은 개체성의 인간적 형태일 뿐이다. 개체적 존재로서 개인은 자유로우면서 주체적인 존재라고 할 수 있다.[20]

어떤 경우에 있어서나 개체가 개체로서 존재적 전환을 한다는 것은 단순히 주어지는 것이라고만은 할 수 없다. 그것은 발견되고 형성되어야 하는 과제이자 작품이다. 따라서 의식의 개체발생은 역사적 문화 형성과 그것을 개인이 점유하는 문제와 내적 연관이 있다. 그러나 개체적 인간은 언제나 스스로 생각하는 것보다 훨씬 더 많은 사회적 규정성을 내포하고 있는 사회적 존재이다. 좁은 자아의 한계를 넘어갈 수 있는 것은 사회적 관계에 의해서 촉발된다. 그렇기 때문에 개체화는 언제나 사회적 규범과 다소간 대립할 수밖에 없지만, 그럼에도 개체화는 사회에 가장 올바로 기여할 수 있는 통로이다.

---

20. 사실 개체발생적 발달에서 개체적 존재의 형성이 이 글의 핵심이다. 앞글에서 문화 발달의 일반 법칙에 의해 내면이 형성되고 '존재론적 이중화'에 의해 사회적 개인이 형성된다고 했다. 이때 사회적 개인의 내면이라는 점이 특히 중요하다. 내면은 자기 자신과의 관계 맺음을 할 수 있는 장으로서 이것이 개체적 존재의 성립 근거이다. 개체적 존재 역시 사회적 개인임에는 틀림없다. 그러나 내면이 형성된 개체적 존재는 자신이 처한 사회적 관계에 대하여 스스로에게 존재 물음을 할 수 있다는 점이 중요하다.
예를 들면, 여성의 존재 물음은 양성평등을 주장하고, 유색인종의 존재 물음은 인종차별을 문제 삼을 수 있으며, 청년의 병역 거부도 마찬가지다. 교사와 학생이 자신들의 존재 가능성을 제약하는 학력을 문제 삼을 수 있는 것도 개체적 존재이기 때문이다. 그런 점에서 우리 개개인은 누구나 각자의 존재에 대해서 물음을 던질 수 있다. 따라서 개체적 존재야말로 존재의 발달적 가능성이 열려 있는 잠재태라고 할 수 있다. 이 글은 바로 개체적 존재의 형성과 발달에 관한 것이다.

기능적 발달—사회와 개인

문화와 사회[21]

문화라는 것은 어떤 공동체나 사회 단위의 삶의 양식이다. 넓은 의미에서 문화적인 모든 것은 사회적인 것이라고 할 수 있다. 문화적인 것은 의사소통으로 사람들을 결속시켜주는 관계의 매개물이자 접착제 구실을 한다. 우리는 분명 공동체로부터 전수받은 관념과 언어와 인지 기술을 가지고 사유한다. 그런 의미에서 한 개인의 문화 의식이란 자신이 속한 집단에 대한 공동체 의식이다. 그러나 어떤 관계에서 비롯된 공동체 의식은 어떤 역사의식으로 확장될 때 완결된다. 한 세대가 보유하고 있는 기예 혹은 능력을 다른 세대에게 물려주려면, 먼저 그러한 기예에 대해 사회적으로 의미 있는 보편적 기준을 만들고 형성해야만 한다.

언어는 사회적 조직의 수단이다. 각종 사회 제도와 관습을 유지하는 데 언어는 필수적인 수단이다. 문화는 사회적 삶과 인간의 공적 활동의 산물이기에 어떤 사회에 대한 문화적 이해는 문화권에서 사용하는 상징화한 기호에 따라 차이가 날 수밖에 없다. 한 사회는 다양한 계층과 조직으로 구성되는데, 각각의 사회 조직은 나름의 독특한 언어 양식을 갖는다.

그러므로 문화적 행동의 발달 문제를 공식화하는 것 자체가 우리를 발달의 사회적 측면으로 이미 이끈다. 더 나아가 개인과 분리된 수단으로서 신체 외부에 존재하는 기호가 본질적으로 공적 권위 혹은 사

---

21. 개체적 존재의 발달과정에서 문화와 사회는 대단히 중요하다. 아이가 개체적 존재로 성장하고 동시에 학교가 교육 공동체로 변모하는 것을 생각해보자. 이때 두 가지 과제를 동시에 충족시키려면 문화적 공통성(common)과 사회적 공공성(public)이 전제되어야 함을 강조한 것이 제2부의 세 번째 글 「교과 통합의 발달적 성취, 문화예술 교육」이니 참고 바람.

회적 도구로 작용한다는 것을 보여주는 것이 가능해졌다. 더 깊이 나아가 모든 문화적 기능들은 생물학적으로 순수하게 계통발생적 진화를 통해 발달한 것이 아니며, 문화적 기능의 기저에 놓인 기제에는 사회적인 것이 각인되어 있다고 말할 수 있다.

인간이 자기 자신이 되는 것은 다른 사람을 통해서라고 말할 수 있다. 내 자신의 인격 자체도 타인의 인격을 거쳐 스스로에 대한 인격이 된다. 이것이 인격 형성의 일반화된 과정이다. 메를로퐁티에 의하면 어린이의 자아 발달은 성장의 시간적 단계에서 비교적 나중에 속하며 처음에는 자타自他를 구분하지 않는 혼돈된 상태가 있을 뿐이다. 이 아이가 자아의식을 얻는 중요한 계기는 거울의 경험이라고 한다. 어린이가 거울에 비친 영상을 보고 자기의 모습으로 받아들이게 되는 것은, 다른 사람의 눈에 비치는 자기의 모습임을 알고 나서야 비로소 그것이 자기임을 받아들인다는 것이다.

어린이 본래의 지각 작용에서 '나'와 '남'은 하나의 연속체, 하나의 동일체계를 이룬다. '나'는 '남'의 관점과 신념, 동정, 반감 등을 고려하려고 노력한다는 것이기도 하다. 이것은 나와 다른 사람이 거의 자동적으로 대응하는 의도하고 행동하는 행동의 체계이다. 거울의 경험을 통해 이 체계의 대응적인 양극이 '나'와 '남'으로 보다 뚜렷해지는 것이다. 이 과정이 자아의식의 시작이며 '지능'의 시작이다. 인간의 본질은 사회적 관계의 총체적 집합이다. 사회적 관계들에 대한 개인적 관계, 여기에서 인간은 자신이 의식을 지닌 존재임을 깨닫는다.

모든 고차적 과정에서의 심리 기능의 발달은 사회적 국면이 개인적 국면으로 내면화된 관계이다. 그들의 구성, 발생적 구조, 행동 양식, 간단히 말해 그들의 본성 전체는 사회적이며 정신과정으로 전이될 때도 그들은 준準사회적으로 남는다. 인간은 혼자 있더라도 이러한 사회적 기능들을 유지한다. 그러므로 각자의 능력은 사회적 상호작용에서 문화적 도구를 얼마나 경험하고 숙달하는가에 달려 있다.

문화적 발달의 일반적 법칙

비고츠키는 어린이가 공통된 문화적 유산에 접근하는 것이 대단히 중요하다는 것을 알고 있었다. 다른 사람과 의사소통할 수 없거나 글로 된 정보를 읽을 수 없는 어린이는 근본적으로 입말과 글말을 하는 능력이 발달할 수 없기 때문이다. 입말과 글말의 습득에 관한 일반화된 관점에는 모든 문화적 기능의 발달은 사회적 상호작용에서 시작한다는 것이 함축되어 있다.

어린이가 입말에서 글말로 이행하는 단계에서 기능 발달의 일반화된 법칙을 확인할 수 있다. 이때 어린이의 입말은 집합적·사회적 형식이며 글말은 개인적 형식이다. 기능 발달의 일반적 법칙에 따르면, 모든 기능은 두 국면에서 나타난다. 첫 번째로 입말은 사회적 국면에서, 그것은 개인 간 정신 기능으로 나타나고, 그 다음 두 번째로 글말은 개인의 심리적 국면에서, 그것은 개인 내 정신 기능으로 이행함으로써 나타난다.

정신 간 과정의 의사소통 기능은 정신 내 과정에서의 지적 기능이 출현하는 데 필수조건이다. 이미 2세 이후 아동은 언제 대화를 시작하고 마칠 것인지, 어떤 방법으로 대화를 유지할 것인지, 지속적으로 주고받는 대화에서 말 교대turn-talking를 어떻게 하는지도 모방한다. 이러한 대화 능력은 아동이 대화의 기본적인 규칙을 이해하고 이를 지킬 수 있게 되었다는 점 이외에도, 이전 대화 내용을 기억할 수 있는 인지적 능력이 발달해 이전 시기보다 비교적 긴 대화를 할 수 있게 된다. 특정한 화제를 가지고 대화하려면 상당한 기억력과 사고력이 필요하다.

비고츠키는 말의 의사소통 기능과 지적 기능을 분석하면서 두 기능 간의 상호 연관성을 재차 강조한다. 우리는 개인 간 의사소통의 외적 작용이 개인 내 지적 기능으로 재구성되어 나타나는 것을 '내면화'라고 부른다. 사람의 개인적·사회적 삶에서 사회의 내면화 내지 주체화 또는 개인적인 것의 외면화 내지 객체화는 부단히 진행되는 교환 작용일 수밖에 없다.

개인은 공동 활동을 하는 가운데 점유의 과정을 통해 역사적으로 발전한 인간의 능력을 복제할 수 있다. 예를 들어 놀이 활동을 하면서 상상력을 점유할 수 있고, 모형 만들기 활동을 하면서는 이론적 생각 능력을 점유할 수 있다. 아이는 어떤 구성원 사이에 분배된 바로 눈앞의 사회 활동을 하게 된다. 이 활동은 그 모습이 외적이고 공개적이며, 다양한 재료와 기호를 도구로 사용한다. 이 활동에 참여하고 있는 개인이 과제 수행 방법과 도구 사용 방법을 모방하여 점유 혹은 복제하는 활동 역시 개인 간 과정에서 개인 내 과정으로 이행하는 내면화 과정에서 실현된다.

자기의식과 마음 발달

비고츠키에게 상당한 영향을 미친 헤겔G. W. Hegel에 따르면, 인간과 동물의 차이는 '자기의식을 지니는가' 여부에 있다. 동물은 그 자체의 감각이 있지만 자기의식은 없는 반면, 인간은 자기의식을 지닌다는 것이다. 이 점에서 헤겔은 동물의 존재는 그것의 현존being과 일치하지만, 인간의 존재는 발달becoming을 통해서만 이해될 수 있다고 주장한다.

그런데 인간 의식의 기능이 형성되는 과정은 처음에는 공동 활동의 체계 속에 속했다가, 이후 수정된 모습으로 개인 활동을 수행할 수 있게 만들어지기 시작하는 것이다. 한 사람의 의식 활동은 집단에 의해 조정된다. 그리고 그 활동을 실현하는 가운데 개인은 집단 내 다른 구성원의 입장을 고려하게 된다. 즉 자기의식에는 타인의 눈으로 볼 수 있는 능력이 들어 있다.

언어가 경험을 진화시킨다. 언어 능력의 차이는 세상에 대한 이해 수준의 차이도 초래한다. 2세 이전의 아이는 단지 남의 말을 '모방'하기만 한다. 그러니까 이 시기 아이는 남들이 전해주는 말을 통해 그대로 경험을 구성할 뿐이다. 그러다가 2세 이후에는 드디어 모어mother tongue 사용의 단계로 들어서는데, 단지 모방만 하는 게 아니라 이제는 '정보 전달'을 위해 언어를 사용할 수 있다. 본격적으로 정보 전달 기능을 사용하게 됨으로써 언어 사용의 주체성을 한 단계 높은 차원으로 끌어올린 것이다.

이제 본격적으로 세상을 스스로 이해할 수 있는 단계에 들어서며, 부모가 알려주는 세상과 다른 자기만의 세계를 '자신의 언어'로 끊임없이 구성하면서 성장하게 된다. 한마디로 자기의식을 지닌 우리는 언어로 세계의 모습을 구성하여, '언어로 구성된 세계'를 실제로 존재하는 세계로 간주하게 된다.

자기의식이 형성된다는 것은 고등 과정의 심리 기능인 지각, 주의 집중, 논리적 기억, 개념 형성, 사고 등의 총체적인 인간의 마음 발달을 가리킨다. 인간 고유의 마음은 자연이나 신에 의해 주어지는 것이 아니라 내면화에 의해 만들어가는 지평이다. 내면화의 지평은 문화적 발달의 일반적 법칙에 따라 주체의 활동에 의해 만들어가는 것이다. 그렇기 때문에 무한한 가능성이 열려 있는 것이 아니라 문화-역사적 조건의 제한을 받는다.

인간의 마음속에는 의식적인 측면뿐만 아니라 무의식적 측면이 있다. 인간 고유의 마음의 발달이란 모든 것을 아무런 구분이 없는 형태로 한꺼번에 압축하고 있는 무의식이 의식 수준에 구현되는 것을 가리킨다. 의식은 연결과 통일을 만들어내는 지적인 노력이다. 무의식에 들어 있는 그 일체 것들이 구분되지 않은 채 가능성으로, 즉 그것이 의식되기 전에는 어떤 상태로 의식될지 모르는 상태로 존재한다. 마음의 발달적 지평은 무의식과 의식의 경계에서 형성된다고 볼 수 있다.

그런데 모든 마음의 움직임은 대상에 집중할 수 있다. 이것을 의식화할 때, 나와 대상의 관계는 일정한 표상으로 정착한다. 이렇듯 무의식의 잠재적 수준을 자기의식의 현실 수준으로 전이시키는 것은 공적인 기호의 사용, 언어 표현 활동, 도구 사용 행동 등을 통해서이다. 마음속의 무의식적인 것을 문화적 매개 수단들을 통해서 일정한 표상으로 의식화한 후 그것들을 내적·심리적 국면에서 실행하는 것을 학습하는 것이다. 마음의 발달이 일어나는 내면화 과정이 외적인 형태와 이처럼 밀접한 관련을 맺고 있다는 것은 내면화된 정신 기능이 외적, 개인 간 정신과정의 단순한 복사판이 아님을 알 수 있다.

구조적 발달―직접성과 매개성

기호 매개 활동

문화는 인간에 의해 매개된 현실로 존재한다. 그것은 자연과 세계, 역사와 현실에 대한 직접적 반영이 아니라 인간의 지성과 노력에 의해 매개된 것이다. 문화적 심리 기능이 개인 차원에서 내면화한다는 것은 유기체의 힘만으로 되는 것이 아니라 기호 작용의 매개력에 의해 이루어지는 것이다. 이때 동물과 같은 심리적 과정은 없어진다. 이는 기호

작용을 기반으로 내면화한 행동 체계에 통합되어 문화적으로 재구성되고, 새로운 심리적 실체가 된다. 문화적 행동 형태를 내면화하는 것은 기호 작용을 기반으로 심리 활동을 재구성하는 것이다.

기호 작용은 심리 발달의 기본 법칙의 지배를 받는 복잡하고 장기적인 과정의 결과로 나타난다. 복잡한 기호 작용을 할 수 있는 가능성은 개인 발달의 초기 단계에 심어진다. 그러나 처음 단계(초보적 행동)와 고등적 단계(매개적 행동 형태) 사이에는 많은 '중간적 심리 체계'가 나타난다고 한다. 행동의 발달사에서 이러한 중간 체계들은 생물학적으로 주어진 것과 문화적으로 획득된 것 사이에 있다. 우리는 이러한 과정을 '기호의 발달사'라고 말한다.

특히 아동의 기억은 직접적 표상화 과정과 매개적 상징화 과정 사이의 발달 단계를 보여준다. 퍼스C. Peirce에 따르면 기호-사용 활동에 세 가지 수준의 의미가 있다고 한다. 도상icorn, 지표index, 상징symbol 등으로 구분된다. 발足을 예로 설명해보자. 만일 발을 사실적으로 그린 그림이 있다면 그 그림은 실제 발의 도상이다. 도상은 유사성의 범주에 속한다.

그러나 발이 남긴 발자국은 지표이다. 발자국 자체가 하나의 대상인 동시에 또 다른 대상(발)을 가리킨다. 지표는 인과관계의 범주이다. 그래서 우리는 곰의 발자국을 보고 곰이 지나갔다는 사실을 알 수 있다. '발'이라는 낱말은 대상과 상징적인 관계를 가진다. 소쉬르의 주장과 같이 낱말 '발'에서 실제 발과의 의미관계를 찾아볼 수 없다. '발'이라는 낱말이 실제 발을 의미하게 된 것은 그 낱말의 사회·문화적인 역사 때문이다. 낱말과 의미는 문화적으로 매개되어 있으며 자연적으로 주어진 것이 아니다.

비고츠키의 독특한 공헌 가운데 하나는 매개의 개념을 정리한 것이다. 기호와 도구는 기본적으로 매개 기능을 가지고 있다. 마르크스는 인간이 "자신의 개인적 목표를 성취하기 위해 사물들이 다른 대상들에 영향을 미치는 힘으로 작용하도록 사물의 기계적, 물리적, 화학적 특성들을 사용한다"는 것을 보여주기 위해, 노동 도구들을 이야기할 때 이 정의를 인용했다. 이러한 분석은 기호 사용을 매개 활동의 범주로 분류하게 하는 근거를 제공한다.

현대 철학의 발견은 우리가 인식·관찰·직관을 통해 투명하게 모든 것을 직접 본다는 직접성이 사실이 아니라 일종의 간접성이라는 것이다. 인간만이 가지고 있는 이러한 간접성을 헤겔은 '매개된 직접성'이라고 칭한다. 우리는 존재하는 것들의 모양이나 형태에 대해 말할 때, 직접 보고 직접 그 존재하는 것에 관해 말한다고 생각하지만, 이때의 직접성은 강아지 한 마리가 그것을 볼 때 얻게 되는 직접성과는 근본적으로 다르다. 인간이 경험을 통해 얻게 되는 직접성은 매개된 직접성인데, 이때 매개는 언어에 의해 이루어진다.

헤겔은 이 개념 속에서 인간 이성의 전형적인 특징을 보았다.

　이성은 강력한 만큼 교묘하다. 이성의 교묘함은 주로 이성의 매개 활동으로 구성되어 있다. 이성의 매개 활동은 대상들이 자기 본성에 따라 서로에게 행동하고 반응하게 함으로써 그 과정에 직접 개입 없이도 이성의 의도를 실현하게 만든다.

신병현에 따르면, 비고츠키의 문화역사 이론은 기본적으로 특정 사회의 역사 속에서 형성되고 변형되는 문화적 자원인 기호를 비롯한 다양한 심리적 매개가 갖는 중요성에 크게 의존하는 이론이다. 그럼에도 기호학과 언어학의 관점에서 비고츠키의 이론을 검토하고 전유하려는

시도가 적은 편이며 한국에서는 특히 심하다는 점을 지적한다.[22]

지시 기능과 상징 기능[23]

말이 도입되면서 '의미의 장semantic field', '의미들의 장a field of meanings'이 창조된다. 어린이가 말을 가지고 습득하는 용어들과 의미들에 의해 환경이 구조화된다. 비고츠키는 언어의 기호론적 특성에는 두 가지 상반되는 경향이 있다고 보고, 최초의 말의 기능이 지시 기능이며 이것이 상징 기능과 복잡한 관련성이 있다고 했다.

맨 처음에 나타나는 말의 기능인 지시 기능은 주의의 조절에 대한 분석을 통해 설명한다. 성인은 초기의 주의 발달 수준에 있는 아동에게 말을 할 때 대상이나 대상의 추상적 속성들을 범주화하는 단어를 사용하지 않는 편이 낫다. 그 대신 특정 대상을 지시해줌으로써 어린이가 그 대상에게 주의를 기울이도록 해야 한다. 어린이는 단어의 지시적 기능의 도움을 받아 자신의 주의를 통제하기 시작한다. 더욱 언어를 통해 개별 요소들을 골라내며 지각된 상황에서 인위적으로 새롭고 역동적인 맥락적 상황들을 만들어내기까지 한다.

이와 대조적으로 말의 상징 기능은 맥락에 놓여 있는 대상이나 사상을 지시하는 것이 아니라 "의미"의 탈맥락화에 초점을 맞춘다. 그 경우 언어의 주요 기능은 대상을 '분류'하고 '질서'를 부여해 '범주화'하는 작용으로, 우리는 그 작용에 의해 대상을 '유형적'으로 파악할 수 있다. 여기에서 우리는 언어의 지시 기능은 상징 기능을 전제로 한다

---

22. 이 지적을 의식하고 쓴 글의 일부가 이 책의 131~146쪽에 있으니 참고 바람.
23. 이 기능들도 앞에서 언급한 문화 발달의 일반 법칙에 따른 것이다. 즉 한 가지 기능이 두 가지 기능으로 분화하여 발달하는 예로 볼 수 있다. 다시 말해 기호의 자연적 기능인 신호 기능이 문화적 기능인 의미 기능으로 발달하면서 맥락적 국면에서는 지시 기능으로, 탈맥락적 국면에서는 상징 기능으로 분화하면서 발달하는 것이다. 이때에도 마찬가지로 기능 체계들의 구조적 변화가 일어나기 마련이다.

는 점에 주의하지 않으면 안 된다. 대상의 지시가 성공하려면, 대상이 사전에 유형적으로 분절되어 다른 것들로부터 분별이 가능하여 지각할 수 있기 때문이다.

상징 기능은 하나의 단어가 한 가지 대상이 아닌, 여러 가지 구체적인 대상들 간의 공통점을 대표하게 된다. 이것은 기호의 의미가 그것이 사용되는 독특한 시공간적 맥락에 덜 의존하기 때문이다. 그림이나 인공물로 재현된 상징 대상들은 물질적 대상의 척도와 기준으로 적용되는 '표준화'의 수단이며 관념화의 수단, 즉 물질적 대상을 정신적 수준으로 이동시키는 매개수단이 될 수 있다. 어린이의 지적 성장을 계산 및 기억의 보조 도구, 언어 등의 기호의 역사로 설명할 때도 비고츠키는 '매개 수단의 탈맥락화 원리'를 강조한다. 상징 기능은 개념 발달, 범주화, 연역적·과학적 추론을 분석하는 데 기초가 되며, 일반화된 범주에 의해 사건과 대상을 분류할 수 있게 해준다.

인간 정신의 종교 문화적 현상을 설명할 때도 탈맥락화의 원리는 의미 있는 설명을 제공한다. 상징적 재현물을 통해 대상들 일반을 다루게 되면서 우리의 감각 경험을 초월한 대상들(신, 유토피아 등)에 대한 사유까지도 가능케 해주기 때문일 것이다. 그러면서 동시에 상징은 경험 세계 저 너머를 가리킨다. 상징은 본질적으로 저 너머의 세계를 가리킨다. 인간 인식 능력은 상징을 통해 새로운 지평을 열 수 있고 이지평을 통해 우리는 경험을 초월한 대상에 대해 방향을 정할 수 있다.

한편 지시 기능과 상징 기능은 일반화 과정 및 의사소통과 연관성을 갖는다. 즉 사람들 사이에서 의사소통이 가능하려면, 사람들이 알고 있는 범주에 그들의 경험이나 의식의 내용을 포함시켜야 한다. 이런 경우 반드시 일반화 과정이 포함된다. 따라서 사회적 상호작용을 하려면 반드시 일반화와 단어 의미의 발달이 전제되어야 한다. 일반화의 초기 수준에서 의사소통 기능의 사회적 상호작용은 지각적으로 눈앞에 존재하는 대상에 대한 맥락 의존적인 지시 기능에 의존하게 된다.

반면, 일반화가 향상된 수준과 이에 상응하는 진정한 사회적 상호작용 수준은 말의 탈맥락적인 상징 기능으로 향상된다. 우리는 지시 기능과 상징 기능의 기호 작용을 통해 의사소통 기능을 한 단계 높은 차원에서 획득하게 된다. 이 두 가지 기능은 서로 상반되는 것으로서 경우에 따라 두 측면 중 하나가 좀 더 두드러지게 나타날 수도 있지만 항상 이 두 가지가 동시적으로 작용한다.

발달의 구조

개체발생에서 자연 발달 노선과 문화 발달 노선이 서로 어우러지면서 질적으로 새로운 체계인 고등 구조를 형성한다. 구조적 측면에서 볼 때, 기초적인 과정들의 직접적인 반응 구조와는 대조적으로, 고등정신기능들은 자극(기호)이라는 수단을 사용하면서 매개적 성질을 갖게 된다. 특히 발달된 고등 구조에서의 두 형태의 행동, 즉 직접적 반응의 형태와 매개적 형태는 단순히 저층 위에 상층이 세워지는 방식이 아니라 상대적으로 독립적인 상태로 공존하는 것이다.

직접적 형태인 초보적 기능의 자연적 층위와 매개된 고등 기능의 문화적 층위 사이에는 이행적인 구조로서 "원시적"이라고 불리는 넓은 지대가 있다. 두 층위가 조합된 원시적 형태는 기호의 '자연적' 역사 또는 기호 조작의 '모태기'라고 할 수 있다. 기호 조작은 발달의 산물이다. 대표적인 예로 옹알이라는 원시적 형태가 '모태기'를 거치면서 어휘의 문법이 되는 것을 들 수 있다. 기호 사용의 첫 단계에 연관된 모든 심리적 조작에서는 모종의 원시성이 발견된다. 이러한 원시성은 그 지시 대상이 아직 완전히 분리되지 않았음에 기인한다. 어린이는 사물의 명칭이 사물을 기억하기 위한 수단이 아니라 사물의 속성의 일부라고 생각한다. 그래서 기차를 "칙칙폭폭"이라고 부르거나 자동차를 "부릉부릉"이라고 칭한다.

한편 언어 기능 발달에서도 입말의 사회적 국면에서 글말의 개인적 국면으로 이행하는 것은 순전히 기계적으로 일어나지 않는다. 입말과 글말이 서로 다른 두 체계로 구분된다 하더라도 양자가 모방(재현)의 관계에 놓여 있으면서 자동적으로 일어나지 않는다. 입말에서 글말로의 발달적 이행은 전체 조작의 구조와 기능에 있어서의 변화와 관련 있다. 아이의 입말이 글말로 이행하면서 언어적 조작 수준이 현저히 낮아지는 현상이 관찰된다. 이때에도 마찬가지로 원시적 형태가 나타난다.

입말의 사회적 형태가 글말로 개인화됨에 따라 이들은 원시적 기능 체계에 이제 막 포함되어 수준이 낮아지고 좀 더 단순한 법칙에 따라 작용하기 시작한다. 예를 들어 아이는 글말을 할 수 있도록 무언의 생각을 할 수 있기 전에, '자기중심적 말'이라는 원시적 기능 체계를 통해 자신이 들을 수 있는 말로 스스로에게 지시한다. 이때 자기중심적 말은 구조상 보통 말에 비해 더 단순하지만 생각의 발달 단계로서는 같은 또래 어린이의 사회적 말보다 높은 단계에 속한다.

발달은 기능적 분화 과정과 그 후에 구조적 분화 과정을 경유하여 고양된다. 구조는 기능들의 분화 과정에서 생긴 과정적 네트워크로 조직된 것이라고 할 수 있다. 기능들 간의 상호작용과 변환을 통해 생산해낸 과정적 네트워크인 구조는 연속적으로 재생되고 구현되어 기능들의 존재 공간 안에서 위상학적으로 구체화된 단위체인 것이다. 비고츠키의 말을 살펴보자.

…… 그것들은 그 부분들의 새로운 통합과 상호관계에 의해 특징 지어진다. 그 전체와 부분들은 서로 평행하게, 또한 함께 발달한다. 우리는 첫 번째 구조를 '초보적elementary'이라고 부를 것이다. 이것들은 주로 생물학적 결정자에 의해 조건화되는 심리적 전체psychological wholes다. 문화적 발달과정에서 나타나는 나중의 구조는 '고등 구조 higher structure'라고 부른다. ……처음의 단계에 이어 처음 구조의 파괴, 재구성, 그리고 고등 유형의 구조로의 전환이 뒤따른다. 직접적인 반응적 과정들과는 달리, 이 나중 구조들은 기호와 도구의 사용에 기초해 구성된다. 이 새로운 구조는 직접적 적응 수단과 간접적 적응 수단을 통합한다.

문화적 행동 발달의 발생 영역과 내용[24]

언어적 자기 규제의 발달

우리가 잘 알고 있는 인간에 대한 규정은 '이성적 동물'이다. 그것은 그리스어에서 유래했는데, 본래는 '언어 능력이 있는 생명체'라는 뜻이다. 인간이 동물과 달리 자기 규제가 가능한 이유는 사회·문화적 산물인 언어를 갖고 있으며 기호 사용 활동을 하기 때문이다. 기호 사용의 핵심은 인간이 기호를 통해 행동에 영향을 미친다는 것이다. 아동 발달에서 가장 중요한 기호-사용 행동은 말하기다. 말하기가 내면화되

---

24. 문화적 행동은 물리적·심리적 도구 사용 활동 일체를 말한다. 여기서는 개체발생 영역의 문화 발달 노선에 해당하는 심리적 도구의 기호 사용 활동에 초점을 맞추었다. 그리고 문화적 행동의 내면화는 개체적 존재의 성장과 발달에 영향을 미친다. 그러한 개체적 존재의 발달적 내용을 세 가지 영역, 즉 언어적 자기 규제의 발달, 생각과 말의 발달, 자기 수행의 숙달 등으로 설명하고자 한다.

면, 말하기는 언어의 의미론적 측면이 내면화하여 고등심리과정의 보편적이고 심오한 일부분이 된다. 기능적 측면에서 고등 기능들은 기초적 기능들과는 달리, 자신의 행동에 대한 예비적 숙달을 통해 상황에 맞도록 조직화된 적응을 획득한다. 언어적 사고에 의해 행동은 통제되고 규제된다. 말하기는 지각, 기억, 문제 해결과 같은 행동들을 조직하고, 결합하고, 통합하는 역할을 한다.

그런데 말과 기호 사용이 어떤 행위로 합해질 때 그 행위는 전적으로 새로운 발달 노선을 따라 변형되고 조직된다. 어린이는 말하기를 통해 환경의 많은 직접적 제약들로부터 자신을 자유롭게 한다. 어린이는 말하기를 통해 미래 활동을 위한 준비를 한다. 즉, 다른 사람의 행동뿐 아니라 자신의 행동을 계획하고, 통제한다. 인간과 동물의 기본적이고 가장 일반적으로 공통된 대뇌 피질 활동이 신호화라면 무엇보다 인간을 동물과 구별하는 기본적이고 가장 일반적으로 공통된 인간 활동은 상징화, 즉 기호의 창조와 사용이다. 소풍을 계획하는 상황은 필요 물품 목록과 지도 등과 같은 다양한 상징적 매개 수단을 포함한다. 따라서 소풍이라는 미래의 상황은 단순한 관념적 상상이 아니라 구체적인 상징을 매개로 하는 상징적 상황이다. 이런 상징적 상황(언어화된 장)에 대한 연구는 자유 의지(자유 의도, 자유 선택) 형성을 이해할 수 있도록 한다. 상징적 상황으로서 문화는 인간 삶의 기획의 출발점 또는 거점이 된다.

언어적 자기 규제란 언어 체계의 일부 요소가 행동을 계획하고 통제하며 그리고 행동을 구조화하고 조직하며 감독하는 과정이다. 비고츠키의 언어적 자기 규제는 개인 간 국면에서 존재하는 외적인 통제 기능이 개인 내 정신 기능으로 전환된 내적인 자기 규제의 개념이다. 인간은 자기 규제를 통해 자신의 삶을 조정할 뿐만 아니라 자연에 대해 수동적 태도를 취하기보다는 자연을 문화적으로 변형함으로써 자신을 해석하고 자기 본성까지도 규정하게 된다.

그런 점에서 내적 심리 과정인 자기 규제는 의도적 활동voluntary activity과 관련된다. 레빈K. Lewin은, 의도적 활동은 행동의 역사-문화적 발달의 산물로서 인간 심리의 유일한 특성이라고 정의한다. 인간이 아주 작은 의도에서조차 비범한 자유를 보여주는 것 그 자체가 놀라운 일이라고 레빈은 주장한다. 이것이 매우 발달한 지성보다 의도적 활동이 인간과 동물을 더 명확하게 구별해주는 특성이라고 여기는 이유다.

인간이 완전한 사회적 조직을 구성해낸다고 하더라도 새로 태어나는 개체는 이 체제 안에서 새로 퍼덕이기 시작하는 나비와 같다. 상징적 우주에서 모든 개체는 새로운 시작이다. 언어적 자기 규제와 의도적 활동에서 가장 중요한 것은 무엇을 시작할 수 있는 능력, 자발성spontaneity이다. 자발성은 단순히 외부 세계에 자의적 의지를 부과하는 것이 아니라, 스스로 자기 안의 일정한 법칙적 관계를 인지하고 이것을 능동적으로 표현하고 활용하는 것이다. 이때 비로소 인간은 개체적 존재가 된다. 개체적 존재가 되는 것은 온전하게 자기 자신으로 존재해본 경험을 갖는 것이다. 그것은 자기에 대한 의식을 가진 존재가 된다는 것이고, 자기가 행하는 행위를 의식하고 그것을 적어도 어느 정도까지는 스스로 선택할 수 있는 행위로 생각할 수 있어야 함을 의미한다.

지성은 교육될 수 있고, 일종의 통사론적 규칙으로 무장할 수 있지만, 자발성은 규칙을 배우듯이 그렇게 배울 수 있는 게 아니다. 자발성은 배울 수 있는 것이라기보다는 실제의 보기와 현실적인 실천에 따른 단지 그 자신의 수련에 달려 있을 뿐이다. 그런 점에서 자발성은 존재 체험과 관계하며 그것은 원칙적으로 명시적 묘사가 불가능한 것이기도 하다. 자신의 실존 구조에 맞게 성장과 발달이 가능해지는 자발적 활동의 자율적 제약 능력이 결여될 때는 학교 교육으로도 어쩔 수 없는 것이 되어버린다.

생각과 말의 발달

비트겐슈타인은 "동물은 생각하지 않기 때문에 말하지 않는 것이 아니다. 그냥 말하지 않는 것이다"라고 했다. 바꿔 말하자면 사람은 생각이 있기 때문에 말하는 것이 아니라 그냥 말하는 것이다. 다시 말해 사람은 무언가 생각을 말하는 것이 아니라 그저 말하는 것이다. 예컨대 유아는 '의미도 없이' 그냥 재잘거린다.

비고츠키는 개체발생적 발달에서 생각과 말은 다른 발생적 근원을 가진다는 것도 밝혀낸다. 울음, 옹알이 그리고 어린이의 최초의 낱말은 모두 다 '생각 없는' 말하기의 국면이다. 그리고 유아는 얼굴을 기억하고 식별할 수 있고, 대상을 찾을 수 있으며, 동작을 흉내 낼 수 있듯이 그것은 '말 없는' 생각의 발달과 관련된다. 그러나 별개의 방식으로 진행되었던 '말 없는' 생각과 '생각 없는' 말 발달의 노선들이 특정한 지점에서 이제 교차하고, 일치하고 그리고 완벽하게 새로운 형태의 행동의 형태를 창조하게 되는 것—말이 지적인 것이 되고 생각이 말로 표현되는 것이 개체발생적 발달의 특징이다.

생각과 말의 관계는 어떤 사물이 아니라 과정이다. 이 둘은 분열되어 있기 때문에 필연적으로 한쪽에서 다른 쪽으로의 이행을 허용하는 구조로 이루어질 수밖에 없다. 따라서 이 관계는 생각에서 말로, 역으로 말에서 생각으로의 움직임이다. 사고는 낱말로 표현되는 것이 아니라 낱말에서 성취된다. 따라서 어린이는 특정 계기에 이르러 말로 하는 생각을 할 수 있게 된다. 말로 하는 생각에서는 사고가 움직여야 하고, 의식이 깨어 있어야 하며, 언어가 탄력적이어야 한다. 언어와 사고 그리고 의식은 생동하는 현실의 사태에 직면하여 의미 작용을 일으킨다.

아감벤G. Agamben의 표현에 따르면, 이것은 일종의 공명 현상과 같다. 공명이 일어나면 생각과 말의 두 체계는 각자의 독립성을 잃고 하나의 단일한 공명 체계를 형성한다. 그러나 이 두 체계로 하여금 공명 관계에 들어가게 해주는 매개 요소가 필요하다. 야콥슨이 언어의 음소적 차원이라고 불렀던 것(혹은 촘스키가 언어 습득의 차원에서 보편 생성 문법으로 구상했던 것)이 바로 그것이다.

톨스토이에 따르면, "생각과 말의 관계와 새로운 개념의 형성은 영혼의 가장 복잡하고, 신비로우면 섬세한 과정이다." 미소발생적으로 사고는 낱말의 아버지이다. 그러나 개체발생적으로는, 말로 하는 생각이라는 구조물의 토대는 낱말이다. 낱말은 사고와 낱말의 관계에서 대업을 완성 짓는 '끝'이다. 심리학적 분석에 비추어볼 때 이 관계는 일련의 국면과 단계들을 거치며 그를 통해 변화하는 발달의 과정으로 나타나므로 말 그대로 발달이라고 정의할 수 있다.

모든 사고는 무언가를 무언가와 연결하고자 하며 무언가와 무언가 사이의 관계를 확립하고자 한다. 모든 사고는 이동, 흐름, 발달을 가지고 있다. 사고의 흐름은 일종의 회로—감각의 회로, 뇌의 회로, 몸의 회로, 행위의 회로를 따라 변환된다. 감각의 회로에서는 오감에 의한 관찰과 느낌이 불러오는 심상을 따라 형상을 떠올린다. 두뇌의 회로에서는 추상화와 패턴 형성 그리고 유추 등의 사고 변환이 일어난다. 몸의 회로에서도 몸소 겪는 체험과 감정이입을 하게 된다. 한마디로, 사고는 각각의 회로에서 모종의 기능에 기여하며 모종의 노동을 수행하고 모종의 문제를 해결하는 활동을 한다.

주체의 활동은 대상 그 자체가 아니라 주체의 탐색 행위 안에서 일어난다. 이때 두드러지는 것은 주의를 기울이고 탐구하는 지적 행위이다. 지적 행위는 도처에서 관찰하고 비교하는 사고의 흐름이며, 주변의 것들을 조합하고 만들어보며 사고의 변환을 가져오기도 한다. 또 이렇게 그렇게 했는지에 주목하는 것 역시 새로운 사고의 흐름과 변환을 촉발한다. 주체의 탐색 행위는 도처에서 반성을 하기 때문에 탐색 행위 그 자체로 되돌아가기가 가능하다. 반성이란 사유 실체가 하는 순수한 숙고가 아니다. 그것은 자신의 지적 행위에, 자기가 그리는 길에, 그리고 새로운 영토들을 정복하기 위해 그 길로 항상 나아갈 수 있는 가능성에 무조건 주의를 기울이는 것이다.

이러한 사고의 흐름은 생각에서 말로 그리고 말에서 생각으로의 이주와 같이 일련의 전체의 단면들을 가로지르는 내적인 이동으로 일어'난다. 사고는 모여드는 구름에 비유할 수 있다. 이 구름은 낱말의 빗방울을 세차게 쏟아낸다. 따라서 사고에서 말로의 전이는 사고를 나누어 그것을 낱말로 재구성하는, 대단히 복잡한 과정이다. 사고가 낱말과 일치하지 않을 뿐 아니라 심지어 그것을 표현하는 낱말의 의미와도 일치하지 않기 때문에 사고로부터 낱말로 가는 길은 반드시 의미를 거쳐야 한다. 우리의 대화 속에는 언제나 배경이 되는 생각, 숨겨진 저의가 있다. 사고에서 말로의 직접적 전이는 불가능하여 언제나 복잡한 길의 건설이 요구되기 때문에 사람들은 말의 불완전성에 대해 불평하며, 사고의 표현 불가능성을 개탄스러워한다.

자기행동의 숙달

자기행동을 숙달한다는 것은 의지가 발달한다는 것이다. 의지는 저마다 자기에게 들이는 노력 안에서, 정신을 활동으로서 스스로 결정하는 노력 속에서 자신의 합리성을 찾는다. 자기행동의 숙달도 한 사람의 개별적 사건으로 그치는 것이 아니라 다른 사람에 대한 일정한 관계 방식으로서, 이 관계 방식에서 일어나는 부단한 자기 형성의 과정에서 일어난다. 이런 경우 자신의 주변과 세계를 끝없이 재발견하게 된다. 이때 주목하게 되는 것은 그 삶에 무엇을 그리고 어떤 형식을 부여하는지에 따라 달라진다는 점이다.

자기행동의 숙달이 이뤄지기 전에는 무조건 반사에 의한 본능적 행동, 조건적 반응인 습관적 행동, 지적 반응인 문제 해결 행동 등이 환경과의 관계에서 발생하는 행동이었다고 볼 수 있다. 본능적으로 반응하는 기능이 습관적 기능과 다르다면, 습관적 기능 또한 지적 기능과 다르다. 즉 습관의 생물학적 기능이 다소 분명하고 단순한, 생존을 위한 개별적 조건에의 반응이라면, 지적 행동의 기능은 변화하는 외부 조건에의 적응과 새로운 환경 속에서 변화하는 상황에의 적응이다.

인간은 자기행동의 숙달 능력에 의해 자신의 통제하에 자기 반응을 복종시킨다. 한때 인간이 자연의 외적 힘의 작용을 복종시켰던 것처럼, 이제는 자연적 행동 법칙을 토대로 자기행동 과정을 지배한다. 거기에는 별도의 능력을 가진 기능이 있는 것이 아니라 여러 능력들이 복합적으로 가담한다.

비고츠키는 정서적이고 의지적인 경향성, 즉 욕구와 충동, 흥미와 동기가 생각과 말의 최종 단면을 이룬다고 주장한다. 이들은 사고의 비구름이 나타나도록 하는 바람이며 이들은 궁극적으로 낱말의 빗방울이 세차게 내리도록 촉발한다. 이렇게 생각은 말이 되고, 이어서 말이나 단어는 다시 생각이 된다. 하나의 관념은 물질이 되고, 이 물질은 관념이 된다. 이 모두가 의지의 효과이다. 생각은 말의 날개를 달고 하나의 정신에서 다른 정신으로 날아간다. 각각의 단어는 의도와 함께 하나의 유일한 생각을 담도록 보내진다. 그것은 이해하고, 자신을 이해시키려는 욕망이다. 그저 생각을 단어로, 단어를 생각으로 번역하고 역번역하기 위해 매 순간 철저히 노력한다. 말해졌든 쓰였든 모든 말은 하나의 번역이다. 번역은 끝없이 자신과 그 주변, 세계를 재발견하는 자기표현의 의지이다.

자기행동의 숙달을 통해 자유 의지를 지닌 존재가 된다는 것은 더이상 환경에 대한 적응을 논하는 것이 아니다. 우리가 생각하고, 개념을 형성하며, 보이지 않는 사실들에 대한 추론을 하며, 픽션을 만들어내고 이를 즐기는 것은 우리가 도구를 사용하여 적용하는 것과는 전혀 다른 활동이다. 비고츠키는 이를 '신형성'이라고 부른다. 즉, 본능, 조건반응, 지적 적응과는 질적으로 새로운 행동 형태임을 지적하는 것이다. 의지의 발달로 인해 인간은 스스로 안에 되돌아봄의 공간을 만들고 그 공간에서 삶의 여러 가능성을 검토할 수 있는 자유를 얻은 것이다. 이 능력은 객관적 세계에 일치할 수 있도록 여러 사안을 긍정, 부정하고 또는 추구하고 회피하는 데 발휘된다. 숙달된 수행의 자유는 삶의 가장 높은 표현의 하나다. 그러나 그것은 한달음에 이루어지지 않는다.

우리의 삶이 끊임없는 기획이며 선택이라고 할 때, 그것은 잡다한 현상을 단순한 원리 속에 통합하는 역할을 한다. 우리는 자기행동의 숙달을 위해서 이러한 단순화의 원리를 필요로 한다. 이 원리는 사물의 원리이면서 질서의 원리로서 기획과 선택의 수행 경로를 나타내는 것이다. 여기에서 적어도 하나의 기준이 되는 것은 여러 현상을 통해 견지될 수 있는 일관성 또는 체계성이다. 단순화를 통해 그것은 삶을 하나로, 하나의 전체성으로 볼 수 있게 하고, 스스로의 삶의 정향을 도울 수 있다.

그런데 의지는 무언가를 선택하는 심급이기에 앞서 스스로 움직이

고자 하는 역량, 자신의 고유한 움직임에 따라 행동하고자 하는 역량
이다. 이는 삶의 가능한 범위 안에서 자신의 존재 방식 전체를 스스로
결정한다는 것이다. 이러한 능력 혹은 잠재력은 지금의 내가 다른 존재
가 될 수 있다는 것을 의미한다. 그것은 '나 아닌 나'를 잠재적으로 담
고 있는 삶의 전체성을 현재에 구현하려는 노력으로서 삶을 기획하는
것이기도 하다. 삶을 기획함에 있어서 의지적 결심을 하는 경우는, 기
획된 삶에서 전체로서의 존재 가능성을 예견하고 그것을 예비적 결단
으로 풀어내는 것이라고 할 수 있다. 결심한다는 것은 삶의 전부를 미
리 생각하며 그에 따라서 행동하는 것이다.

사회적 내면의 형성[25] (1)—자신自身 성취적 존재의 발달

몸과 건축함의 사유

인간은 일차적으로 몸을 지닌 존재이며, 몸의 조건에 따라 살아간
다. 몸을 쓰는 존재는 일차적으로 생리적 조건에 반응하면서 살아가는
생명체이다. 그 몸은 알아서 주어진 환경 속에서 생존의 원리를 습득
해간다. 인간의 행동은 자신의 환경에서 자신의 문제를 해결하는 생물
체 행동 일반의 특성을 공유한다.

또한 몸은 문화적 환경에 의해 만들어지며, 그 터전 위에서 방향이
지어진다. 자신의 생각과 의지, 마음과 느낌에 따라 삶의 방식을 만들

---

25. 사회적 내면성은 이미 앞에서 언급한 개체적 존재가 사회적 개인임을 강조하고자 하는 개념이
다. 내면을 가진 개체적 존재는 자기 자신과의 관계에서 존재 물음을 던진다고 했다. 그런 개체
적 존재가 또한 사회적 개인이기에 그 내면은 사회적 내면이어야 마땅하다. 내면에서 사회적 관
계를 맺고 있는 개체적 존재인 '나'가 스스로에게 존재 물음을 던질 수 있는 가능성을 자신, 자
기, 자아라는 세 존재의 층위에서 규명해보려고 한다. 물론 세 존재 층위는 구분되어 있으면서
도 연관되어 있다.

어가는 존재인 것이다. 산다는 것은 삶을 일정한 모양으로 조직함으로써 가능해진다. 환경에 반응하는 생물학적 존재이자 삶의 방식을 꾸려가는 문화적 존재인 인간은 무언가를 산출하고 창조하여 기대를 충족시키는 자신 성취적 존재이다.

자신 성취적 존재인 인간은 본질적으로 시간 연관과 공간 연관을 떠나서는 생각할 수가 없다. 인간이 몸을 지니고 이 땅 위에서 유한적인 삶을 살아가면서 어딘가에 거주해야 한다는 것을 의식하는 한, 인간은 모름지기 시간적인 존재이며 동시에 공간적인 존재라는 사실은 자명하다. 거주하려면 땅을 경작하거나 고르고 그리고 그 땅위에 무언가를 세우는 건축 작업을 해야 한다. 그러므로 건축의 본질이란 거주하기 위한 공간을 만드는 것이 아니라 도리어 거주함 자체와 동일한 사태를 말한다.

마르크스는 건축함과 사유함 사이의 관계에서 자신 성취의 노동과정에 대해 이렇게 묘사했다.

최악의 건축가가 최고의 벌에 밀리지 않는 것은 현실에서 건축물을 짓기 전 상상 속에서 세울 수 있기 때문이다. 노동과정을 끝마치면, 인간은 상상 속에 이미 존재하고 있던 결과를 손에 넣게 된다. 그는 자신이 작업에 사용한 재료의 형태를 변화시킬 뿐만 아니라, 자신의 작업 방식에 절대적인 힘을 발휘하고 자신의 의지를 종속시키는 애초의 목적까지도 실현한다.

인간은 특정한 공간과 장소에서 그때마다의 나로서 존재한다. 또한 '건축함'은 비어 있는 공간을 만드는 것이 아니라, 오히려 그 안에 존재하기 위한 것이다. 이때 '존재한다' 함은 박스 혹은 컨테이너 같은 빈

공간에 들어 있는 내용물처럼 존재한다는 것이 아니라, 도리어 어떤 상황에 '처해 있음'을 뜻한다.

목적의식적 활동

노동과정에서 인간은 노동의 결과물을 미리 내다보고 상상하기에 스스로의 성취 과정이 가능하다. 상상한다는 것은 마음속으로 그려보는 것이다. 무대에서 살인이 실제 살인이 아니듯이 마음의 눈으로 사물을 본다고 할 때 그런 사물이 존재하거나 실제 시각 작용이 일어나는 것은 아니다. 그러기에 상상적인 것이 정신적인 것과 동의어로 사용되기도 한다. 노동을 통한 대상적 활동을 할 때는 많은 부분이 내부의 마음에 의해 그 윤곽이 그려진 상태에서 이루어진다. 바람직한 목표를 세우고 그 목표에 도달하기 위한 중간 목표들을 수행해나가는 '이상적인 계획' 과정을 통해 대상적 활동이 성취된다.

이런 과정들이 쌓여서 비로소 문화의 역사가 성립되는 것이다. 모든 문화의 세계는 모두 상상에 기초를 둔 인간의 목적의식적 활동의 성과인 것이다. 우리는 상상력 덕분에 세상의 '가상 현실 모형'을 세우고 그것을 바탕으로 행동한다. 실제로 상상은 모든 창조 활동의 기초로서 예술, 과학, 기술의 창조를 가능하게 하고 예외 없이 문화생활의 모든 측면에 한결같이 나타난다. 마르크스가 인간의 중요한 활동을 대상적 활동이라 규정한 것도 이런 이유에서이다. 문화는 한 개인 내지 한 공동체가 만들어낸 고유한 삶의 양식이다. 문화와 별개로 존재하는 삶의 양식이란 있음직하지 않기에, 삶의 모든 결과물과 모든 업적들이 일차적으로 인간에 의해 성취된 문화라고 할 수 있다. 고려시대의 자기 문화라고 할 때, 그것이 의미하는 바는 고려청자를 통해 알 수 있는 것이다.

인간이 이루는 전체 삶의 형태, 그것은 구체적인 활동이나 작업과 결부되어 인간이 성취한 문화이다. 자신 성취 과정이란 무에서 유를 창조하는 생산적인 삶이다. 여기서 기준이 되는 것은 자신에게 필요한 일들의 객관적 조건이다. 일의 수행은 일의 대상적 성격에 복종함으로써 가능해진다. 사물의 물리적 법칙이나 작업의 협동에 따르는 사회적 기율紀律을 따라서 행동해야 한다. 특히 사회적 기율은 대상 지향적 활동 중인 여러 신체들의 관계를 조성하는 힘의 작용에 관한 것이다.

격물치지

삶의 활동은, 그것이 무엇이든지 간에 목적을 지향한다. 그러나 동시에 그에 이르는 과정이다. 좋은 행동은 그 자체가 목적이다. 마찬가지로 목적을 향하여 나아가는 과정에서 감각적 세계를 변형시키는 다양한 감성적 활동들을 펼치게 되는데 그 자체 역시 목적이 될 수 있다. 여기에 중요한 작용을 하는 것이 심미적 요소이다. 현실 세계는 감성적 활동 전체를 통해서 만들어지는 것이므로 실용성을 목적으로 하는 물건의 제작도 그 자체로 미적인 완성감을 줄 때가 있다. 정치 역시 목적 있는 행동이면서 공연예술의 성격을 갖는 것도 마찬가지이다.

고대의 그리스인들은 수공과 예술을 동일하게 테크네라고 불렀고, 수공인과 예술가를 동일하게 테크니테스로 지칭했다. 그리스인들에게 테크네는 수공이나 예술적 기술이라는 의미가 아니라 앎의 한 양식이었고, 앎의 지평 전체에 해당하는 말이었다. 이때 테크네는 사물 속에 있는 것을 겉으로 드러내는 한 방식을 의미하는 말로 쓰였다. 그래서 그리스인들에게 앎의 양식으로서 테크네는 단순히 제작행위를 의미하는 것이 아니었다. 그것은 사물을 인식 대상으로 놓고 이미 겉으로 드러나 있는 것을 관찰하고 분석, 해명하는 것이 아니라 사물 속에 있는 것을 겉으로 드러내는 일이다. 따라서 진정한 앎이란 사물의 밖에서 자신의 생각으로 판단하는 것이 아니라 사물 속에 있는 것을 끌어내야 한다.

격물치지格物致知라는 말이 있다. 여러 가지 해석이 있지만, 주된 의미는 '사물의 이치를 끝까지 파고 들어가면 앎에 이른다'라는 것이다. 이것은 하학하여 상달한다下學而上達는 것으로 아래로는 인간사를 배워서 궁극적으로 심오한 하늘의 이치에 통달한다는 의미이다. 과학적으로 말하자면 현실에 기반을 둔 실증적 검토의 과정이라고 보아도 무방할 것이다. 격물치지는 대상을 알아가는 방법론인 것이다. 격물치지의 방법론은 존재에 대한 탐구를 전제하고 있는 것이다. 현존하는 것 자체를 그것의 숨겨져 있음으로부터 그 모습의 숨어 있지 않음 가운데로 이끌어온다는 의미였고, 그런 의미에서 존재자의 산출 행위인 동시에 존재의 드러냄이다.

사회적 내면의 형성 (2)―자기自己 이해적 존재의 발달

주의 집중과 해석

우리는 흔히 여럿이 모인 자리에서 '자기가 맡은 일은 자기가 알아서 해야 한다'고 말한다. 혹은 '당신은 자기주장이 너무 강해'라고 말하는 것처럼 '자기'라는 표현에는 타자와의 대면 관계가 전제되어 있다. 자기 존재란 나와 타자 사이에 머물러 있는 상태인 것이다. 내가 스승을 존경한다고 할 때 스승과 나 사이에 존경尊敬하는 존재가 있다고 볼 수 있다. 이때 한자 '경敬'은 주의 집중의 상태를 말한다. 존경의 주의 집중 상태는 완전히 나로 머물러서도 안 되고, 그렇다고 해서 완전히 타자로 건너가서도 안 된다. 전자의 상태라면 산만하여 상념에 가득 차 있을 것이고, 후자의 경우에는 일종의 최면이나 환각 상태로 변질될 것이다.

'경'은 사물에 대해 조심스러움과 두려움을 가지고 주의하는 것을 뜻한다. 이것은 마음을 집중한다고 해도 그것이 반드시 적극적으로 어떤 것을 추구하기보다는 수동적인 상태에 있을 것임을 요구한다. 이 마음의 상태는 움직임과 고요함을 동시에 지니고 있다. 같은 방식으로 사회와의 관계에서 성장한다는 것은 독자적 인간으로 자기를 형성한다는 말이라기보다는 주어진 사회적 요구에 합치되는 인간이 된다는 것을 말한다. 이것은 부과되는 것이면서 인간이 다른 사람과의 관계 그리고 그것의 총체로서의 사회적 규범적 정의에 민감하다는 것을 전제한다.

사회적 관계에서 역할을 부여받은 인간은 왜 사는지, 또는 어떻게 사는 것이 의미 있게 사는 것인지 묻는 유일한 존재다. 그는 자신의 내면을 깊게 파고드는 사람이 아니라, 반대로 세계의 무엇인가로 열려 있는 감수성을 가진 사람이다. 인간이 던지는 그러한 물음에 대한 답은 삶의 경험에 대한 이해 정도를 반영한 '의미로서' 주어진다. 우리는 이 세계에 내던져진 어쩔 수 없는 삶을 이해하려고 우선 대면하고 있는 삶을 해석하게 된다. 그것은 외국어 교과서에 쓰인 외국어 문장을 해석하는 것과 원리와 같다.

삶의 문맥을 해석하고 삶을 해석하는 사고가 바로 해석학 사고의 본질이다. 들뢰즈는 이렇게 말했다.

사유한다는 것은 언제나 해석하는 것이다. 즉 하나의 기호를 설명하고, 전개시키고, 해독하고, 번역하는 것이다. 번역하는 것, 해독하는 것, 전개시키고, 해독하고, 번역하는 것이다.

예를 들면 피아니스트가 어떤 곡을 해석하고 연주하는 것은 정해진 악보를 구체화하는 행위라고 할 수 있지만 그것을 나름으로 각색하는 것은 아니다. 해석은 작곡자의 의도를 최대한 살리고자 하는 객관성의 성취를 향한 노력이다. 그것은 극히 개인적이면서 동시에 객관적인 것이다.

주체 의존적 이해

해석학 사고의 궁극적 목표는 "이해"이다. 삶은 본질적으로 상징성과 의미성을 내포하기 때문에, 삶은 그대로 이해될 수 없고 반드시 먼저 해석되어야만 이해될 수 있다는 논리를 내포하고 있다. 예를 들어 국기國旗는 헝겊 조각에 불과하다. 그러나 우리는 국기 앞에서 충성을 맹세하고 전쟁터에 나가 죽음을 마다하지 않는다. 그 힘은 상징과 의미에서 나온다.

해석학적 관점에서 이해는 이성의 작용에 의한 인식을 넘어서 경험에 기초한 삶의 총체성과 관련되어 있는 앎의 실현 방식이다. 좋은 연주는 그것이 사유의 결과라기보다는 사유의 실천으로, 그리하여 거의 삶의 원리로 동화되었기 때문일 것이다. 그것은 객관적 형식 속에 자신을 일치시키고 그것을 구현할 수 있는 능력이다.

누구든지 자기 삶에 대한 해석학적 이해의 틀을 보존해야 한다. 그것은 주관적인 것이라기보다는 주체 의존적인 이해의 형성인 것이다. 주체 의존적인 이해의 틀은 문화 정체성과 관련되어 생각해볼 수 있다. 문화 정체성이란 어떤 사람으로 하여금 일정한 문화권과 세계 속에 그 자신이 소속되어 있음을 인식시키고, 그에 따라 살아가도록 만드는 모든 관습과 규범, 행동과 의식의 총체적 집합이다. 외국에서 태어난 한국인 2세인 경우 자신의 뿌리에 관심을 갖게 될 때, 자기 이해적 존재 상태에 접어든다. 그것은 자신의 생물학적 특징인 인종적 외모에서부터 다른 것이 문화적 차이로 이해되면서 문화 정체성상의 불일치와 갈등이 일어나는 현상이기도 하다.

자기 이해적 형성 과정은 문화 정체성이 수립되어가는 과정에서 의문과 시행착오 그리고 숙달 등을 겪게 된다. 어떤 관계에서 비롯되든 공동체 의식은 어떤 역사의식으로 확장될 때 완결된다. 공동체의 생성 소멸과 흥망성쇠의 역사가 그 공동체에 속한 개인들 간의 연대감이 터하는 가장 굳건한 바탕이다. 공동체의 발흥과 쇠잔의 운명 속에서 구성원이 서로 공유하는 역사의식이 공동체 의식의 진정한 뿌리이다. 자신이 속한 역사 공동체의 전통을 자각할 뿐만 아니라, 미래의 역사를 위해 그 전통을 계승·발전시켜야 하는 과제를 자각하는 인간이어야 한다.

이해의 수행과 실천

인간에게 주어진 세계 전체가 의미론적 차원에서 경험될 때 그것이 곧 이해로서 형성되는 것이다. 하이데거에 따르면, 이때 이해한다는 것은 '할 수 있음' 또는 '숙련', '능숙함'과 관련이 있다. 이 '할 수 있음'은 가능적 요소를 포함하고 있는데, 이때의 가능이란 존재 가능을 말한다. 이 존재 가능과 관련하여 하이데거는 '기획 투사'를 언급한다.

그러므로 이해는 방법론적 과정이 아니라 이해 자체의 수행 방식이며 실천과정으로 드러난다. 자기 이해적 존재 형성에 직면한다는 것은 자신이 의미 생성의 주체로서 존재하는 것이다. 이해는 한 과정 또는 사태에서 겪는 그리고 사유로 하여금 사유하도록 만드는 기호 구성적 체험의 질이다. 자신이 직면하게 된 사람이나 사물 혹은 사건에 고강도로 집중할 때, 우리는 그로부터 발생하는 내적인 동요를 묘사하고 이야기할 수 있는, 즉 뭔가로 표현할 준비를 갖춘 셈이다.

하나의 체험이 명백한 것으로서, 지금까지의 경험과 일치하고, 그 자체가 조화로우며, 확실한 것으로 경험될 경우, 그 결과에 대해 적절하다고 판단할 수 있다. 그리고 체험의 질과 관련해 좋은 감정이 개입되고, 기대된 행동의 결과들이 이러한 감정에 뒤따라 나오는 경우에 이해가 이루어지는 것이다. 이런 이해는 칸트의 판단력과 닿아 있다. 칸트의 판단력 비판은 주로 인간적 쾌·불쾌 감정의 출현에 관한 탐구이다. 매 순간 개별 대상을 대하면서 판단하게 되는데 이때 좋은 감정이 모아내는 공감대, 즉 공통감은 다른 사람과 같이 느끼고 있을 때에만 만족을 느끼고 쾌감을 느낄 수 있다는 것을 말한다. 공통감은 이렇게 항상 다른 사람을 염두에 두는 것이고 다른 사람의 입장에서 생각해 보는 것이므로 공동생활을 위한 가능성을 발견하게 된다.

한 시대 한 장소에서의 공공 감각인 공통감으로 인해 목적으로서의 세계 논리, 즉 이성의 논리를 존재의 논리로 만들어주는, 하지만 그렇게 하면서 '왜?'라고 얘기하지 않아도 되는 그런 존재의 상태를 연출한다. 그래서 이해의 기준은 지각되어야 할 객체와 지각된 객체 사이의 이러저러한 일치나 근접이 아니라, 그 체험의 산물, 즉 행동의 종합이 가지는 안정성이다. 그리고 그 이해는 지금 여기라는 일상적 삶에서 다른 사람들과 경험을 같이 나눌 수 있다는 희망을 갖게 한다. 그것은 현재가 인격체로서의 존재 의미가 드러나는 생성의 순간이라는 뜻이다. 그러므로 인간 이해의 터전으로서 문화는 공시적이다. 문화라는 것은 어떤 공동체나 사회 단위의 삶의 양식이다.

사회적 내면의 형성 (3)—자아自我 성찰적 존재의 발달

성찰의 문화

동물은 죽음으로써 존재가 사라지지만, 인간은 죽음을 소멸로만 받아들이지 않는다. 인간에게 있어 자신과 다른 인간의 죽음은 단순한 생명의 끝 이상의 어떤 것이다. 하나의 문화에는 그에 대한 성찰이 고스란히 담겨 있다. 예를 들어 우리나라에는 아득히 먼 옛날에 만들어진 수많은 고인돌이 있다. 고인돌은 인간이 죽음을 의식하고, 죽은 자를 기억했음을 보여주는 표지이다. 그러한 인간은 죽음을 기억하고 기념하며, 나아가 축제를 벌이는 존재, 자신의 삶을 성찰하는 존재다.

죽음을 고인돌로 재현하듯이 자아 성찰은 성찰된 것을 뭔가로 제시할 수 있어야 한다. 제시라는 의미는 "무엇을 그 자체로 생동하는 것으로 나타내 보이는 것"으로 규정할 수 있다. 동양과 서양을 막론하고 역사의 이념은 과거 죽은 자들과의 대화를 통해 현재적 삶의 의미와 목적을 성찰하고, 죽음을 통해서 시간 속에서 사라지는 것을 막을 수 있는 기억을 만들어내는 것을 목표로 한다. 예를 들어 역사 이념을 미메시스, 상징, 기호, 그림 등을 이용한 역사라는 서사가 대표적인 제시의 형태라고 할 수 있다.

놀이하는 인간Homo Ludens은 인간이 단순히 생존을 위해 살아가는 것 이상의 어떤 존재임을 말한다. 축제하는 인간 역시 마찬가지다. 아마 대표적인 제시 형태는 아동의 놀이와 자전적 형식의 글쓰기라고 할 수 있다. 아동들은 자신들이 본 것들 중에서 아주 많은 것을 놀이 속에 재현한다. 그런데 어린이의 놀이는 체험한 것의 단순한 추억이 아니라 이전에 체험한 일상을 창조적으로 개작하고 있으며, 그것들을 복합시켜 그 속에서 새로운 현실을 창안해내고 있다.

자전적 형식의 글쓰기에서 인간은 과거에 저지른 실수를 회상하거나, 행복했던 시절을 되돌아보기도 한다. 그것은 어떤 사람이 자신의 과거를 돌아보고 그것을 기록하는 일이지만, 이것은 보다 넓은 의미에서 여러 가지를 되돌아보는 일을 포함한다. 자서전은 자신의 마음속에서 많은 것을 한꺼번에 볼 수 있는 공간을 만드는 의식적인 작업의 노력이다. 성찰의 지속적인 노력에서 자아는 고정된 관점에 서 있는 자아가 아니라 성찰의 전 과정에서 형성되는 자아이다. 어떤 특정한 기준을 세우고 적용하기보다는 자전적 되돌아봄을 삶의 일부로 완성하는 인간의 자연스러운 선택 행위의 표현인 것이다. 자전적 글쓰기 형식의 제시는 재현을 생성의 관점에서 바라보는 것이다.

자아의 출현

자아라는 것은 밖에 존재하는 오류의 세계와의 관계 속에 놓여 있는 한에서만 존재한다고 할 수 있다. 우리말 용법에서 '자기'는 다른 사람에 대비하는 말이고 '자아'는 보다 독자적인 주체, 즉 오류의 세계를 넘어 살아남으려는 자기 도야의 길에 들어선 단독자를 말한다. 단독자는 여러 사람의 견해에 휩쓸리지 않고 혼자 수행하는 사유의 세계에서 온전한 삶을 살려는 것이다. 단독자에게 성찰은 자기를 돌보는 방법 중의 하나이다. 농부가 자기 밭과 가축을 돌보듯이, 가문에서 조상과 귀신을 섬기는 것처럼 성찰은 내면에 대한 일련의 의미 있는 자각이다. 내면의 자각으로부터 출현하는 단독자가 '자아'인 것이다.

단독자는 최악의 경우 죽음과 고통 같은 것까지도 생각한다. 죽음을 대면하는 고인돌을 통해 인간은 다가올 죽음을 예견하는 유일한 존재였다. 자아 성찰은 죽음을 마주하는 힘을 기르는 것이었다. 중세 서양에서 생각을 하면서 사는 사람들은 책상에다 해골을 놓아두고 삶과 죽음에 대해 명상을 했다고 한다. 단독자의 명상은 개인이 외부 세계에 대해 가질 수 있는 독립성을 확립하고 시험의 무대에 들게 하는 것이다. 단독자는 시간의 한계를 의식함과 동시에 그것을 뛰어넘어 시간을 자신의 세계와 역사로 만들며 내재적으로는 존재론적 지평에서 의미를 형성해왔던 것이다.

데카르트에게 '의심하는 나'는 단지 사적이고 단독적일 뿐이다. 유럽의 여러 나라를 여행하면서 그 나라 사람들마다 자신들이 속한 공동체의 습관 속에서 사고하는 것에 불과하다는 문화적 경험에서부터 그의 자아 성찰이 시작된다. 데카르트의 자아 성찰적 '나'가 존재하는 까닭은 그가 자라났던 프랑스 혹은 유럽이라는 공동체 속에서의 '사유' 그 자체를 의심하기 때문이다. 그의 방법은 모든 것에 대한 회의이다. 회의는 오류가 있는 과거에 대한 회상의 과정이며, 회의의 극복에 대한 이야기가 바로 자아 성찰적 의지가 형성되는 과정이기도 하다.

데카르트의 이성적 방법은 과학적·철학적 성찰에 사고의 습관을 제시한다. 그런데 '의심하는 것'은 단지 사유하는 것과는 다르다. 데카르트의 회의는 의지의 작용이지 지성의 작용이 아니다. 그렇기 때문에 그의 성찰은 하나의 논증에서 다른 하나의 논증으로 곧바로 이어지는 게 아니라 어떤 반복과 우회의 절차를 따라 머뭇거리는 행보를 보여준다고 한다. 그것이 바로 자아 성찰적 의지가 그의 철학적·과학적 사유의 밑에서 작용한 흔적이라고 할 수 있다. 우리가 기억해야 할 것은 데카르트의 확실성에 대한 이성적 방법의 추구는 근본적으로 올바른 삶에 대한 추구와 일체를 이룬다는 것이다.

초월적 지평[26]과 바탕 존재

종교의 의례는 재현의 축제다. 사제는 보이지 않는 신적 권위를 보이게끔 하는 존재이며, 초월적 존재자로 상정된 신이나 그에 준하는 영역을 의식으로 재현한다. 이러한 문화의 모습은 인간이 자신을 성찰하고, 그 의미를 묻고 현실과 초월 세계 모두를 생각할 수 있는 인간의 내면 세계를 보여준다. 인간은 현실적 세계를 넘어 그 이상의 것으로 미래에 대하여 생각하고, 초월적 세계에의 열린 마음을 펼치게 된다. 미래를 기획할 뿐만 아니라 인격의 궁극적 완성과 그 이상의 어떤 가치를 향하는 인간의 존재론적 조건이 초월이라면 문화적 존재로서 인간은 초월적 존재이기도 하다.

초월적 지평에서는 모든 이해 관심을 떠나 자기 자신에 대한 관심을 추구하게 된다. 하루, 수주일, 수개월 동안에 걸쳐 초월론적 지평에서 자기를 되돌아보는 계획은 성찰의 훈련이라고 할 수 있다. 그것은 자기의 삶의 모양과 일관성을 찾아가는 일이다. 그러기에 초월에 대한 열망 없는 인간은 무의미한 존재일 것이다. 예술적 체험은 삶을 초월적으로 정위시키는 행위에서 궁극적인 의미를 얻게 된다. 칸트는 예술의 효용을 감성적 쾌감에서만 찾는 것을 경계하고, 예술이 주는 쾌감은 "보편적으로 전달 가능한 쾌감"이라고 했다. 보편적으로 전달 가능하다는 것은 단순한 향유의 차원에서 벗어나 반성의 차원을 거느려야 한다는 것을 말한다.

성찰의 되돌아봄이나 되돌아감에서 드러나는 것은 삶이라는 커다란 배경이 바탕으로 존재한다는 것이다. 우리의 체험은 어떤 바탕 위에

---

26. 초월은 전통적으로 신학적 의미와 인식론적 의미에서 주로 논의되어왔다. 우선 신학적 의미로는 창조주인 신과 피조물(존재자) 사이를 어떻게 규정할 것인가라는 물음으로부터 문제가 되었고, 인식론적 관점에서 바라보는 초월은 인식 주체와 인식되는 객체 사이에서 주체가 어떻게 객체로 다가갈 수 있는가 하는 점에서 문제가 되었던 것이다. 전통적으로 초월은 존재자-피조물이나 주체를 단순한 도약대로 간주했다. 그렇기 때문에 거기에서 전체적으로 개념이 파악되어야 할 존재 이해 자체가 제대로 해명되지 못했고, 무엇보다 존재 이해 자체를 할 수 있게 하는 그 기반을 확보하지 못했다. 그러나 초월적 지평은 존재 발달의 기반을 확고히 하면서 존재 이해를 하려는 존재론적 초월이라고 할 수 있다.

서 일어난다. 당시에는 배경을 도구적 행위 대상으로 생각했지만 성찰의 시점에서는 이미 주어져 있는 바탕의 존재로 인식되는 것이다. 삶의 조작적 대상이던 그 배경이 자기 삶을 넘어가는 바탕을 이룬다는 의미에 대한 성찰이 일어날 수 있다. 어떤 삶도 다시 찾아야 할 것들이 있고 그것이 깨달음의 완성감을 느끼게도 한다.

세계를 향한 궁극적인 성찰은 바탕 존재를 되돌아보는 것이다. 산에 대한 명상은 성찰의 좋은 예이다. 산을 보는 사람과 산과의 관계에서 산은 감각적으로 다가오는 대상으로뿐만 아니라 지구 전체에 대한 제유로서의 의미를 갖는다. 그 의미는 추상적인 추리로 사고되는 것이 아니라 우리의 감정을 통해 직접적으로 느껴지는 지평의 경험이다. 산에 대한 명상처럼 성찰은 삶의 전체에 대한 느낌을 불러일으킨다.

존재의 발달 교육으로의 인식 전환

피아제나 비고츠키 둘 다 인간의 조건이 발달이라는 점을 과학적으로 밝혀냈다. 그런데 과학적 태도에 있어 피아제의 발생적 인식론은 근대 과학의 선형적 특징을 보인다면, 비고츠키의 발달론은 그 시대에 어울리지 않게 최근에 대두하는 복잡성 과학의 사고 원리를 보인다. 그것은 변증법적 사고에 기반을 두기 때문이기도 하다.

발달의 발생 영역은 인간의 존재론적 탐구와 자기 형성, 내일을 향해 가는 자기실현이 담긴 존재의 지속적인 변화를 허락하는 근원적 터전이다. 발달의 복잡성은 교사에게 발달 교육적 문제 인식을 촉구한다. 교사가 교육 현장에서 이미 기획된 국가교육과정의 충실한 실행자가 아니라 발달을 바라보는 관점과 태도 그리고 교육의 사회·문화적 환경 변화가 발달적 성취에 어떻게 영향을 미치는지를 의식하는 게 중요하다는 점이다.

발달론의 등장으로 지금까지도 사회 적응에 초점이 맞춰졌던 학교 교육에 근본적인 문제 제기를 하게 되었다. 교육은 사회 적응이라는 기본 목표에 충실하기 위해 인적·물적 자원을 효율적으로 관리·활용하며 다양한 교육공학적 접근을 시도해왔던 것이다. 이제부터는 비고츠키의 발달론에 대한 존재론적 이해가 교육 본연의 모습을 회복하는 데 일조하기를 기대한다.

제2부

발달 교육의 지평 열기

발달 교육의 발판, 체험·탐구·놀이*

왜 아이들은 수업 시간에 몸으로 겪어야 할까?

몸을 지닌 존재

영화 「빅Big」(1988)에서 톰 행크스는 하룻밤 사이에 성인이 되고자 하는 13세 소년의 역할을 한다. 영화의 유머는 대부분 '다 큰 어른'이 '사춘기 어린애'처럼 행동하는 재미있는 상황에서 나온다. 성인의 몸을 가졌지만 그는 여전히 유치한 표정과 관심, 태도를 지닌다. 그리고 아이러니하게도 그가 장난감 회사의 고문이라는 높은 연봉의 일자리를 찾을 수 있었던 것은 바로 성인인데도 어린애 같은 상상력을 갖고 있기 때문이다. 그의 취향과 욕망, 행동과 말투, 관심사와 기술, 생각과 감정은 그가 살고 있는 성인의 몸과는 전혀 어울리지 않는다. 이 영화는 개인적 특질에 대한 우리의 인식이 우리의 몸과 밀접하게 연관되어 있음을 분명하게 보여준다. 우리가 누구이며 무엇을 받아들이는지는 우리 몸의 외모나 움직임과 상당히 강하게 결부되어 있다.

■ 이 글은 『행복한 혁신학교 만들기』(초등교육과정연구모임 씀)에 실었던 내용을 일부 수정, 보완을 하였으며 재편집하였다.

우리 몸은 분명히 자연의 일부로서 성장과 소멸, 굶주림과 질병 등 자연 과정의 지배를 받고, 이 모든 것은 우리가 문화 및 사회와는 별도로 자연의 영역에 속해 있다는 점을 날마다 일깨워준다. 인간의 몸은 명백히 자연적 토대로 구성되어 있을 뿐만 아니라 몸의 외모·조건·활동은 급격하게 문화적으로 형성된다. "아들인데, 하는 짓은 딸 같아!"라는 말에서처럼 생물학적 성과 사회·문화적 성이 일치하지 않는 경우도 있다. 아이들의 몸에 밴 행동과 말투, 그것에서부터 풍기는 취향과 욕망, 생각과 감정은 성인의 몸짓에서 나오는 것들과 다를 수밖에 없다.

계급, 인종, 성 그리고 모든 종류의 구별은 신체를 통해 작동하는 상이한 사회·문화적 과정에 의해 인간 신체상에 표시된다. 따라서 도덕적이고 기호를 사용할 능력을 부여받은 신체적 인간은 상이한 사회·문화적 과정들을 겪으면서 매우 상이한 종류의 신체를 '생산한다.' 도나 해러웨이Donna Haraway도 이러한 신체에 대해 '물질-기호로서의 몸'이라든지 '사이보그' 같은 개념을 새롭게 주창하여 새로운 몸 이해의 가능성을 드러낸다. 이제 몸은 단순한 몸이 아니라 문화적 상징이 투영된 기호로서의 몸이다. 몸을 규정하는 기호는 어떤 문화인가에 따라 달라지고 영향을 받는다.

장기적으로는 생물학적 특성과 문화적 형태가 같이 발전해간다는 전제를 하지만, 지난 300년 동안 폭발적인 문화, 기술, 언어적 이해와 실천을 지켜본다면 그것은 오히려 생물학적 적응을 뛰어넘는 과도한 변화라고 할 만하다. 18세기 후반의 문명화 과정은 교양을 갖춘 세련미를 몸에 익히는 매너의 세련화 과정인 동시에, 일면으로 보면 본능적 충동의 억압과정이기도 했다. 한국과학기술연구원은 2005년에 '대한민국의 평균 얼굴'을 발표했다. 그 얼굴형은 100년 전의 평균 얼굴과 대비되어 더욱 흥미를 불러일으켰다. 전체적으로 한국인의 얼굴이 서구화되었다는 것을 보여주었다. 몸에 대한 인종주의가 우리 깊숙이 들어와 있음을 짐작케 한다.

몸과 마음[27]

문화를 창조한 호모사피엔스의 신체적 과정을 보면, 체험은 외부 대상으로부터 인상을 '수동적으로' 받아들이는 것이 아니다. 감각의 지각으로의 발전은 살아 있는 몸의 움직임이 외부 세계에 대한 능동적인 관계의 산물이다. 감관 지각sense-perception은 사유의 원천으로, 세계에 대해 사유하려면, 먼저 살아 움직이는 몸이 세계를 지각해야 한다. 인공지능 로봇과 사람과의 결정적인 차이는 정보를 반영하는 방식의 차이다. 사회적 존재인 사람은 여러 실천 과정 속에서 경험과 정보를 스스로 두뇌에 축적하며, 이러한 경험과 정보를 개괄적으로 사고하여 판단한다. 그러나 인공지능 로봇은 사람의 사회적 실천에서 얻어진 '결과물'만을 입력받을 수밖에 없으며, 따라서 개괄적 사고의 폭도 입력받은 자료에 한정될 수밖에 없다. 예를 들어, 인공지능 로봇에게 '사람'에 관한 자료를 아무리 많이 입력시킨다 해도, 우리가 일상생활 속에서 몸으로 부대끼며 터득한 '사람' 개념에 미치지는 못한다.

안토니오 다마지오Antonio Damagio는 마음이 존재하는 이유가 그 내용을 채울 몸이 존재하기 때문이라고 본다. 마음은 몸을 위해 실용적이고 유용한 임무를 수행한다. 올바른 목표물에 대해 자동화된 반응이 실행되는 것을 조절하고, 새로운 반응을 예견하고 계획하며 몸의 생존에 도움이 되는 모든 종류의 상황과 사물을 만들어내는 것이 마

---

27. '몸과 마음'이라는 주제는 개체발생의 두 가지 발달 노선인 자연 발달 노선과 문화 발달 노선의 혼합에서 착안한 제목이다. 자연 발달 노선은 신체적인 것에 관한 것이고 문화 발달 노선은 언어 기호의 내면화된 마음에 관한 것이기 때문이다. 뒤를 이어 나오는 제목인 '생각하는 몸'에서 알 수 있듯이 이 글에서는 몸의 움직임에 초점을 맞춘 개체발생적 발달을 규명한다.

음의 임무이다. 몸에 자리 잡고 있고 몸을 중심으로 사고하는 우리의 마음은 몸 전체의 하인이라는 것이다.

잘 알려진 바와 같이 인간의 경험과 생활 방식의 차이에 따라 그들의 사물에 대한 지각 내용은 달라진다. 우리는 지각을 기초로 하지 않은, 지각으로부터 나오지 않은 개념을 만들 수 없다. 그리고 일반적으로 사유 활동을 위한 물적 기초인 지각 없이는 어떠한 관념도 형성되지 않는다. 관념을 발전시키는 것은 우리의 활동과 사회적 접촉이 증대함에 따라 증대하는 우리의 지각인 것이다.

『이상한 나라의 엘리스』에서 엘리스가 겪은 일 중에 가장 황당한 사건은 몸에 관한 것이다. 자신의 의지와는 무관하게 커졌다 작아졌다 하는 자신의 몸을 감당할 수 없었다. 결국 물과 버섯에 대한 정보를 알고 나서 자기 몸을 통제하게 되고 비로소 이상한 나라에서 주체적으로 관계 맺기를 한다. 더 나아가 그곳에서 체험을 즐기기도 한다.

앞서 언급한 것들을 종합해보면, 현대 사회의 문화적 상황에서 문화적 인간의 행동 발달과 혼재되어 있는 자연적·생물학적 발달에 대한 새로운 이해가 요구된다고 할 수 있다. 체험과 탐구, 놀이는 자연과 문화가 접하는 바로 그 지평에서 발생한다. 우리의 관심은 이러한 활동을 통해서 문화와 몸 간의 영향 관계와 변화 가능성을 발달의 관점에서 파악하는 것이다.

생각하는 몸의 움직임

욕망하는 신체

우리는 생명체들이 분산된 에너지와 정보 흐름을 포착한 뒤 그것들을 복잡하고 질서 있는 모양으로 결합시키는 것을 보고 놀란다. 우리의 몸은 유기체이기 때문에 부분적이라도, 소소하게라도 변화와 운동을 겪고 있다. 내적으로뿐만 아니라, 주변 환경과의 관계에서 외적으로도 변화의 흐름을 만들어내고 있다. 유기체의 생명 활동은 끊임없이 유기체의 신체 상태를 더 복잡한 상태로 구성하기 때문이다.

프리고진과 스텐저Prigogyne and Stengers가 지적했듯이, 혼돈을 벗어나 질서를 창조하는 행위는 생물 체계의 중대한 성질이다. 인간의 신체는 자신의 내부에서나 자신을 둘러싼 환경 속에서 질서를 창출할 수 있는 '욕망의 신체'이다. 욕망은 무언가를 생산하려는 의지이다. 욕망의 신체는 자신을 생산하고, 지탱하고, 융해하는 과정들과의 관계 속에서 작동하고 변형한다. 아이들의 신체적 움직임을 자세히 보면, 아이들은 욕망의 신체임에 틀림없다. 욕망의 신체는 체험이라는 행위를 통해 이 세계와 대면하려는 것이다. 세계와 맞닿은 욕망의 신체는 신체의 한 상태에서 다른 신체 상태로 끊임없이 이행한다. 아이들의 신체적 활동은 신체의 한 상태에서 다른 신체 상태로의 살아 움직이는 이행의 현상 혹은 과정이다.

서울 중곡초등학교의 2010학년도 1학년 6반 학급 문집 『아주 특별한 선물』에는 아이들이 일상에서 몸소 겪는 과정이 잘 나타나 있다.

10월 21일 목요일 김주희-한비랑 절교한 날: 학교가 끝나고 방과 후 학교 활동 시간이 됐다. 그래서 3층 가사실로 갔다. 한비가 "저번 화요일에 있었던 사건 사과해!"라고 했다. 난 저번에 한비한테 미안하다고 했는데 한비가 그래서 싫다고 했다. 그러자 한비가 절교를 하자고 손을 내밀었다. 난 절교를 하려고 한비의 손을 끊었다.

2분 후 한비가 나한테 미안하다고 사과를 했다. 나도 미안해라고 사과를 했다. 한비가 다시 손을 붙이자고 했다. 난 다시 한비의 손을 붙였다. 난 한비랑 다신 절교를 하지 않을 거라고 약속을 했다. 난 다시 한비의 손을 붙이지 않았으면 지원이랑 다시는 놀지 않았을 것이다.

이 글은 친구와의 사회적 상호작용에서 손의 움직임을 잘 보여주고 있다. 아이들의 손의 움직임에는 사회적 상호작용의 어떤 힘이 작용한다. 신체의 한 상태에서 다른 상태로의 이행 과정에 작용하는 힘의 실행이 몸소 겪기의 본성이다. 체험과 탐구, 놀이가 힘의 실행이라고 한다면 우리가 주목해야 하는 것은 그 힘들이 어떻게 작용하는지, 즉 힘의 흐름과 변환에서의 그 기능에 관한 것이다. 힘의 기능이란 힘의 작용이 다른 힘들에 영향을 미치고 다른 힘들에 영향을 받는 '관계들의 영역'을 구성한다. 역시 중곡초등학교 학급 문집의 '가족 이야기' 중에 있는 내용이다.

11월 4일 목요일 최승환

학교 갔다 와서 아빠한테 어제 쓴 거를 읽고 답장에 써달라 그랬다. 그런데 읽기만 하고 답장은 안 써줬다. 나는 답장을 써달라고 저녁까지 엄청 많이 말했다. 나는 강아지 목소리가 된 것 같았다. "헥헥헥." 그것도 신기하게 리듬을 타며 헥헥거렸다. 나는 내가 낸 소리에도 웃음이 삥 하고 터져버렸다.

이 아이는 강아지의 신체로 변신하여 아버지와의 관계를 만들어보려고 시도한 것이다. 이처럼 아이들의 현실 세계에서는 관계를 형성하고 관계가 형성되는 신체적 과정에 방점을 찍는다. 관계를 형성하는 신체적 과정이란 다수의 신체들이 다양한 상호작용과 결합 관계 그리고 다양한 상호작용의 합으로 파악하는 것이다. 이때 욕망하는 힘의 작용은 변형의 능력으로, 대상을 전유하는 능력으로 변환된다.

감각적 활동

체험과 탐구, 놀이는 토박이말로 몸소 겪기다. 몸소 겪기는 몸으로 부대끼며 터득하는 어떤 행동이나 활동을 생산한다. 몸소 겪는다는 것은 이미 무언가를 하고 있는 것임과 동시에 의식하고 있는 감각적 활동이다. 감각적 활동은, 베른시테인N. A. Bernshtein에 따르면 욕망하는 신체의 살아 있는 움직임living movement이다. 살아 있는 움직임은 반작용이 아니라 작용이며 외부의 자극에 대한 반응이 아니라 문제 해결이다. 신체는 외적 과정의 수동적 산물이 아니므로 기계적 움직임 mechanical movement과는 다르다. 체험·탐구·놀이에서 살아 있는 몸의 움직임은 단순히 시공간 속에서 몸을 변형하는 것이 아니라 시공간을 초월해 미래를 지향하는 과정에서 지배력을 행사한다. 몸소 겪는 신체들의 움직임은 생산적·감각적 활동인 것이다. 우리 자신이 유기체의 환경에 대한 능동적 관계가 좀 더 다양하고 복잡해질수록 그러한 환경에 대한 체험과 탐구, 놀이의 수준을 높이고 교제connection 범위도 넓힐 수 있다.

우리말에는 '낌새'라는 말이 있다. 이것은 느낌으로 판단되는 형상, 모양새를 말하는 것일 게다. 그러면서 이 형상은 짐작되는 전체성을 암시한다. 정세情勢, 정황情況, 사정事情 등에서 알 수 있듯이 감정感情의 '정情' 자를 쓰고 있다. 이런 경우 감정은 앞에서 언급한 단어들에 비추어볼 때, 전체적 상황을 말하는 것으로 사람이 현실과 대응하는 어떤 심리적 기능을 일컫는 것임에 틀림없다. 정보情報라는 단어에서 알 수 있듯이 감정은 현실과의 관계에서 가지고 있는 인식적 기능이 있는 것이다.

이렇듯 감각적 활동의 내면화는 몸에서 마음으로 나아가는 경로를 유지한다. 디마지오는 느낌을 "특정 방식으로 작용하는 신체의 일부 또는 신체 전체의 표상(지각, 관념, 사고)인 동시에 사고의 특정 방식, 그리고 특정 주제를 가진 생각에 대한 지각"이라고 정의한다. 이 때문에 우리는 느낌을 통해 몸의 상태에 대한 지각(몸의 이미지)과 더불어 우리 자신의 마음 상태에 대한 지각(사고 양식에 대한 이미지)을 가질 수 있다.

마르크스는 관계들의 영역을 구성하는 체험의 감각적 활동을 강조한다. 그에 따르면 "모든 기존의 유물론은…… 객체, 현실, 감성계 등을 오직 대상이나 관조의 형태로만 파악할 뿐, 인간의 감각적 활동, 실천으로서, 즉 주체적으로 파악하지 못하였"으며, 관념론은 유물론이 놓친 '활동적 측면'을 발전시켰으되 오직 추상적으로만 파악함으로써 '진정한 감각적 활동 자체'는 알지 못했다. 몸소 겪은 감각적 활동은 느껴진 사고이자 사고된 느낌이다.

체험·탐구·놀이에서 감각적 활동은 생동적이고 상호 관련적인 연속성 속에서 발달 교육을 주도한다. 발달 교육은 학교에서 이루어지는 교육적 실천 전반에 걸쳐 발달의 발판을 견고하게 한다. 특히 최근에 부각되는 상상력의 발달은 체험·탐구·놀이에 자연스럽게 녹아들어 있다. 학교에서 발달 교육이 온전하게 이루어지기 위해서는 체험·탐구·놀이에서 잘 드러나는 문화적 행동 발달의 세 가지 발생 영역-관찰(탐구), 짓기(만들기와 조작 활동), 그리고 마주침(놀이와 관계 형성)에 주목할 필요가 있다.

체험·탐구·놀이와 발달의 발생 영역

관찰(탐구)과 관념의 형성

'백문百聞이 불여일견不如一見'이란 말이 있다. 여러 가지 지각 중에서 보는 것에 특권적인 지위를 부여한다. 몸소 겪는 활동은 힘의 실행에 의해 관계들의 영역을 구성한다고 했다. '보는 것이 믿는 것To see is to believe'이라는 말처럼, 관찰(탐구)은 주의력을 집중시키는 힘의 실행을 통해 관념을 형성하는 관계들의 영역을 구성한다. 살아 있는 움직임으로써 힘의 실행은 의식이라는 형태를 띤다. 그리고 의식은 대상을 지속적으로 관찰할 수 있는 형태를 띠어야 관념이 성립한다. 왜냐하면 어떤 안정된 조건, 즉 시공간적인 조건이 성립하지 않는 한 어떤 사물도 관찰할 수 없기 때문이다.

들판에 널린 식물 종자를 토지에 심음으로써 작물을 재배할 수 있게 된 것과 동일한 이치이다. 이제 종자는 먹어버려도 소멸하지 않는다. 그것은 특정한 장소에서 시간의 흐름에 따라 일정한 방법으로 변화해가는 '형태'를 취하기 때문이다. 종자는 토지에서 경작됨으로써 지속적인 것, 인간이 관찰할 수 있는 형태를 띠게 되었다. 결과적으로 대상이 시간적이고 볼 수 있는 '형태'를 취하게 되어, 필연적으로 인간의 의식은 단순한 심상image으로부터 '관념'으로 승격될 수 있다. 따라서 종자의 관념은, 종縱적으로 종자 자신의 시간적 운동의 의식이고, 횡橫적으로 토지라는 장에 통일된 제 조건의 공간적 관계 의식이다.

관찰(탐구)은 시공간적 관계의 영역에서 관념을 산출한다. 관념은 대상을 감각적으로 나타낸 대로의 모습이 아니라, 지속적이고 일정한 전개 형식을 가진 것으로 파악하는 것이다. 그렇기 때문에 시간적 축이 매개되어 공간적 통일이 성립하는 것이 관념이 성립하는 전제 조건이다. 우리의 활동은 항상 특정 장소를 통해 자신의 생명과 활동을 확인하는 경향이 있다. 장소를 매개함으로써 사물은 우리가 볼 수 있는 형태를 취한다. 이때 언어는 감각으로부터 관념으로의 진보를 시사한다. 관념은 단어와 단어의 조합을 통해서만 형성되고 구체화된다. 그렇기 때문에 관념은 감각적 재생이 아니라 대상의 여러 성질이나 관계의 추상적 재생이다. 관념이 일면적인 것에 머무르지 않고 전면적인 관념으로 발전하기 위해서는 대상에 여러 조건이 주어져야 한다.

또한 관념은 현실에 대한 추상화, 일반화를 나타내는 언어의 발달을 시사한다. 말에는 우리가 실제 생활 과정에서 감각을 통해 지각하게 되는 사물들의 특성 및 관계를 나타내는 단어들이 있다. 그런데 중곡초등학교 학생은 일기를 쓰다가 단어들의 추상적 관계성을 관찰하게 된다.

12월 21일 화요일 황인우-로마자

일기를 쓸 때 일기 옆에 국어의 로마자 표기 일람표가 있었다. 그래서 로마자로 '엄마'를 썼다. 로마자가 영어랑 비슷했다. 근데 차이점이 있었다. 영어는 하나에 한 영문인데 로마자는 두 영문이나 세 영문이 있었다. 속으로 '로마자와 영어는 관계가 있는 것 같아'라고 생각했다.

관찰(탐구)이 시공간적 관계성의 관념을 형성하려면 학생들이 갖고 있는 지금의 생각과 경험을 존중하면서 '지금-여기'에서 시작해야 한다. 다양한 제 조건 속에서 무엇인가를 관찰하고 탐구하고 실험할 수 있어야 한다. 또한 관찰은 상상력 활동에 따른 도상도식을 산출하면서 직관의 표상 능력을 발달시킨다. 표상은 현재 존재하지 않는 자극이나 사물을 상상력을 동원하여 원래의 자극과 사물에 가장 유사하게 시간에 관계없이 의식에 다시 떠올려 재현하는 것이다. 상상은 현실적 자극을 통해 즉각적으로 반응한 후 사라져가는 감각을 재생하여 의식의 영역에 지속시키고 그것을 현실로부터 자유롭게 재구성하여 새로운 것으로 창조하는 역할을 한다.

이처럼 상상을 통해 대상 지향적인 직관이 포착한 내용물을 재현하기 위해서는 표상의 요소로서 상징이 필요하다. 학생들은 공동 활동과 사회적 상호작용 속에서 어떤 대상에 대한 관찰과 탐구의 결과를 추상화하고 관념화된 내용을 말과 글, 그림과 사진, 도표 등과 같은 각종 상징물과 기호를 통해 재현한다. 일회성 현장 견학(흔히 학교 현장에서 하는 행사 위주의 체험 학습)은 말할 것도 없고, 수목원이 주관하는 '녹색 교실' 프로그램처럼 전문가의 설명 위주로 진행되는 체험형 탐구학습의 경우, 관찰의 체험과 관념 형성에 별 효과가 없다. 우리가 무엇을 제대로 보려면 교육을 통해 얻은 시각이 필요하다. 새로운 안경이 필요한 것이다. '명확하게 보기', '구별하여 보기', 이런 기초들을 확실하게 다져놓으면 대상을 바르게 인식할 수 있다. 우리가 관찰의 눈을 훈련하는 것은 운동선수가 기초체력을 다지는 것과 같다.

짓기(만들기와 조작 활동)와 능력의 형성

일단 생물학적인 진화를 통해 인간의 뇌와 손이 만들어지자, 인간은 자기 자신의 새로운 진화를 시작하였다. 인간에게 특수한 형태의 실용지능과 추상지능이 생기면서 생산적인 작업의 기초가 되고 환경과의 새로운 관계를 만든다. 그렇게 함으로써 인간의 생활 조건은 계속 변혁되었으며, 능력과 힘이 증가되었다.

짓기는 생산적인 활동을 가능하게 해주는 특별한 능력과 힘이 작용

한다. 플라톤은 생산 혹은 제작을 뜻하는 짓기poiesis를 다음과 같이
정의한다.

　짓기는 본래 단순한 창작을 말하지요. 그런데 창작에는 여러 종류
　가 있다는 것은 당신도 아시죠? 무엇이든지 없던 것이 있는 것으로
　옮아갈 때, 그 원인이 되는 작용은 언제나 제작이라고 부를 수 있지
　요. 따라서 모든 기술적 과정이 짓기의 일종이요, 모든 기술자가 창작
　자지요.

　짓기는 지적인 생산 작업으로서 일정한 목표를 지니고서 하나의 계
획을 따르는데, 이 계획이 곧 그 작업을 하는 사람에게 내내 지침이 된
다. 포이에시스는 인간 활동이 이루어낸 모든 성과물의 제작과 생산·
창조의 원리이다.

　우리는 뭔가를 지으며 만족한다. 프로젝트를 기획하면서도, 또 그것
들을 어떻게 지을 것인지 구체적으로 상상하면서 희열을 느끼기도 한
다. 이때의 상상력은 건축에 비유하자면, 주어진 재료를 가지고 건축가
의 설계도를 따라 집을 짓는 시공자와 같다. 여기서 우리는 상상력의
필수 불가결한 기능을 볼 수 있다. 뭔가를 만들어내는 상상을 펼치며
확실한 결과물을 얻고 싶은 마음, 복잡한 유기적 구조들을 여러 가지
방법으로 모으고자 하는 마음도 역시 마찬가지다. 어렸을 때, 모래밭
에서 굴을 파거나, 방석, 베개, 침대보 등으로 요새를 지으며 상상의 나
래를 펼쳐보았을 것이다. 그 요새는 아이가 보고 느끼고 어쩌면 귀로
들을 수 있는 공간과 형태였을 것이다. 책이나 잡지를 보고 꿈의 집을
상상했던 적도 있을 수 있다.

　콜링우드Collingwood에 따르면, 상상은 감각 작용과 비슷하기는 하지

만, 색이나 소리 등이 더 이상 보이거나 들리지 않아도 어떤 식으로든 마음에 남아 있고, 예상되며, 상기된다는 점에서, 그리고 주목attention에 의해 원래의 감정을 재구성하게 된다는 점에서 감각 작용과는 다른 의식 활동이다. 그러나 그와 동시에, 원래의 감정을 재구성하는 것은 어디까지나 사고 작용이 아닌 '주목'을 통해 이루어지는 활동이라는 점에서, 상상은 여전히 감각 작용의 연장선상에 있다.

상상력의 '그리기' 또는 '쓰기' 작업은 결국에는 현상을 경험으로 읽을 수 있도록 하기 위함이다. 그러려면 현상을 통해 주어진 다양한 것들을 하나의 읽을 수 있는 텍스트로 재현해야 한다. 오직 다양한 것을 '포착하고', '훑어보고', '모으고', '결합'할 때만이 현실을 그리고 묘사하고 표시하고 마침내는 체계적인 그림으로 그려낼 수 있다.

상상은 객관 사물이나 그 사물의 성질들을 관념 속에서 임의로 연관시키고 재구성하는 독특한 사고 형태다. 사람은 사고 과정 속에서 객관 사물을 단지 인식만 하는 것이 아니라, 그러한 인식을 바탕으로 새로운 형상을 창조하기도 한다. 사고 형성의 근원부터 따지자면, 상상은 인류의 노동과정에서 발생하고 발전된 것이다. 자연을 개조하는 노동과정에서 사람들은 먼저 생산물의 관념적인 형상을 머릿속에서 예견하고, 다음에 노동으로 머릿속의 관념적인 형상을 현실화했다.

상상력에 의해 대상에 대한 표상 능력이 발달함에 따라 공감각적 표현 능력에도 발달적 변화가 일어난다. 공감각적 표현 능력은 공간지능에서 말하는 '정신적 이미지를 지각하고 생성하며, 정보를 재생하는 방법의 하나로 다양한 이미지를 주로 사용하는 능력'과 관련이 있다. 정신적 이미지를 지각하고 생성한다는 것은 어떤 사건이나 사물을 대할 때 자신의 생각이나 느낌을 잘 포착하여 상상을 통해 의식 속에서 다른 형태의 새로운 이미지를 형성하고 형성된 이미지 정보를 시각적인 방법으로 재생해내는 것을 말한다. 예를 들어, 인상파 화가들이 빛에 따라 시시각각으로 변하는 자연의 모습을 화폭에 담아내려고 노력했던 것이나, 피카소와 같은 추상파 화가들이 대상을 통해 새로운 정신적 이미지를 만들어내고 이를 그림으로 표현하려고 했던 것들도 공간지능의 발현이라고 할 수 있다.

마주침(놀이와 관계 형성)과 정서의 형성

우리는 다른 사람을 만나면서 살아간다. 만남을 통해서 나의 내면을 키우고 나를 제어할 힘이 생겨난다. 우리는 서로 다른 사람들이 마주치면서 함께 더불어 살아야 하고 자신의 내면을 제어할 수 있는 능력을 키워야 하는 이중적 조건하에 놓인 것이다. 마주치는 체험은 서로 다른 사람들 간에 연결되는 신체의 사회적 과정이다. 그렇다면 어떤 관계를 몸으로 느끼고 겪으며 자라느냐가 중요하다.

"엄마 손은 약손"이라는 말이 있다. 대개 어지간한 아픔은 엄마가 쓰다듬어주는 것만으로도 깨끗이 낫는다. 실제로 신체 접촉이 없이 키운 아이들은 아무리 문화적 환경이 좋다고 하더라도 심리적·정신적으로 발달 지체 현상을 보인다고 한다. 서로 다른 사람들이 마주치는 경우, 신체의 사회적 관계를 형성하려면 감각적 지평이 열려야 한다. 놀이와 관계 형성은 감각적 지평에 어떤 변용이 일어나도록 관여하는 힘의 실행이다. 그 힘의 실행 정도에 따라 정서적 반응도 달라진다.

정서는 다른 사람과의 관계에 대한 감응 능력이다. 감응 능력이란 감각적으로 응답하는 능력으로 힘의 실행 정도에 영향을 받는다. 실제 몸으로 겪는다는 것은 사물을 접하거나 서로 다른 신체가 마주치면서 정서적 반응을 서로 감지하고 사회적 신체를 구성해가는 것이다. 각자의 의지와 노력이 스며든 마주침의 체험은 공동의 활동을 수행하기 위해 욕망과 신체들을 공명시키고 협력적 관계를 조성하는 공통의 리듬을 만들어간다.

의사소통을 어렵게 만드는 요인 중 하나가 바로 오해다. 이를 막기 위해서는 의미를 공유함으로써 공통의 언어를 발달시키도록 노력해야 한다. 공통의 언어를 구사하기 위한 공동 학습의 장이 마련되어야 한다. 외국인 강사가 진행하는 다문화 교육과 학교에서 이루어지는 1박 2일의 학교 야영은 좋은 사례이다. 다문화의 환경에서 아이들의 마주침은 서로가 공유할 수 있는 언어를 습득하고 누구도 배제되지 않도록 '함께'하는 신체적 구성에 기여한다.

스피노자는 신체의 사회적 관계성을 두 가지의 정서로 구별한다. 그는 우리의 근본적인 정서를 기쁨과 슬픔으로 본다. 정서는 신체 능력을 증대시키거나 혹은 감소시키는 활동이다. 기쁨의 정서는 신체의 활동 능력을 증대시키지만 슬픔의 정서는 신체의 활동 능력을 감소시킨다. 우발적인 만남이나 다양한 사물들과 우발적으로 주고받는 영향 관계는 기쁜 정서를 일으킬 수도 있고 슬픈 정서를 일으킬 수도 있다. 마주침의 정서 형성이 독특한 점은 그것이 합목적인 과정이 아니라 무의식의 과정이라는 점이다. 신체의 사회적 구성에 영향을 미치는 정서는 의식적 각성이나 도덕적 의지로 일어나지 않는다.

미셸 푸코가 이미 지적한 것이지만 학교라는 공간 속에는 감시의 시선이 작동한다. 아이들의 몸을 감시라는 측면에서 보았을 때 우리도 모르게 몸을 옥죄게 되고 아이들은 주눅이 들어 자기 몸의 에너지를 제대로 쓰지 못하게 된다. 감시의 대표적 말과 행위는 처벌이다. 처벌과 감시는 슬픔의 정서로서 아이들의 신체 활동 능력을 감소시킨다.

마주침에서 중요한 것은 바로 적극적인 '활동'을 통한 관계 형성이다. 개인이 체험에 대해서 가지고 있는 모방, 상상 작용, 신비감, 탐구심, 도전의식, 모험심 등을 통해 적극적 활동으로 나서게 된다. 이러한 사고 작용과 태도들은 처음의 부정형하고 불확실하고 덜 구체적인 상태로 유지된다. 풍부한 감정 체험은 상상 활동을 불러일으키는 중요한 심리적 요인이다. 상상은 불확정적이고 찰나적인 정서를 의식 속에 연장시키고 새롭게 재구성함으로써 정서를 의식화한다. 상상이 만들어내는 이러한 복잡한 과정을 거치면서 의식 속에서 깨우치는, 이전의 현실적 수준에서는 경험하지 못했던 새로운 정서가 바로 심미적 정서이다. 카타르시스야말로 심미적 정서의 대표적인 예다. 심미적 정서가 상상을 통해 의식 속에서 또 다른 형태로 지속되면서 기존에 지닌 의식의 여러 작용들과 더불어 새로운 관계를 형성해간다.

체험·탐구·놀이의 의미화[28]

의미화 활동

'모든 것의 척도로서 신체'에 관한 사고에 의지할 때, 우리는 자신의 감각적 세계의 한계에 즉각 직면하게 된다. 체험·탐구·놀이는 우리가 살아 있는 인간으로서 신체적 제약을 받는 개체의 존재감을 깨닫게 한다. 우리는 신체적인 제약을 받기 때문에 실패와 성공을 떠나 그 기억이 몸에 남는다. 그러나 인간은 그러한 한계를 초월해 '청취하고 보고 듣는' 수단을 획득해왔다.

사회·문화적 환경 속에서 몸소 겪고자 하는 것은 무언가를 '하고자 함'이고 그것은 언제나 구체적인 조작 활동이나 만들기와 결부되어 있

---

28. 여기서는 제1부 첫 번째 글인 「근접발달대의 사회적 구성」에서 다루었던 미소발생 과정의 상호작용을 염두에 두고 이 단원의 소주제를 '의미화 활동'과 '소통 행위'로 구성하였다.

는 능력 혹은 재능이다. 피아노로 멋진 곡을 연주할 수 있는 능력, 국어 시간에 연극 수업을 이끌어내는 능력, 사람의 마음을 뒤흔드는 시를 쓸 수 있는 재능 등처럼 말이다. 활동할 수 있는 능력은 폭넓고 다양한 도구를 찾아낸다. 더 나은 도구를 선택하고 새로운 해결책을 얻어내려고 한다.

우리는 경험했던 세계를 표현하고, 경계 짓고, 정의하기 위해 더 많은 영역들을 고안해낼수록 더 많은 실제 지식을 소유할 수 있다. 짓기의 체험과 능력은 활동을 생산하고, 어떤 것을 대상으로 생산하며, 탐구하는 사유를 생산한다. 그리고 일상에서의 모방과 공동체 사회 활동에 참여하여 어쨌든 질서를 이해하려면 관계 형성이 어떻게 이루어지는지 알아야 하며, 항상 새로운 관계를 상상하고 만들어내고자 해야 한다. 그러나 우리 교육은 수영장이나 물에 들어갈 기회를 주지 않으면서 수영을 가르치고 있다는 듀이의 비판에서 자유롭지 못하다.

우리는 어떤 사물을 '묘사'함으로써 우리에게 다가오는 감각적 정보를 비로소 완전하게 인지하게 된다. 묘사란 생물학적 목적인, 다른 유기체와 경험을 공유하게 되는 생생한 관계를 보아야 한다. 생생한 묘사의 노력은 중심적이고도 필수적인 생명의 기능으로서, 우리는 이에 따라 환경을 이해하고 그 속에서 좀 더 성공적으로 살아가고자 하는 것이다. 우리는 여러 가지 묘사 방법을 가지고 있다. 언어의 역사는 이에 대한 훌륭한 예인데, 한 언어가 변화하는 과정, 즉 낡은 묘사를 고치고 새로운 묘사를 수용하는 과정은 실로 사회적인 것이며, 가장 평범한 일상사 가운데 있다.

체험·탐구·놀이는 다른 사람과 대상들을 접촉하는 것에서 출발한다. 이것이 중요한 이유는 말과 몸의 실천들이 의식적이고 협력적인 성격을 가진다는 점이다. 상호 부조와 공동 활동을 증가시킴으로써 또

각 개인에게 이러한 공동 활동이 유용하다는 의식을 명확히 함으로써 필연적으로 사회 구성원의 친밀한 관계를 촉진시켰다.

체험·탐구·놀이를 하고 있는 인간은 서로에게 '뭔가 할 말이 있는' 단계에 이른 것이다. 체험·탐구·놀이 학습이 의사소통 중심의 사회적 과정임을 깨닫는 일은 정말로 중요하다. 사람들이 특정한 방식으로 살아갈 수 있는 능력을 갖는다는 것은 성공적인 의사소통을 통해 다른 사람의 경험을 받아들이는 데 달려 있다.

의사소통 수단인 언어란 곧 의미이고, 상징이며, 규칙이다. 듀이는 "의미란 언어가 있어야 존재할 수 있으며, 언어는 공동의 또는 공유된 일에 관여하는 두 자아를 함의한다"고 했다. '의미하다mean'라는 단어가 여러 가지로 사용되지만 어느 경우에나 '의도하다intend'는 뜻이 들어간다. 체험·탐구·놀이는 우리의 경험에 형태를 부여하고, 그것을 명료한 윤곽을 갖는 사건과 의미 작용으로 그려내어 타인에게 제시할 수 있어야 한다.

소통 행위

체험·탐구·놀이 학습은 개개인이 소통 행위자로 참여하는 것이다. 개개인의 소통 행위는 자신들의 독특한 경험을 공동의 경험으로 만드는 과정이며, 무엇보다도 삶의 권리이다. 언어가 언어공동체에 속하는 개인들이 사용하는 가운데서만 존재한다는 점에서 삶의 소통 행위는 구체적이다. 그렇기 때문에 '나는 이런 방식으로 살고 있다. 왜냐하면 이것이 나의 경험이기 때문에'라고 말할 수 있다. 자신의 경험과 연관된 선택과 해석은 우리가 다른 사람에게 분명히 밝혀서 그 정당성을 인정받으려고 하는 태두와 필요, 이해관계 등을 구현한다.

하버마스는 행위자와 세계의 관계를 검토한다. 하버마스에 따르면,

목적론적 행위자는 주어진 상황에서 성공을 거둘 수 있음을 약속해온 수단들을 선택하여 그것들을 적당한 방식으로 적용함으로써 자신의 목적을 달성하거나 자기가 바라던 상태가 이루어지도록 만든다. 이것은 아리스토텔레스 이래 행위 이론의 중심을 차지해왔다. 규범적으로 규제되는 행위라는 개념은 공유된 가치와 규범을 지향하는 행동을 하는 사회 집단의 구성원을 지칭한다. 개별행위자는 주어진 상황에서 규범이 적용되는 조건들이 존재할 때 규범을 따른다(혹은 그렇지 않을 때 위반한다). 교사는 교실의 맨 앞에 서 있는 지휘자의 위치에 서 있다. 이런 경우 교수 행위는 규범적 틀 안에서 일어나고, 교실 활동이 규범적 요건에 부합하는지 여부에 대한 지적을 공식 석상에서 전개할 수 있다. 드라마적 행위 개념은 한 행위자가 집단의 성원이 아닌 채, 서로를 위해 공중이나 청중을 구성하는 상호작용 참여자로서, 공중의 눈앞에서 스스로를 표현하는 것이다. 분명히 교수 행위는 청중에 대한 드라마적 행위를 통해 자기 제시와 같은 행위라고 할 수 있다. 이런 경우 '훌륭한 교사는 훌륭한 배우여야 한다'는 말이 있다.

드라마적 행위나 규범적으로 규제되는 행위는 교수 활동이 행해질 수 있는 조건을 창출하는 수단이다. 그러나 드라마적 행위나 규범적으로 규제되는 행위는 우리가 기대하는 소통 행위가 아니다. 우리가 바라는 바의 소통적 행위는 행위의 상호조정을 수용하는 합의에 이르는 것이다. 이를 위해 행위자들이 자신들의 공통된 상황과 행위 계획에 대해 서로의 이해에 도달하려고 하는 상황을 가리킨다.

하버마스의 의사소통적 합리성이란 한마디로 언어 및 행위 능력이 있는 주체들이 어떤 것에 관해 서로 소통과 합의를 시도할 때 성립하는 합리성이다. 그 합리성을 도출하는 것은 바로 '상호작용성'이다. 교사와 어린이의 상호작용, 교사와 교과의 상호작용, 교과와 어린이의 상호작용, 수업에 동원된 각종 매체들과의 상호작용, 작품 및 작가와의 상호작용 등을 생각해볼 수 있다. 상호작용성이 연출하는 상황과 과정은 공동의 의미를 공유하고, 그리하여 공동의 활동과 목적을 지닌다. 게다가 새로운 수단의 제시와 수용 그리고 비교를 통해 성장과 변화의 긴장과 성취를 이루는 일, 즉 협력 교실의 과정이다. 이때 사용되는 도구는 언어와 경험이고 그 방법은 대화이고, 그 산물은 문화이다.

예전에는 한 사람이 사회 구성원으로서 제대로 살아가기 위해서 알아야 하는 모든 것을 통칭하는 개념으로 문화라는 용어가 사용되었다. 관료화된 공교육의 행동 교실은 문화의 전수라는 관점에 한정되어 있었다. 그러나 문화란 단순히 '정해진 규칙의 준수' 이상의 것일 수 있다. 근래에 들어 문화라는 개념은 사람들이 그들의 경험을 조직하고 해석하기 위해 정신적으로 구사하는 개념들과 모델들로 이루어진다.

이제 문화는 의미의 체계이다. 의미 체계는 사람들이 사건과 행위, 대상이나 발언, 그리고 상황들을 독특한 방식으로 인식하고 이해하도록 만드는 '사회적으로 (재)구성되는 실재socially constructed realities'이기도 하다. 문화는 집단적인 지혜와 근본적인 가정들의 담지자이며, 협력적으로 규정된 판단 범주와 가치 평가로 구성된 의미 체계이다. 더욱이 개인들 간에 공유 가능한 소통 행위의 매체이기도 하다. 학교의 협력 문화는 체험·탐구·놀이 활동을 통해서 공동의 의미 체계와 의사소통의 공동 수단을 발견함으로써 성장한다.

체험·탐구·놀이 활동에 대한 기호학적 접근[29]

기호학적 접근

학교에서 행해지는 체험 활동은 소극적 의미로 적용하는 어떤 교과의 지식을 구성하기 위한 방법론으로 접근하는 경우가 대부분이다. 반드시 이 문제는 극복되어야 한다. 강조하지만 체험·탐구·놀이 활동은 기본적으로 교과를 바탕으로 이루어져야 하며 그 교과의 맥락 속에서 생각하고, 대화하고, 행하면서 발달의 영역들과 연계하여 통합하고 재구성을 해야 한다. 그래야만 체험·탐구·놀이 활동을 하는 교수-학습이 삶과 동떨어지지 않게 삶과 관련짓고 삶의 맥락이 되게 할 것이다.

체험·탐구·놀이 활동은 기호학적 접근에서 보면 세 가지 영역으로 구분된다. 기호 체계 안에서 기호 사이의 관계를 다루는 통사론syntax은 아이가 언어에 들어 있는 문법 관계를 터득하고 사용할 수 있는 능력을 발달시킨다. 그래서 아이가 점점 복잡해지는 책 속 언어의 문장을 이해할 수 있게 해준다. 기호와 기호가 지시하는 대상 사이의 관계를 다루는 의미론semantics은 아이의 어휘 발달, 즉 단어의 의미에 대한 이해를 증가시킨다. 이것은 언어 발달의 엔진 점화 역할을 한다. 기호와 기호를 사용하는 사람들 사이의 관계를 다루는 담화pragmatics(화용론)는 개인이 어떤 기호를 사용하고, 어떤 상황이 어떤 기호의 사용을 요구하고, 기호를 어떻게 해석하는지 등의 문제를 다룬다. 아이는 담화 활동 과정에서 언어의 사회·문화적 '규칙'을 인식하고 사용하게 되는 능력을 의미한다. 그것은 책에 묘사된 수많은 상황에서 단어가

---

29. 여기서는 문화 발달의 일반 법칙에서 중추적인 역할을 하는 기호 매개 활동을 적용해보았다. 뒤를 이어 나오는 '텍스트 구성 활동'이나 '발달 프로젝트' 등에서는 문화 발달의 일반 법칙 내에서 기호 매개 활동의 여러 영역과 과정들을 보여준다.

어떤 식으로 사용되는지 이해할 수 있는 토대를 만들어준다. 체험·탐구·놀이 활동에 대한 기호학적 접근은 이 세 가지 영역을 모두 포괄하는 의미 작용signifying 실천이다.

아이가 단어를 이해하고 말과 글 안에서 다양한 용법을 배워나가는 데에는 텍스트 구성과정이 중요한 기여를 한다. 텍스트의 기호학적 정의는 무엇인가? 텍스트는 의미성의 생산으로 이해된다. 텍스트는 의미 창출의 잠재력을 가진 일체의 모든 것을 말한다. 그것은 일체의 기록으로서, 그 내용은 언술speech, 문필적 필기, 이미지, 사진 같은 것들이다. 또한 기록 방식은 필기, 말, 전자 방식(라디오, TV, 비디오 등), 사진, 영화 등 어떤 것이어도 된다. 이런 텍스트는 우리 주위의 어디에나, 몸짓에도, 일상적 대상에도, TV에도, 기상 징후에도 존재한다. 텍스트는 이미지나 단어(말)를 생산하고 재생산하면서 모든 표현 양식을 체계적으로 정식화한다. 그러므로 체험·탐구·놀이 활동의 기호적 구성은 학생들이 경험을 변형할 줄 알고 지식을 통합할 줄 앎으로써 발달을 촉발하는 교육으로 조직화한다.

텍스트 구성 활동

교수-학습은 텍스트를 생산하고 소비하며 혹은 구성하고 구성되는 지속적인 발현 과정이다. 체험·탐구·놀이 활동은 정보나 지식이 되기 전에 기호적 흐름과 물질적 흐름이 존재한다. 그러한 흐름들이 삶과 관련된 의미화로 변환되기 위해서는 텍스트적 접근이 필요하다. 체험·탐구·놀이 활동이 이루어지는 교수-학습의 경우, 과거의 경험은 지금(미래)과 비교하기 위해 추상화되고 기호적 매개를 통해 표상representation하고 텍스트를 구성하게 된다. 텍스트가 과거의 경험을 추상화하여 재현한다고 할 때, 그것은 추상화된 경험을 대신한다는 상징을 의미한다.

상징이란 특정 정보 또는 분위기나 감정을 표현, 표상할 수 있는 요소로서 그림, 단어, 음악, 몸 동작, 전신부호 등을 의미한다. 어린이들이 어떤 문제에 대한 자신의 생각, 관찰, 기억, 감정 등을 추상화하고 추상화된 내용을 말, 글, 그림, 행동, 사진, 도표 등과 같은 각종 상징물과 기호를 통해 표상하는 것이 그 예다. 텍스트는 상징적 요소들을 필요로 한다.

그렇다면 체험·탐구·놀이 활동의 교수-학습에서 텍스트는 어떤 위치를 차지하는가? 즉, 누구에 의한 의미 창출인가라는 문제가 부각된다. 모든 텍스트는 특정한 저자가 없고 여러 사람들의 공동 저작이다. 저자가 사라져버린 상황에서, 텍스트를 풀이하는 데 어떤 주어진 방법이나, 특별히 선호되는 해석법이란 있을 수 없다. 다만 다중 의미체로서 무한한 방법의 해석을 청하고 있다. 따라서 체험·탐구·놀이 활동에 대한 의미 규정과 변화는 문화적 상징과 기호의 영향을 받는다. 문화적 상징과 기호는 시공간에 따라 다르며 활동에 영향을 미친다.

텍스트는 교수-학습 상호작용을 통해 의미를 생산하는 기호와 상징 요소들의 구조물이다. 어린이들은 자신이 체험한 것들이 텍스트로 생산될 때, 당연히 통합된 주제로 접근하여 적절하게 기록하고 다채롭게 묘사할 수 있다. 어린이들의 다양한 삶의 방식과 자신들의 문화적 경험이 통합 주제형 텍스트를 구성하는 기호와 상징 요소들에 적용하게 될 때 그 의미가 드러난다. 서로 다른 사회적 경험이나 서로 다른 문화적 배경을 갖는 어린이 독자들은 같은 텍스트 속에서 서로 상이한 의미를 발견할 수도 있다. 다양하게 해석된 그 의미들 상호 간에 그 맥락을 비교 분석할 수 있는 기회를 제공한다. 체험·탐구·놀이 활동의 기호화하는 구성은 그 활동 과정들을 뒤돌아보게 함으로써 새로운 상징 과정으로 나아갈 수 있게 한다. 교사 역시 학습자의 텍스트를 구성하는 상징체계를 통해 학습자의 인지 상태를 분석하고 이를 토대로 조력자와 협력자로서 역할을 수행할 수가 있다.

여기서 논의해야 할 중요한 점은, 텍스트가 한갓 잡다한 인용의 모음이 아니라, 그것의 원천들만큼이나 수많은 의미의 가능성에 개방된 공간이라는 점이다. 이러한 텍스트의 특성을 통합 주제 수업에서 제대로 활용하려면 공통의 언어와 기호를 사용해 교과목을 통합해야 한다. 분리된 과목과 공식 언어 체계에만 기반을 둔 현행 교육이야말로 통합 주제 수업의 창의적인 실험적 접근을 가로막는 장애물이다.

체험·탐구·놀이 활동을 통합 주제 중심으로 재구성하는 것은 두 가지 의미가 있다. 하나는 학습자로 하여금 어떤 교과의 내용을 학습하게 하는 것이 아니라 통합 주제 중심으로 재구성된 교과의 맥락 속에서 살게 하는 것이고, 다른 하나는 삶의 필요성에 의해 삶 속에 내재된 교과의 통합 주제적 의미를 구성하도록 하는 것이다. 어떤 교과 속에 산다는 의미는 그 교과의 통합 주제를 통해 세상을 보는 것이다. 통합 주제로 재구성된 교수-학습을 통해 사고하고, 판단하고 예측·상상하며 그 교과와 관련된 언어를 구사하는 것이다.

기호 구성 활동과 발달 프로젝트

기호 구성 활동과 발달

주제를 통합한 체험·탐구·놀이 활동을 하다 보면, 주의 깊게 겪은 사건이나 상황으로부터 문제의식이 생겨난다. 문제의식이 텍스트 안에서 기호 구성 과정으로 구현되면 비로소 아이의 문화적 인간 행동 발달에 지대한 영향을 주게 된다. 비고츠키의 견해는 루리야Luria와 함께 쓴 논문 「행동의 역사 연구: 유인원, 원시인, 아동Studies in the History of Behavior: Ape, Primitive, and Child」(1993)에 다음과 같이 언급되어 있다.

……유인원에 의한 도구의 발명과 사용은 진화 계열에서 유기체의 행동 발달 단계에 종식을 가져왔고 모든 발달적 변화를 위한 길을 새로운 경로로 마련하였으며, 따라서 역사적 행동 발달의 주요 심리적 선행 조건을 창출하였다. 노동과, 그것에 연계된 것으로서, 행동을 통제하기 위해 원시인이 사용한 여타 심리적 기호의 발달은 문화 역사적 행동의 시작을 의미한다. 마지막으로, 아동 발달에서 유기체의 성장과 성숙 과정에 대응하는 이차적 발달 노선을 보게 된다.

비고츠키에 따르면, 기호가 매개된 문화적 인간의 행동 발달은 체험·탐구·놀이 활동 속의 텍스트 구성과정을 통해서 이루어진다. 텍스트에서는 몸의 위치들과 움직임들, 말의 기능들, 보이는 것과 보이지 않는 것의 경계 짓기 등을 문화적 도구를 매개하여 구성해낸다. 텍스트 구성은 이러한 활동이 이루어지는 시간적·공간적 조건과 함께하는 구성원들이 참여하는 일종의 공통성을 구성한 결과이다. 공통적인 것은 자신과 다른 사람들의 말과 시선, 인정에 의지해서만 특정한 어떤 것이 된다. 우리는 체험·탐구·놀이 활동을 하면서 서로 다른 사람들과 공통적인 것을 발견하고 창조할 수 있는 텍스트 구성능력을 모색해야 한다.

체험·탐구·놀이는 공통적인 것the common을 구성하는 발달 교육의 프로젝트여야 한다. 발달 교육의 프로젝트는 협력적 상호 관계의 기반인 공통적인 것을 교육적으로 조직화하는 것이다. 공통적인 것이란 우리의 학교가 어떠하기를 원하는가에 관한 것으로, 그것은 인간 가능성에 관한 내용을 포괄적으로 담고 있다. 발달 교육을 지원하는 프로젝트는 공동 활동을 통해 각자에게 내재화된 사유의 특정한 활동들이 하나의 사고방식, 생활방식과 어떻게 결합되어 있는지를 느끼게 한다.

지금 내가 어떤 활동을 하더라도 그것은 지금-여기서 마주치는 다양한 조건들에 의해, 또 그 조건들과 더불어 집합적 상태에서 실현된다. 삶의 흐름, 활동의 흐름, 사고의 흐름 속에서 공통적인 것을 창안하는 과정은 텍스트 구성을 어떻게 하는가에 따라 다양한 양상을 띤다. 여기서 우리는 욕망의 신체인 어린이들이 감각의 달인, 건축가, 유희적 인간 그리고 이야기꾼으로 변신하여 각각의 체험·탐구·놀이 활동을 통해 사회적 행위가 개인적 성격의 일부가 되는 성장과 발달을 이끄는 프로젝트의 윤곽을 보여주고자 한다.

감각의 달인 되기

인간은 유적類的 존재로서 무엇보다도 우선 감각 지각, 운동성, 종의 생물학적 토대와 연결되어 있다. 유적 존재에게 신체란 폐쇄되고 밀폐된 실체가 아니라 몸의 긴장이나 촉감, 움직임에 의해 창조되고, 경계 짓고, 지속되는 것이다. 몸 감각을 이해하기 위해서는 헬렌 켈러 같은 '감각의 달인'의 예가 필요하다. 그녀는 아주 어린 시절의 기억으로부터 떠올린 몸 감각을 '사고'라고 불렀다. 감각들은 움직이고 뒤섞이면서 느낌이 생겨난다. 체험·탐구·놀이 활동은 감각에 대한 작용과 반응을 촉발시켜 사유의 과정에 들어서게 한다. 감각의 달인은 근육의 움직임에 대한 감각, 몸의 느낌, 촉감 등이 상상력 넘치는 사고의 강력한 도구가 된다는 것을 확인시켜준다. 감각의 달인에게 학교는 감각의 제국이다.

몸 감각을 구성하는 각 기관들이 생생한 세계의 모습을 보여주는 과정은 마치 관계들의 영역을 만들어가는 '감각의 지도'라고 할 수 있다. 눈으로 본다고 다 보는 것이 아니며, 귀로 듣는다고 다 듣는 것이 아니다. 손으로 만지고, 코로 냄새를 맡고, 혀로 맛보는 일도 마찬가지다. 감각의 지도에 등록되어야 느낄 수 있다. 메를로퐁티는 지각에 대해 이렇게 말했다.

나에게 지각이란 입력된 시각, 촉각, 청각 정보의 단순한 결합이 아니다. 나는 나의 모든 감각에게 말을 거는 나의 전 존재와 더불어 전체적이고 통합적인 방법으로 지각한다.

몸 감각과 말의 실천은 우리에게 보이는 것과 보이지 않는 것의 경계를 설정하고 그리고 보이는 것에 대해 말할 수 있는 능력과 자질을 갖게 하는 것 등에 관계한다. 감각의 달인이 구성하는 감각의 지도라는 텍스트는 신체의 위치들과 움직임의 시공간적 흐름에서 공간의 속성과 시간의 가능성에 관한 감각적 경계 설정의 수준을 결정한다.

감각의 달인은 모든 차원에서 자유로운 표현을 시도한다. 입말의 각종 문화 행위, 형상화하는 그림 활동과 재현 행위, 팬터마임과 역할극 및 춤과 그림자극, 음악에서의 소리를 자유롭게 실험하기와 스스로 작곡하기 그리고 모든 종류의 음악과 창조적인 교류 등이 이에 속한다. 경험으로 미루어 보건대, 한 장소를 여러 번 찾아가면 어떤 누적된 효과가 나타남을 알게 된다. 음악을 듣거나 그림을 보는 것도 마찬가지이지만 우리의 감각이 어떤 대상에 익숙해지고, 그것을 이해하고, 그것을 통해 체험의 기억을 쌓고, 예술을 알게 되기까지는 시간이 필요하다. 우리는 시간을 들여 감각을 깨우치는 일을 좋아한다. 뛰어난 감각을 뽐냈던 시인 보들레르는 향기, 색깔, 소리의 뒤섞음에 관한 상징주의 시를 써낸 바 있다. 여기서의 '상징symbol'이란 '모으다'라는 의미의 그리스어 'symballein'에서 파생된 말이다. 보들레르는 이에 대해 "소리는 향기로 번역될 수 있다. 향기는 시각으로 번역될 수 있다. 소리에는 채색이 가능하다. 상징주의의 시 안에서라면"이라고 말하고 있다.

감각의 달인이 가진 능력 중 하나인 감정이입은 다른 사람의 몸과 마음을 통해 세계를 지각하는 것이다. 소설가나 배우 그리고 내과 의사까지도 다른 사람의 표피 속으로 들어가는 특별하고도 놀라운 경험을 한다고 한다. 감각은 우리를 세상과 연결시켜주는 사슬이자 확장 수단이다. 미디어 학자인 마셜 맥루한Marshall McLuhan은 "미디어는 인간의 확장, 즉 인간 감각의 확장"이라고 말한 바 있다. 이때의 미디어는 입의 확장으로서의 확성기, 귀의 확장으로서의 라디오, 눈의 확장으로서의 신문이나 책, 피부의 확장으로서의 옷, 발의 확장으로서의 자동차 등을 의미한다.

물질적 상황이 다른 삶을 영위하는 타자와의 관계와 그 경험은 우리가 지금 막 경험하고 있는 일상적인 것과는 다른 감각 세계에서 형성된다. 환경 및 생명 중심적 사고가 노골적인 인간 중심, 민족 중심, 자아 중심주의와 대립하게 되는 것은 그것이 감각적 세계가 다르기 때문이다. 감각적 세계의 다름을 넘어서기 위해 생생하고도 상상력 풍부한 삶, 그리고 새로운 경험을 묘사하려는 심오한 노력이 필요하다.

유토피아의 건축가 되기

고대 그리스어에서 architectonice(건축)는 arch(기원, 원리, 으뜸, 제일의 것)와 tectōn(장인)의 합성이다. 그리스인에게 건축은 단지 장인의 기술이 아니다. 모든 테크놀로지에 대한 주요한 지식과 통제력을 소유하고 있다. 그래서 건축은 프로젝트를 기획하고 다른 장인들을 이끄는 사람들에 의해 행해지는 기예art로 간주되었다.

꿀벌과 같은 사회적 동물들은 정교한 구조물을 건축하지만 그것은 본능에 의해 자동적인 방식으로 하는 것이다. 그러나 인간의 건축은 의식적인 계획에 따라 만들어진다. 꿀벌은 건축가가 부끄러울 정도로 자기 집을 짓는다. 그런데 건축가가 아무리 솜씨가 없고 꿀벌이 아무리 솜씨가 좋다 하여도 그 양자가 구별되는 것은, 건축가는 자기가 실제로 집을 짓기 전에 그 구조를 상상한다는 점이다.

상상력을 가진 건축가는 유토피아적 사고의 전통에 서 있는 인물이다. 토마스 모어는 유토피아를 '공간적 유희spatial play'로 고찰하였고, 로버트 오웬의 뉴 하모니를 위한 설계 그리고 푸리에의 이상 도시 등이 그러하다. 공간적 형태의 유토피아적 전통이 가지는 매력적인 부분은 그 전통이 전혀 다른 규칙이 적용되는 상상적 공간을 창출하는 방식에 있다. 유토피아적 대안의 설정은, 우리가 다른 상황에서 그 대안이 어떠할 것인가를 상상하는 '사고 실험'을 할 수 있도록 한다.

2010년 3월 1일자로 개교한 구름산초등학교의 경우, 개교 100일간 개교 프로젝트를 진행했다. 개교 프로젝트로 학생들이 적극적으로 참여하여 교표, 교목, 교화, 캐릭터 등을 선정하였다. 학교를 상징하는 문화적 코드들은 장래 학교의 모습을 상상하게 하는 중요한 매개물이다.

우리는 자기 자신을 일종의 건축가로 볼 수 있다. 사람은 누구나 상상 속에서 건축을 체험한 경험이 있다. 건축을 체험하려면 모든 감각을 이용해야 한다. 이 체험은 보는 것으로부터 시작되지만 소리를 듣고 공간 안에서 움직여보고 만져보고 때로는 냄새도 맡아야 한다. 감각적으로 즐기는 것 외에도 역사와 사회적인 목적을 연구함으로써 즐거움은 배가 될 수 있다. 상상력은 대상이 뭐가 되었건 건축물을 응시하는 순간 발동한다. 꿈과 상상력은 그 무엇보다도 중요하다. 어떤 장소를 보고 상상한 것이 설계라는 행동으로 연결되는 것이기 때문이다.

따라서 혁신학교 모델은 교사와 학생 개개인이 꾸었던 꿈을 실현하는 공간과 관계를 만들어가는 것이다. 순환 수업, 두레 활동, 체험형 탐구 학습, 계절 학교, 놀이 학교 등의 프로그램을 설계하여 상상했던 것들을 실현해나가는 것이다.

혁신학교는 다른 기타의 학교에 대해서는 하나의 모형이다. 건축가는 자신의 설계도를 종종 작은 모형으로 만들어본다. 모형을 만들어보는 것은 새로운 생각이 태어나는 과정에 기여하기 때문이다. 구름산초등학교 교사들은 발전 학습, 발돋음 학습 등 학년 연계를 고민하며 옆 학년과의 관계도 고려하는 새로운 교수-학습 모델을 만들어간다. 건축가가 구성하는 텍스트는 시공간적으로 뿌리내리는 행위이며 건축가에게는 새로운 규칙을 정하고 새로운 공간을 창출할 충분한 기회가 주어진다.

건축을 위한 공간으로서 협력 교실은 민주주의 제도와 소속감에 관한 사고와 사상이 잘 접합되는 공간이어야 한다. 각종 규정과 규칙을 정하는 제도적 생산의 실험에 주목하는 것은 흥미로운 일이다. 프레네 교육은 교실 내 의사소통과 협동에 관한 규정의 항목(학급위원회, 학급 안에서의 협동 작업, 교류 학급과 만나기 위한 여행, 학급 직책 수행하기, 벽보 신문, 아침 모임, 자유롭게 고른 작업 모둠 등)을 제시하고 있다. 프레네 교육에서 보여주듯이 협력 교실에서 민주주의 제도의 모형을 만드는 작업은 어떤 상황이나 대상 혹은 생각을 완전히 구현해보는 것이고, 이를 통해 이해가 부족한 지점이 어디인지를 깨닫게 해준다. 또한 기존의 제도와는 다른 세계에 대한 우리들만의 전망을 가질 수 있음을 의미한다. 더욱이 우리가 현재와 같은 상황에서 실천적으로 일을 해내는 것이 얼마나 어려운지도 일깨워준다. 여기서 우리는 규칙의 제정자이자 규칙의 폐기자로서 우리의 능력을 충분히 발휘한다.

유희적 인간으로 성장하기

유희 충동은 완전한 인간에서만 볼 수 있는 현상이 아니다. 식물에서도 나타난다. 식물은 일차적 생리의 욕구를 충족하고 나서도 필요 이상으로 많은 뿌리나 가지를 달고 있다고 한다. 동물도 피비린내 나는 먹이의 쟁탈전과는 무관한 과잉된 활력을 아기자기한 희롱에 소모하는 것을 볼 수 있다. 인류 역사를 보면 동물적 노예 상태에서 벗어난 민족은 하나같이 상상적 가상에 대한 희열을 추구했다. 유희 충동은 분명한 목적이나 동기가 없으며 성패를 따지지 않으므로, 유희적인 것은 현실적이지 않은 것 같지만 현실적일 수 있는 그런 가상적인 상태이다.

학교는 거대한 놀이터다. 구름산초등학교는 축제의 주제를 '놀기 좋은 날'로 정하고, 걸개그림을 그리고 축제 송을 녹음하여 영상을 만들어 보급하는 것, 그리고 공연 무대를 기획하고 준비하는 전 과정인 가상 존재의 상태를 체험하도록 한다. 게다가 이날은 52개의 놀이마당을 교실 22칸, 운동장 등을 이용해 펼쳤고 학교는 거대한 가상의 놀이터가 되었다. 이 축제가 열리는 감각의 놀이터에서 아이들은 자신의 본능적 충동 상태에 머물러 있지 않는다. 그렇다고 이성 혹은 목적의식이나 외적인 것의 강압·충동에 쫓겨 무엇인가를 성취해야 하는 것도 아니다. 가상적 상태에서는 현실을 창조하는 것과 동시에 발견하는 것이며, 탐구하는 것이며 즐기는 것이다. 그런 점에서 유희 충동의 가상적 상태는 자의적인 것이 아니라 현실에 충실함을 뜻한다. 축제의 한판으로 벌어지는 감각의 놀이터에서 경험하는 다양한 활동과 체험은 인간성의 참다운 확대이다.

인간은 유희하는 한에서만 온전한 인간이 된다. 인간의 유희 본성은 상징화되기 이전의 내면적이고 본능적인 느낌과 정서, 직관과 쾌락을 선사하는데, 우리는 그것들로부터 창조적인 통찰을 이끌어낼 수 있으며 창안자가 될 수 있다. 인간은 예술을 통해 유희적 인간의 가상적 존재 상태를 맛볼 수 있다. 예컨대 시가 현실과 맺는 관계를 '마치 그런 것처럼as if'의 관계로 보면서 시란 현실을 포착하지만 현실 자체는 아니라는 점을 알게 된다. 언어의 시적 사용은 체험·탐구·놀이에 대한 창조적 언어 사용이다. 즉 체험·탐구·놀이 활동 자체가 스스로 말하고 행동하게끔 한다. 시적 언어로 포착된 현실은 시적 형태로 응집되면서 언어적 묘사는 점차 간결해진다. 유희적 인간은 시적 언어를 사용하여 현실을 새롭게 발견해내고 성취하는 것이다.

시의 창작 과정에서 크레스테바의 '텍스트 상호성'은 유희성과 관련지을 수 있다. 텍스트 상호성이란 쉽게 풀어보면, 어떤 텍스트이건 다른 텍스트의 일부를 인용하거나 또는 개작하는 방식으로 쓰인다. 셰익스피어의 희곡을 예로 들지 않아도, 문학사에 이름을 남긴 걸작들은 다른 작품들과 끊임없이 교착하면서 한정된 작자의 의도를 뛰어넘어 무한하게 의미 작용을 증식시키는 잠재력을 지닌 작품이라는 것을 떠올리면 좋겠다. 어느 시인이 말했듯이 모든 시는 다른 시들의 모방 parody이다. 시의 창작 과정에서 텍스트 상호성은 텍스트를 소재로 하는 모방놀이라는 관점에서 바라볼 수 있다.

미적 가상의 상태에서 우리는 추상을 체험한다. 여기서 우리는 추상에 관한 두 가지 상이한 개념을 구별해야 한다. 하나는 상이한 것들 사이에 존재하는 어떤 공통된 형식이나 구조를 추출하는 것으로서 추상이다. 이런 추상화는 현실에서 출발하지만, 불필요한 부분을 도려내며 본질을 드러나게 하는 단순화이다. 이와 달리 주어진 형식을 변형시키거나 형식 자체로부터 벗어나는 추상이 있다. 모방이 아닌 변형으로서, 그리고 공통 형식의 추출이 아닌 형식의 변형으로서 추상이란 개념은 매우 중요한 위치를 차지한다. 변형적 사고는 감각적 인상과 느낌, 지식과 기억이 다양하면서도 통합적인 방식으로 결합되는 것을 말한다. 국어의 시 쓰기와 음악의 창작 학습의 통합이 가능하다. 시와 음악이 통합하기 위해 각 장르의 고유한 형식화에서 벗어나 형식이 변형되고 탈형식화된 선을 그릴 때, 이질적인 것들을 "하나로 묶는" 새로운 발상을 할 수 있다.

이러한 추상은 상상력이 하나의 자유로운 형식을 시도하게 된 미적 유희이다. 사물의 미적 가상은 창작이다. 예술 교육은 유희 충동의 체험들을 생생하게 해서 모든 본능이 강제되지 않도록 미적 가상 상태에서 발현할 수 있도록 해야 한다. 인간의 유희적 본성은 모든 것을 향해 열려 있는 변형과 변이의 순수 잠재성 그 자체이다. 미적 가상이 실현되는 곳에서는 어떠한 특권도 허용되지 않는 평등의 원리가 실현되고 있다.

이야기꾼으로 살기

인간은 이야기하는 존재homo narrans이다. 인간들 사이의 소통은 무엇보다도 이야기를 통해서 이뤄진다. '이야기narrative'라는 개념은 논픽션과 픽션의 양쪽에 걸쳐 있으며 그것들을 포괄하는 상당히 다의적인 단어이다. 이야기되는 것은 연극의 대사나 시 또는 옛날이야기 같은 픽션에 한정되지 않는다. 과거의 경험이나 역사 또한 이야기되는 것이다. 저학년일수록 책 읽어주는 시간되면 이야기에 대한 주의력이 상당하다. 아이들은 이야기가 만들어낸 허구 속에 흠뻑 빠져든다. 이야기는 시간의 허구적 경험에 관한 것이다. 허구는 상상력을 위해 마련된 일종의 실험실 역할을 한다. 즉 모든 허구는 체험된 시간에 상상적 변주를 제공함으로써 현실을 의미들로 풍성하게 한다. 그러나 국어과 교과과정을 살펴보면, 상상력이 피어날 여지가 별로 안 보인다.

그렇지만 이야기가 어린이들에게 얼마나 강력한 힘을 가졌는지는 『해리 포터』의 영향력만 봐도 알 수 있다. 작가인 조앤 롤링은, 마법사의 이야기를 써나갈 때 남미 작가인 보르헤스Jorge Luis Borges의 『상상동물 이야기The Book of Imaginary Beings』에 많은 부분을 빚졌다고 했다. 보르헤스는 이야기가 이야기를 만들어내고, 이야기 속에 이야기가 중층적으로 삽입되며, 이야기를 만든 자가 이야기 속에 등장하고, 이야기의 주인공이 이야기의 독자가 되는 세계가 우리 존재에 어떤 의미가 있는지를 물었다. 앞으로 어린이들은 새로운 생명의 이야기를 만들어가고 싶어 하고 그런 이야기를 듣고 싶어 할 것이다.

이야기는 어린이들의 삶에서 새로운 의미를 보게 함으로써 세계관 혹은 정신의 지도에 영향을 미친다. 젊은 날 다윈은 자전적 글에서 자신이 '대단한 이야기꾼'이라고 말한다. 그의 책에서도 "두려움, 놀라움, 수집하고 명명하는 즐거움, 그리고 이야기(혹은 거짓)를 구성하는 즐거움과 위험에 관한" 회상이 나온다. 특히 탐구 행위에서 '이야기 짓기의 의미'와 '이야기의 힘'이 주목을 받는다. 이야기는 상상력의 차원에서 자유로이 시간의 무한한 가능성을 탐구하는 것이다.

아동 발달과 관련하여 시간관념을 표현할 줄 알게 되면 이야기를 풍성하게 이해하고 다양하게 표현할 수 있다. 리쾨르는 『시간과 이야기Temps et recit』에서 '인간 경험에 공통되는 특성은 그 시간적 특성이다'라는 가설을 제시하고, 모든 '이야기하기'의 시도에 전제되는 것이 시간성이라고 본다. 경험한 바를 말한다는 것은 지금 현재의 지각 상황을 묘사하고 기술하는 것을 의미한다. 프레네 교육은 어린이가 자신의

'현장 조사'와 탐구를 수행할 수 있도록 용기를 북돋아준다. 프레네의 어린이들은 주기적으로 학습을 떠나 자연환경과 자기 마을을 관찰하고 공부한 뒤, 학급으로 돌아와서는 '현장 조사' 결과를 발표하고, 문서로 인쇄하여 다른 학교의 파트너에게 보낸다.

이야기는 인간에게 공감과 기억이라는 위대한 능력을 부여하였다. '경험을 이야기한다'는 것은 지나가버린 체험을 있는 그대로 묘사하는 것이 아니다. '경험담', '경험이 풍부한 사람'과 같은 일상적인 표현에서도 알 수 있는 것처럼 경험을 이야기하는 행위는 과거의 사건을 묘사하는 것이 아니라 기억에서 끄집어내어 '구성'하는 것이다. 개인으로서 우리는 머릿속에서 의미를 만들지만, 우리의 의미는 부모, 형제자매, 다른 사람들의 여과를 통해 유년기와 아동기에 우리에게 스며든 것이다. 과거의 경험에 대한 이야기는 현재의 우리 행위에 의미를 부여하고, 그것을 규제하는 작용을 한다. '자라 보고 놀란 가슴 솥뚜껑 보고도 놀란다'라는 속담은 과거의 체험과 현재 행위 사이의 그런 관계를 유머러스하게 표현한 것이다.

'이야기하다'는 어원적으로 '모방하다'에서 유래했다고 한다. 그런데 무엇을 모방하느냐고 묻는다면 아마도 '경험'이라고 대답하는 게 가장 적절할 것이다. 이야기 행위는 우리의 다양한 경험의 순서를 정리하고 타자에게 전달하는 가장 원초적인 언어 행위이다. 본인만 접근할 수 있는 개인적인 '체험'은 언어로 이야기됨으로써 공공의 '경험'이 되고 전승 가능하거나 축적 가능한 지식이 된다. 이야기 행위는 사람과 사람 사이에 놓인 네트워크를 매개로 '경험'을 모방하고, 그것을 공동화하는 운동이다. 인간의 공감 능력은 동시대의 사람뿐 아니라 이 세상에는 더 이상 존재하지 않는 과거의 사람들과도 대화를 가능케 함으로써 역사라는 서사가 발명됐다.

디지털 스토리텔링이라는 말이 있을 정도로 현대 사회는 이야기의 힘이 지배한다. 이야기는 전체 사회(언어공동체)와 지역 수준 간의 긴장 속에서, 그리고 이들과 개인 간의 긴장 속에서 늘 존재한다. 학교 혁신의 추동력도 의미 있는 이야기로부터 탄력을 받을 수 있다. 또한 혁신학교의 성공 여부는 어린이들과 학부모에게 꿈과 비전을 함께하는 이야기 만들기에 달려 있다고 해도 과언이 아니다.

온전한 발달 교육을 기대하며

삶의 모습이란 것이 우리가 늘 해오던 방식대로 '관행적인' 행동양식을 계속해나가도록 우리들에게 강요한다. 공교육도 역시 마찬가지다. 우리가 거주하는 관료 행정적 공교육 세계의 '무기력한 꼭두각시'에 더 이상 머물지 않고 온전한 성장과 발달을 이끄는 프로젝트를 실행해야 한다. 우리가 가상적으로 설계한 혁신학교에 관한 비판적 반성을 거치면서, 온전한 발달을 지원하는 교육 프로젝트는 대안 사회의 인간적 가능성을 여는 초석이기 때문이다. 체험·탐구·놀이의 기호 구성 활동은 공교육을 정상화로 이끄는 프로젝트에 호응할 뿐만 아니라 온전한 성장과 발달을 촉발하고 활성화한다.

학교라는 제도는 만들어지며 상상되는 것임을 인정한다면, 체험·탐구·놀이의 협력 교수-학습은 우리로 하여금 다양한 해석 체계를 적용하여 끊임없이 상황을 재구성해나가는, 참으로 능동적인 역할을 수행하도록 요구한다. 중요한 것은 어린이들이 뒷마당에 만들어놓은 요새가 얼마나 튼튼한가에 있지 않다. 지하실에 마련한 장난감 동물원이나 방안에 지어놓은 인형집이 얼마나 그럴싸한가도 중요한 게 아니다. 온전한 성장과 발달을 이끄는 프로젝트는 의미가 부여된 언어활동과 기호적 구성물로서의 텍스트 그 자체가 지닌 수행적 성격을 중시한다.

어린의의 발달은 여러 개의 프로젝트로 이루어진다. 그리고 프로젝트는 기호들을 조직화하는 텍스트의 구성이다. 각각의 프로젝트는 자신이 갖지 못한 언어 기호적 요소들을 이웃한 다른 프로젝트에게 받을 수 있고, 또한 자신의 프로젝트가 갖고 있지만 이웃한 다른 프로젝트가 갖고 있지 않은 언어 기호적 요소들을 전해줄 수 있다. 각각의 프로젝트는 상호 의존하면서 변환하는 것이다. 우리의 세계를 바꿈으로써 우리 자신을 어떻게 바꿀 것이냐 라는 닭과 계란의 선후에 관한 문제의식은 온전한 성장과 발달을 이끄는 프로젝트를 천천히 그러나 지속적으로 추진하게 한다.

전면적 발달 지향, 협력 교육

공교육 조직 혁신의 필요성

관료제적 공교육의 문제

공교육을 실질적으로 움직이게 하는 행정은 관료제적 조직 원리에 따라 운영된다. 국가가 교육의 의무를 책임지는 한 관료제적 국가행정 체제에 의해서 관리될 수밖에 없다. 그렇기 때문에 공교육의 혁신은 관료제의 개혁과 맞물려 있다는 점을 간과해서는 안 된다. 우리가 핀란드 교육에 관심을 갖는 것도 핀란드 학교 교육의 역사 또한 국가 관료제적 공교육에서 출발했다는 공통점이 있기 때문이다. 한국과 핀란드의 피사PISA 성적은 모두 높지만, 핀란드는 성적이 균등한 반면 한국은 차이가 컸다. 그들보다 더 많은 평가, 더 많은 수업을 하고 있는데 왜 그런 결과가 나오는가? 그것은 관료제 조직의 운영과 작동에 심각한 문제가 있기 때문이다.

교육의 관료주의 개혁에 앞장서야 할 교사조차 국가교육과정이 짜 놓은 관료제적 거미줄에 스스로 갇히곤 한다. 플라톤의 저서『공화국 The Republic』에 나오는 동굴의 우화는 관료제적 조직에 닫혀 있는 교사들의 모습에 어떤 시사점을 던져준다. 동굴 안에는 움직일 수 없을 정도로 사슬에 결박당한 사람들이 있는데, 이들은 바로 자기 앞에 놓인 동굴의 벽만을 바라볼 수 있을 따름이다. 동굴 안의 포로들에게 진실과 실재란 바로 이처럼 그림자의 세계 속에서만 존재한다. 왜냐하면 그 이외의 세계에 대해 그들은 아무런 지식도 없기 때문이다.

대부분의 교사는 교무행정 업무 중심의 관료제적 거미줄에 매달려 교사의 정체성을 협소하게 정의한다. 예를 들면, 아이들은 공부만 하고 운영은 교사가 한다거나, 교사는 무조건 교장이 시키는 것만 해야 하고 교사 회의는 전달사항만 주고받는다 등이 여기에 해당된다. 그러한 사태들을 겪으면서도 교육 경력이 많든 적든 그것에 상관없이 교사들은 자신의 교육철학이나 아이들을 바라보는 시각에 대해 의심해보지 않는 경우가 허다하다. 오히려 자신이 가지고 있는 교육관이 완벽하다고 착각하기도 한다.

인적 자원 교육론의 문제

그동안 우리는 국가 수준의 교육개혁만 논의해왔다. 교수-학습은 관료제적 행태의 맥락 속에 잠겨 있어 그 어떤 변화도 사실상 불가능하다. 기존에 확립되어 있는 관료제적 행태의 파워로 인해, 개혁적 조치들 역시 구태의연한 방식으로 시도하고 마는 경우가 많다. 그런 상태에서 교무행정 업무 중심의 학교 조직을 교수-학습 활동 중심으로 전환하려면, 단지 교육과정 중심의 교무 업무 개편만으로 가능한 일이 아니다. 이런 발상들이 학교를 혁신하고자 시도하는 많은 움직임들을 가로막는다.

관료제적 공교육 체제에서 개편된 국가교육과정을 보면, '인적 자원'이란 말을 너무나 당연하게 사용한다. 자연 자원을 기술공학적으로 다루듯이 인적 자원은 인간을 교육공학적으로 조작하여 변형되어야 할 대상으로 간주하는 것이다. 하이데거는 현대 기술의 본질이란 모든 것이 조작되고 질서 지어지고 변형될 준비가 되어 있다는 것이라고 비판한다. 인적 자원 개념을 바탕으로 개편되는 관료제적 공교육에 우리는 '인간의 전면적 발달'을 내세워 혁신의 고삐를 움켜줘야 한다.

관료제적 공교육의 혁신은 전면적 발달을 도모하는 교수-학습 활동에서 그 동력을 이끌어내야 한다. 혁신학교는 관료제적 교무행정으로부터 벗어나려면 우선 교수-학습의 상호작용이 일어나는 교육과정 수립에서 출발해야 한다. 이미 경기도 혁신학교에서 전통적인 교무행정 업무 중심으로부터 벗어나서 교육과정 운영 중심으로 학교 조직을 재구조화하는 다양한 시도들이 행해지고 있다. 자율적이고 창의적인 교수-학습 활동을 위해서는 전면적 발달을 도모하는 교육과정 운영 중심의 조직으로 학교 조직을 재구조화하는 것이 전제되어야 한다.

전면적 발달을 위한 교수-학습의 전제 조건

전면적 발달

교육의 목적은 인간의 전면적 발달이다. 인간의 전면적 발달이란 '세계의 모든 것이 서로 연결되어 있고 동시에 변한다'라는 것에 대한 진정한 이해가 반영된 것이다. 그리고 모든 사람이 자신의 지적 본성에 따라 얼마든지 또 누구와 함께든지 공통적인 것the common을 발견하고 창조할 수 있는 능력을 갖는 것이다. 이를 위해 우리 모두는 질 높고 평등하게 교육을 받을 수 있어야 한다. 핀란드의 라또까르따노 종합학교Latokartano comprehensive school는 '모두를 위한' 교육적 신념을 구현한 기초교육의 대표적인 사례이다. 모든 아이들은 배울 수 있고 배울 능력이 있다는 것이다.

모든 학생들을 위해 좋은 학교가 되는 것이 목표인 이 학교의 사례에서 알 수 있듯이 학교는 학생 개개인이 독특함(개성)을 발견할 수 있도록 모든 학생들이 인지적 측면, 정서적 측면, 신체적 측면에서 고르게 발달하도록 해야 한다. 그리고 책임 있는 자유를 바탕으로 사회생활에 활동적으로 참여할 수 있도록 용기를 북돋아주어야 한다. 라또까르따노 종합학교의 사례를 참고하면서 발달에 대한 관심, 교육과정의 특성과 운영 그리고 교실에서의 교수-학습 활동 등을 두루 살펴보고, 전면적 발달을 일반화할 수 있는 세 가지 전제 조건을 정리해보았다.

발달의 발생 현상에 대한 관심

학교의 일상을 들여다보면, 아이들의 발달에 대한 이해가 너무나 피상적이고 근시안적인 일화들로 가득 차 있다. 예를 들면, 초등 1, 2학년의 경우 자기중심적 사고에서 벗어나지 못한다고 한다. 이때 자기중심적 사고를 이기적인 태도로 바라볼 수도 있으나 아이가 내적 자아를 형성하는 과도기적인 상태로도 볼 수 있다. 그러나 자기중심적 사고의 발달 상태가 그 이후에 어떤 식으로 발달과정을 경과할 것인가에 대한 현장 연구는 전무하다.

또 다른 예지만 아이들이 교사를 엄마라고 부르는 경우가 있다. 이런 경우 교사가 마치 모성애를 보여줘야 하는 교사상으로 의미를 부여해버리고 만다. 하지만 정신분석학적 차원에서 본다면, 교사에 대한 엄마라는 호칭은 오이디푸스 콤플렉스라는 가족관계의 연장선에서 혹은 부모-자식 간의 호명 관계에서 무의식적으로 발생하는 것으로도 볼 수도 있다. 즉, 아이들의 발달 상태 및 과정에 대한 협소한 시각을 가지고, 주어진 목적 달성을 위해 교사 자신의 모든 것을 그에 맞추어가는 상황에서는, 어린이의 발달을 파악하는 과학적이고 합리적인 교육과정을 기대할 수가 없다.

규범화된 교과과정을 우리가 달성해야 할 목표이자 최종적인 목적 혹은 종착점으로 간주할 때, 그 목표는 이제 학교 내의 모든 관심을 지배하게 되고 그 상황에서 존재할 수 있는 다른 핵심적 측면들을 무시하거나 간과할 수 있다. 예를 들어 도덕책의 덕목을 외우는 것으로 교육 목표가 달성된 것처럼 점수와 의미를 부여하거나 수학 평가에서 학생들의 이해 경로가 다름에도(빠르거나 늦거나) 문제의 난이도 등을 고려하지 않은 채 오로지 단원의 목표 달성만으로 평가하고 등수를 매기는 것 등이다.

교육과정이 전면적 발달을 촉진하려면 어린이의 발달이 각양각색인 점을 간과해서는 안 된다. 또한 전면적 발달은 교육과정에 대해 넓은 스펙트럼을 요구한다. 라또까르따노 종합학교는 통합 교육이 성공한 학교로서 가장 인상적인 것은 무학년 제도이다. 1학년에서 9학년까지를 진급하는 형식으로 운영하지 않는다. 개인의 발달과정에 따라 개별적 목표를 정하고 그 성취도에 따라서 개인적인 학습 디자인을 해준다. 이 것은 어린이의 발달이 객관적으로 도식화하여 '자연적으로' 거친다는 입장 그리고 교육은 단계적으로 도식화된 지적 발달과정을 고분고분 쫓아갈 수만은 없다는 문제 인식에서 출발한 것이다.

아이들의 발달과정이 불균등하기 때문에 당연히 아이들의 학습 속도는 빠르기도 하고 늦기도 한 것이다.[30] 교육은 학습 속도를 조율하여

---

30. 이 내용은 제1부 첫 번째 글에서 다룬 소주제 '발달 시기의 민감성'에 해당된다. 이런 현상은 발달의 특정 시기에 일어난다. 무의식적 존재 상태에서 의식적 존재 상태로 이행하는 국면에서 개개인이 겪는 심리적 과정이 다양한 것은 당연한 것이기에 교육과정을 유연하게 적용할 필요가 있다. 그런데 우리나라의 국가교육과정에서는 이런 부분이 전혀 고려되고 있지 않다.

자연적인 과정에 변경을 가하거나 그 과정을 촉진시키는 일을 가리킨다. 이를 위해 우리가 기대하는 능력은 아이들의 발달 상태에 대해 단순히 정보를 수집하고 처리하는 정도의 활동을 훨씬 넘어서는 것이다. 학생이 개인적인 목표를 스스로 정하고 그 과정에서 학부모와 교사가 함께 참여하는 학부모, 학생, 교사의 '3자 대화'뿐만 아니라 교사와 교장 간의 대화처럼 아이들을 위한 발달 대화development talk 는 필요하면 늘 열려야 한다.

호모 사피엔스는 문화를 출현시켰고, 그 문화는 생물학적 진화보다 더 빠른 속도로 진보한다. 기술, 언어, 사고는 일반적으로 발달의 가속 인자들이다. 그런 점에서 교육은 학생의 배경, 이전의 경험, 언어, 지식 등을 바탕으로 발달의 발생 영역들을 두루 파악하고 학생에게 더 적합한 학습과 지식 습득을 촉진해야 한다. 전면적 발달을 도모하는 학교는 지적인 면만이 아니라 실천적이고 감각적이고 미학적인 측면에도 초점을 맞추어야 한다. 건강과 생활양식 문제 역시 주목을 받아야 한다.

일선 교사의 경험에 의하면, 발달은 국지적이고 제한된 영역에서 우발적으로 발생한다. 발달의 새로운 가능성을 예견하고 또 이를 창조해 나가려면, 무엇보다 교사는 발달의 제반 환경과 그 변화를 새로운 각도로 바라보고 또 이해할 수 있는 능력을 키워나가는 것이 매우 중요하다. 일선 교사의 풍부한 경험에서 발달 상태와 과정에 대해 직관적으로 통찰해낸 의견들도 나온다. 5학년을 전후해서 미술 수업 시간의 그림 그리기에 대한 관심과 집중이 급격하게 떨어진다고 한다.

발달의 질적 변화 시기에서는 학생들이 자신의 생각과 지식을 표현하는 여러 가지 방식을 경험 수 있는 기회가 주어져야 한다. 학교는 학생들이 다양한 표현 형식을 시도해보고 개발하며, 느낌과 분위기를 경험하도록 격려해야 한다. 그러한 능력은 바로 통찰과 지식의 창조를 포함한다. 발달의 질적 변화에 직면하여 교사는 아동의 잠재적 발달 가능성을 나타내주는 의미 있는 징후와 시그널signal을 한 박자 먼저 읽어낼 수 있어야 한다. 아이들의 전면적 발달을 위해서는 광범위한 환경에서 발생하는 여러 가지 발달의 변화를 탐색하고 예견할 수 있는 세심하고 주의 깊은 교수-학습 활동을 해야 한다.

국가교육과정에 대한 문제 인식

현대 사회에서 학교 교육은 개인에게 지식을 제공함으로써 평등을 실현하는 수단으로 인식되고 지식은 개인의 자유를 획득하기 위한 조건으로 인식된다. 그런 점에서 전면적 발달은 '모두를 위한 교육'이어야 한다. 인간의 전면적 발달을 도모하는 교수-학습이란 기존 교육과정의 운영 규범과 기본 가정의 적절성에 회의를 품어보고, 도전하며, 필요한 경우 이를 변화시킬 수 있는 능력의 개발을 요구한다.

그러나 지식 기반 경제와 인적 자원론은 경제 성장이라는 정책적 목표와 교육에 대한 대중의 열망을 이론적으로 결합한다. 인적 자원을 개발해야 하는 학교는 교육공학적 조작이 이루어지는 무대로 전락하고 말았다. 한편으로 등급화를 위해 차이를 측정하고, 자질과 능력과 적성을 위계화하며, 다른 한편으로 처벌하고 보상하는 것이다. 학교 교육이 일반화된 오늘에도 불평등은 개선되지 않고 있고 개인은 여전히 자유를 상실한 존재로 남아 있다.

현대 매체론의 거두인 마셜 맥루한Marshall McLuhan은, 물고기가 가장 발견하기 힘든 것은 바로 자신이 헤엄치고 있는 물이라고 언급한 바 있다. 물은 물고기가 살아가는 데 아주 기본적인 조건이기 때문에, 물고기는 이를 보지 못하고, 또 그에 대해 어떤 의문도 가지지 않는다. 교사가 교육과정을 대하는 태도도 이와 비슷하다. 우리는 너무나 오랫동안 국가교육과정의 지침을 충실히 따르는 실무자의 처지에 익숙해졌다.

최근 부각되고 있는 핀란드의 교육 체제도 그 역사를 살펴보면, 1960년대 이후 전개된 핀란드 교육개혁은 낡은 시스템을 통째로 뒤바꾸는 일종의 '대변혁'이었다. 학제, 교육과정, 교사 교육, 행정 체제 등을 전면적으로 바꾸는 대개혁이었다. 당시 핀란드의 교육개혁이 직면했던 도전들 중 하나가 어떻게 교사들이 개혁에 대한 의지를 갖게 할 것인가 하는 것이었다.

라또까르따노 종합학교는 교육과정의 유연성을 통해서 이 문제를 해결했다.

우리는 국가교육과정을 따라야 하고 나머지는 우리가 자유롭게 결정한다. …… 그러나 9학년까지 학습을 마친 경우에는 국가가 정한 수준을 갖추어야 한다. …… 내용도 마찬가지로 습득해야 할 지식의 양이 정해져 있지 않고 유연성 있게 이루어진다.

국가교육과정은 모든 아이들에게 발달의 기회가 골고루 주어져야 한다. 그리고 모든 아이들이 학습의 진보를 누릴 계기도 마련되어야 한다. 그렇기 때문에 인간의 전면적 발달과 민주주의를 이상으로 하는 국가 수준의 교육 목표를 달성하는 데는 여러 가지 접근 방법이 있다. 학생들의 다양한 상황과 필요가 충분히 고려되어야 하기 때문이다.

학생들의 학습과 발달을 풍부하고 다양하게 하되 일관된 전체상을 그리려면 현재의 교수-학습 활동을 이끌어가는 기본 가정이나 틀, 규범을 잘 이해하고 있어야 한다. 아울러 필요하다고 판단될 경우 그러한 것들에 대해 적절한 비판을 제기해봄과 동시에 그것을 변화시킬 수 있어야 한다. 그러한 문제 인식과 능력들이 하루아침에 만들어질 수는 없다.

새로운 의사소통과 집단 사유의 도구들을 재창조할 수 있는 민주주의를 새로이 고안하지 않고서는 전면적 발달도 구현될 수 없다. 모든 활동, 모든 의사소통 행위, 모든 인간관계는 하나의 수련을 전제한다. 학생들과 함께 다양한 가치와 생각과 문제들을 공개적으로 소개하고 토론할 수 있는 다양한 표현(언어·그림·음악·연극·무용 등)의 장이 마련되어야 한다. 이러한 방식을 통해 발달의 변화 추세에 맞추어 내부적인 교과 운영을 부단히 적응시켜야 하며, 과거의 관성에 함몰되지 않아야 하는 것이다.

국가교육과정 학습에 대한 문제 인식을 설정하려면, 교사들에게 사회가 요구하는 공통의 준거가 될 만한 지식의 개념에 대하여, 오늘날과 미래에 중요한 지식의 구성 요소가 되는 것은 무엇인가에 대해서, 학습과정 자체를 발전시키는 것에 대해서 활발한 토론이 있어야 한다. 발달과 학습의 다양한 측면(양상)이 그와 같은 토론의 자연스러운 출발점이다. 우리가 궁극적으로 혁신하려는 것은 지적 차이의 제도적 형태인 공교육의 관료제 체계에 속한 학교 교육이다.

스스로 발현하는 교육 활동 강조

지금까지의 관행상 단위 학교는 위로부터 지시받는 것에 익숙하여 교육청의 지침에 그대로 따라 하는 관성이 매우 크다. 혁신학교를 계기로 관료제적 교육 관행을 스스로 돌아보아야 한다. 그동안 상명하달의 관행화된 통제 양식에 익숙해졌던 교사들은 자신의 사고와 행동이 파편화되지 않았는지 깊이 생각해보아야 한다. 대부분의 관료 조직에서

처럼 학교 조직의 위계나 수평적 부문화 예를 들어 학년별, 부서별 또는 학년 안에서 학급별 운영이 개별적으로 강하게 드러나는 경우에는 서로 교직을 수행하면서도 정보와 지식을 자유롭게 소통하기 어렵다.

혁신학교에서 실행되어야 할 교수-학습 활동은 마치 교량이나 건물을 설계하는 것처럼 구조적 접근을 해서는 안 된다. 다시 말해, 어떤 위계적인 수단이나 혹은 사전적으로 확정된 논리를 통해 외부적으로 부과될 수 있는 상태로 보지 말고, 발현적인emergent 속성을 가진 것으로 보아야 한다. 발현적이란 어떤 주어진 현상 내지 사실을 직접 그것으로 파악하지 않고 내적 통일성에 매개된 것으로 파악하는 것이다. 교수-학습이 발현적이어야 한다는 것은 아동의 발달이 불균등하다는 점, 그렇지만 그것은 각각 별개의 것이 아닌 내적 연관성을 가진 총체적인 발달의 법칙에 따른다는 점을 부각한다.

관료제적 공교육이 운영상의 효율성에만 치우쳐 단계적으로 규정된 단일한 발달과 일제식 수업에 초점이 맞춰지는 경우 그것으로부터 벗어나 있는 어린이들은 발달이 지체되어 결국에는 학습 부진아로 전락하고 만다. 각자의 의지와 노력, 욕망과 신체들을 공명시키고 서로 소통하여 하나의 흐름 속에 합치시키는 교수-학습일 때 그것은 당연히 스스로 발현하게 된다.

핀란드의 교육과정은 학생 개개인의 발달과정을 발현적으로 파악하여 교수-학습을 배치한다. 라또까르따노 종합학교는 개인 학생을 위한 최적의 학습을 제공한다는 의미이다. 즉 개별 학습 집단 홈룸에 편성하여 학습한다. 개별 학생은 교과목별로 자기 수준에 맞는 홈룸에서 수업을 한다. 각 홈은 100명을 수용하여 홈 안에서 모든 활동이 가능하도록 되어 있다. 한 교실에서도 작은 그룹으로 나누어 수학을 가르친다거나 일부 학생들은 언어를 배우는 등 다양한 그룹, 다양한 학습이 이루어진다. 교사도 혼자 가르치는 것이 아니다. 늘 두 사람 혹은 세 사람이 함께 팀을 구성하여 가르친다. 학생들의 요구에 따라 보조 교사, 주된 교사가 그룹을 나누어 가르친다.

다시 강조하지만, 발현적인 교수-학습 활동은 사전에 결정되어 있거나 혹은 예정된 성질의 것이 아니다. 그렇기 때문에 일선 교사는 교수-학습의 상호작용에 수반되는 긴장을 감당해야 한다. 그러한 긴장으로부터 제기되는 문제 인식은 새로운 운영 규범이 출현할 수 있는 과정으로 관리해나가는 방법을 발견해야만 한다. 그렇지 않다면, 문제는 느끼지만 과거의 패턴이 쳐놓은 함정에 사로잡혀 헤어나지 못할 것이다. 중요한 것은 선정된 학습 문제를 어떻게 진술하느냐가 아니라 학생들을 문제 상황 속에 어떻게 몰입하게 하느냐이다. 발현적 교육과정은 활동집과 자료집 중심의 학습을 위한 것이어야 한다. 특히 평가는 스스로 발현되는 교수-학습 활동의 지원을 위한 근거를 마련하는 것이어야 한다.

학교를 구성하는 공동의 경험들과 사회적이고 문화적인 환경은 전면적 발달을 위한 학습의 전제 조건과 기회를 제공한다. 학교는 체험 학습이 교과교육과 접맥되도록 통합 주제형 교수-학습을 기획해야 한다. 통합 주제형 체험 학습을 통한 문제 해결 과정에서 학생들이 자기와 다른 생각에 열린 태도를 갖고 자기의 생각을 표현할 수 있도록 격려하는 것은 물론, 자신의 입장(관점)을 정립하는 것이 중요하다는 점을 강조한다. 학생들이 그렇게 할 수 있도록 제공된 기회들을 충분하게 접할 때, 비로소 발현적인 교수-학습을 촉발한다. 통합 주제형 체험 학습이 발현적 교수-학습을 촉진하려면 지식과 학습과정의 운용에 대한 다양한 형태의 접근이 필요하다. 학생·교원·학부모·지역사회의 교육적 요구가 실제적인 공동의 활동을 수행하려면 전면적 발달이 개인의 목표에 따라 이루어지도록 학습방법에 대해 서로 협의할 수 있어야 한다.

협력적 관계 구축을 위한 교수-학습 혁신 단위의 설계

원칙 1: 모든 '부분들' 속에 '전체'를 담아라

우리의 관료제적 공교육은 식민지 훈육 체제의 유산과 산업화 시대의 표준화된 교육적 관행들에서 아직도 벗어나지 못하고 있다. 그런 점에서 참여하고 협력하는 학교 문화의 구축은 아무리 강조해도 지나침이 없다. 그러나 오랜 관행을 쇄신하는 작업은 또 다른 관료제적 지침이나 지시적 처방이 아니라 부분들 속에 전체를 담아낼 수 있는 학교 현장에서부터 시작해야 한다.

먼저 협력의 감각을 공유할 문화 코드가 고안되어야 한다. 학교 전체를 포괄하는 협력의 문화 코드를 공유한다면 조직 구성원은 공동의 활동 안에서 서로의 움직임에 리듬을 맞추려는 노력을 당연시하게 된다. 예를 들어, '학교 숲 가꾸기'를 하나의 협력 문화의 코드로 활용할 수 있다. 즉 숲이 재현하는 생태학적 이미지는 협력 문화의 'DNA' 차원에서 상징적 코드로 삼을 수 있다. 협력은 서로 도와주는 활동이지만 협력의 문화는 협력의 활동 이전에 서로 리듬을 맞추어 함께 움직이는 감수성의 시간적 공조 현상이다. 그러한 문화적 코드들이 학교 현장 곳곳에 배어 있을 때 혁신학교의 협력 문화 구축은 개방적이고 진화하는 과정으로 전개될 것이다.

그리고 협력 문화는 네트워크의 지능을 활성화하여 교사들의 집단 지성을 형성하는 것도 중요하다. 관료제적 관행에 의해 그동안 고립되었던 사유들을 상호 진작시켜야 한다. 교육행정의 관료제적 체제하에서는 교사들의 집단 지성이 구축될 수 없었던 것이다. 네트워크 안에다 부분들 속에 전체를 담아내는 협력 문화의 집단 지성은 분명히 서로가 서로를 모방하면서 출발한다. 하지만 혁신의 긴장감으로 인해 교사의 지성은 본성상 항상 다르게 모방하는 '번역'의 형태로, 그 자체로이미 창조적 성분을 포함하는 변환의 형태로 진행될 것이다.

교사의 지성은 학생, 학부모, 지역사회와 유기적인 관계를 형성해야한다. 특히 혁신과정에서 교사의 지성이 살아 움직이려면 다양한 견해를 가진 사람들이 접속할 수 있는 정보 시스템이 존재해야 한다. 교사는 다양한 정보 베이스와 아이디어들에서 배운다. 지역사회까지 함께하는 집단 지성의 문화는 '지성적 책무성intelligent accountability'이라는 이름하에 교사의 전문성이 사회적으로 인정받는 여건 조성에 기여한다.

원칙 2: '여유성' 확보의 중요성

교수-학습 활동이 자율성과 책임성을 담보하면서 동료성을 기반으로 자기-조직화를 수행해나가려면 일정한 정도의 여유성redundancy이필요하다. 이때 여유성이란, 교수-학습 활동 단위에서 혁신이 일어날수 있는 여지를 마련해주는 일종의 초과 능력을 가리킨다. 이때 초과능력이란 관계를 구성할 수 있는 '기예'나 '능력'을 의미한다. 전면적 발달을 도모하는 교육과정은 생각할 수 있는 모든 형식을 가지고 작업을 해야 한다. 그렇기 때문에 여유성의 원칙이 강조될 수밖에 없다. 혁신학교의 교사는 과목을 가르치는 것이 아니라 과목을 배우는 학생을 가르치는 것이므로 이러한 여유성이 없이는, 교수-학습의 혁신 단위는고정적이고 완전히 정태적일 수밖에 없다.

축구 경기를 할 때 팀 구성원 각자가 오직 자신의 포지션만을 고수한다면, 그 팀은 좋은 결과를 거둘 수 없다. 반대로 각자가 자기 역할을 제쳐두고 남의 포지션에서 뛰려고 한다면 그 역시 좋은 결과를 기대할 수 없을 것이다. 각자의 포지션이 있음에도 불구하고 공이 오가는 경기의 흐름에 맞춰 자기 역할의 '잉여'와 '중복 가능성'에 대비해야 한다. 여유성의 원칙은 관료제적 관리에서 흔히 찾아볼 수 있듯이 협소한 직무 영역과 "이것은 내 책임이 아니야"라는 식의 방관적 직무 수용 태도에 빠져들지 않고, 사람들로 하여금 새로운 도전에 과감하고 적극적으로 뛰어들 수 있도록 만들어준다.

혁신은 교사에게 새로운 차원의 교육 생산성을 요구하는 것이기도 하다. 전면적 발달에 상당하는 교육 생산력을 이끌어내려면 교수-학습 활동 단위의 구성원들은 여러 가지 다중적인 숙련과 기술을 갖고 있어야 한다. 게다가 누구나 다른 사람의 직무를 수행할 수 있고, 또 필요한 때는 언제라도 그들을 대신할 수 있다. 교사가 다중적인 역량을 갖추려고 능동적이고 의식적인 태도를 보일 때, 비로소 교사들 간에 협력 관계가 순조롭게 이뤄질 수 있다. 여유성이 확보되어야 교사의 다재다능한 능력이 여러 곳에서 활동을 주도할 수 있게 된다. 이러한 노력들이 사회적으로 인정받고, 앞에서 언급한 교사들의 집단 지성의 문화가 성숙해진다면 여유성의 원칙은 교사의 전문성에 대한 새로운 논의를 열게 하는 계기로 삼을 수도 있다.

원칙 3: 필요 다양성

현실적으로 모든 사람들이 가능한 한 모든 일에 숙련된 전문가가 되어야 한다고 주장하는 것 역시 현실성이 떨어지는 일이다. 그러면, 어떻게 해야 하는가? 바로 이 점에서 '필요 다양성requisite variety'의 원칙이 중요해진다.

필요 다양성이란 아이들의 전면적 발달과정에 직면하여 교수-학습 단위가 미리 갖추어야 할 조건에 관한 것이다. 교수-학습의 내적 조건과 환경은 학생 개개인의 발달에 직면하여 발생 영역들의 다양성과 복잡성 수준에 최소한 상응해야 한다. 그래야만 개별 학생들이 자신에게 의미 있는 발달과 학습의 과정 전체를 구성할 수 있기 때문이다.

핀란드에서는 배우는 학생에게 문제가 생기면 특별지원교사 등이 협조하여 해결하거나 특수 학급에 편성하여 도울 수 있도록 조치를 취한다. 게다가 교장, 심리 전문가, 카운슬러, 사회복지사로 구성된 특별 케어 팀도 필요한 경우에 대비해야 한다. 심지어 아이의 발달장애가 아주 심각하고 질병 수준이라면 병원에 가도록 주선할 수도 있다.

이와 같이 전면적 발달을 위한 교육 시스템은 필요 다양성의 원칙에 따라 각각의 학생들이 처한 상황과 필요에 부응해야 한다. 현재 어린이들에게서 파악되는 발달 징후와 시그널에 적합한 교수-학습 조건을 제공할 수 있으려면 혁신 단위가 취할 수 있는 방안들이 충분한가, 물음을 던져봐야 한다. 최근에 돌봄의 사회적 필요성이 학교에 제기되고 있는 바 일선 교사의 부담만 가중시키는 것은 필요 다양성에 대한 인식 부족에서 생기는 문제라고 본다. 돌봄에 대한 합리적인 방안은 지방자치단체나 사회단체와 연계하여 모색되어야 한다.

학교가 학생들의 전면적 발달의 발생과정에서 변이들을 제대로 인식, 흡수, 대처해나가지 못한다면, 그러한 학교에서는 더 이상 혁신을 기대할 수가 없다. 이 원칙에 의하면, 국지적으로 다양하게 발생하는 발달과정과 직접적으로 맞닥뜨리고 또 실시간적으로 상호작용하려면 그 상황이 필요로 하는 적합한 수준의 교수-학습은 예측 가능한 선에서 준비되어야 한다는 점을 강조한다. 물론 시행착오는 있겠지만 이렇게 해서 얻어진 여러 가지 교수-학습의 혁신 경험들이 학교 내에 널리 공유되고, 또 추후에 추가적인 조치를 취할 수 있는 일종의 대비책으로 활용할 수 있다. 시간이 경과하면서 교수-학습의 전문적 기량이 축적되는 것이다. 결국 필요 다양성의 원칙은 혁신 단위의 전반에 걸쳐 스스로 진화할 수 있는 능력을 개발해나가는 데 결정적인 역할을 하게 된다.

원칙 4: 최소한도의 규정

앞에서 논의한 세 가지 원칙은 학교 혁신을 추진해나갈 수 있는 '능력'을 창출해주는 원칙들이었다. 하지만 '최소한도의 규정(minimum critical specification, 줄여 표현하면 minimum specs)' 원칙은 적절한 혁신이 일어날 수 있게끔 허용해주는 일정한 정도의 자율성을 부여하기 위함이다.

혁신학교는 교사의 자율성을 기반으로 구성원들의 창의적인 생각이 바탕이 되어야 가능하다. 또한 학교마다 지역적 차이가 있고 학교가 처한 여건들도 각양각색이다. 그런 점에서 본다면, 혁신학교의 방향성과 구체적인 프로그램을 연구하여 단일한 프로젝트로 제시하는 것은 일선 교사에게 "이걸 모두 한꺼번에 하란 말인가?" 하는 커다란 부담으로 다가올 수 있다. 학교마다 각 학교의 특색에 맞는 다양한 색깔의 혁신학교 모습이 만들어지려면 실천적인 모색 단계에서 혁신의 최소한도의 규정을 설정하고 공유하는 것이 중요하다.

'최소한도의 규정' 원칙은 교수-학습 활동이 관료제적 전통의 의미로 '설계되는' 것이 아니라, '스스로 설계해나가는' 시스템이 될 수 있도록 도와준다. 이 원칙이 실행되려면 학부모, 학생 그리고 교육 당국이 교사와 학교를 진정으로 신뢰할 수 있어야 한다. 신뢰의 문화는 학교의 원활한 운영 구조와 함께 부패를 청산하는 환경 속에서 번창할 수 있고 또한 강력하게 실행될 수 있을 것이다. 한도의 의미는 혁신에 대한 열망을 자발적 의지에만 기대할 경우 사사건건 일어날 수 있는 잦은 갈등이 증폭되지 않도록 미리 예방할 수 있으며 다른 한편으로는 관행화된 과도한 중앙집권적인 통제로 인해 생길 수 있는 폐해 역시 신중히 경계해나갈 수 있게 한다.

그러한 과정에서 가장 먼저 부딪치는 문제는 교장과 교사의 권한 관계이다. 그렇기 때문에 학교 현장에서 교장의 지시적 권한과 충돌하게 되며, 교사가 혁신적 업무를 수행할 수 있는 권한의 한도를 제시하고 합의하는 것이 중요한 문제로 부각된다. 이 원칙에 따르면, 교장들은 '거창한 설계자'가 되려고 하지 말고 혁신의 단초들이 독자적으로 운영될 수 있는 '가능 조건들'을 만들어주는, '촉진자' 내지 '오케스트라의 지휘자' 역할을 자임해야 한다. 혁신학교의 목표 달성 과정에서 우리는 다양한 행동들이 조직 내에서 신축성 있게 수용 가능할 수 있도록 '한도limits'의 의미를 제대로 이해하고 또 활용할 필요가 있다.

원칙 5: 교수-학습을 위한 연구

교사가 혁신의 중심에 서야 한다는 것은 명약관화하다. 그러나 익히 강조한 바 있듯이, 관료제 조직에서는 교수 활동이 현상 유지를 강화하는 함정에 곧잘 빠져드는 경향이 있다. 교사는 혁신의 방향 감각을 유지할 수 있어야 한다. 교사들은 지적·정신적 힘을 모으고, 상상력과 경험을 증대시키고, 우리가 대처해야 할 복잡한 문제들에 대해 실시간으로 협상할 수 있어야 한다. 지속적인 자기-조직화의 역동성을 담보할 수 있으려면, 교사에게 학습 능력을 요구한다.

조직 내에서 끊임없는 토론과 혁신을 조장함으로써, 기본적인 규범과 정책, 학교 조직의 통제 형태 및 운영 과정들 그 자체의 적절성을 상시적으로 재검토하고 비판할 수 있어야 한다. 학교의 질적인 발전을 위해서는 교사들의 일상적인 교육적 지도력과 전문적인 책임이 필요불가결한 조건이다. 이것은 학습 목표에 대한 지속적인 검토, 결과에 대한 사후 점검과 평가, 새로운 방법에 대한 실험과 개발 등을 필연적으로 요구한다.

'교수-학습을 위한 연구'라는 원칙은 학습을 진작하는 조직 분위기를 적극적으로 조성한다. 예를 들어, 교과협의회의 주도하에 수업 공개와 수업연구회 활동을 장려해야 한다. 연수 활동은 교사의 실용적 능력을 향상시켜야 하는 여유성의 원칙을 뒷받침한다. 그리고 교육학을 학제적 수준의 학문으로 확장할 수 있는 학회 수준의 지적 교류와 연구를 통해 교육 담론이 대안 사회에 대한 비전임을 자부할 수 있는 집단 지성의 문화를 촉진해야 한다. 이러한 제반 노력들은 장기적으로 교사의 전문성이 사회적으로 인정받아 제도화되는 길을 열어줄 것이다.

여기서는 비록 '원칙'이라고 제시하긴 했지만, 사실 이 원칙들은 완성된 설계도나 청사진, 혹은 완전한 처방책이라고 간주되기는 어렵다. 그러나 지금까지 나열된 원칙들은 서로 연관되어 있다. 그러므로 협력 관계의 구축 시 각각의 원칙들에 내용상의 긴밀한 상호작용이 일어나야 하며 상황적 맥락에서 유연하게 적용할 수 있어야 한다. 이 원칙들은 교수-학습의 혁신적 활동을 합의하고 준비하려는 단위 학교의 교사 모임에서 현재의 역량 수준을 조직적 맥락에서 검토할 때 참고가 되었으면 한다. 이것은 혁신 활동의 출발 지점에서 여러 가지 통찰력을 제공해줄 수 있는, 일종의 '생각의 틀mind set'이자 하나의 접근법으로 이해되어야 한다.

협력 교수-학습

교수-학습(수업)의 정의

인간의 문명은 협력적 관계하의 의사소통을 통해 지식과 가치를 전달함으로써 성립된 것이다. 마찬가지로 아동의 언어 발달과 개념적 사고의 발달, 그리고 나아가 의식 구조의 발달은 의사소통 과정 속에서 이루어진다. 비고츠키는 '의미화'라는 인간 행동의 독특성을 말하면서 인간이 능동적으로 인위적인 기호를 창조하여 사용함을 강조한다. 하버드 대학의 인지 과학자 수잔 캐리Susan Carey는 아이들의 새로운 단어 학습 방법을 유머러스하게 '잽 매핑zap mapping'이라고 부른다. 그녀는 두 살에서 다섯 살 사이의 아이들이 매일 두 개에서 네 개의 새로운 단어를 배우며 유년기 동안 수천 개의 어휘를 배운다는 사실을 발견했다. 이것이 바로 러시아 학자 코르네이 추콥스키Kornei Chukovsky가 아이의 '언어적 천재성'이라고 부른 것을 이해하게 하는 대목이다.

또한 교수-학습 상호작용에서 의사소통 기능에 의한 지적 기능으로 이행하는 발달과정을 부각시킨다. 그렇기 때문에 학교 교육이 발달에 거의 영향을 주지 않는다고 가정한 피아제와 달리, 비고츠키는 학교 교육이 발달을 이끌어야 한다는 입장을 제시한다. 피아제는 학습을 인지 발달 단계 및 상황에 따른 개인적 변화로 생각한 반면, 비고츠키는 학습을 기호 매개가 뒷받침된 사회적 수준에서의 문화과정으로 본다. 다시 말해 교수-학습은 문화적 도구가 매개된 사회적 상호작용의 산물을 자신의 것으로 만드는 과정이다. 문화적 도구란 큰 범주로 나누어 보면 사물(자연물, 수업 교구, 준비물 등)과 도구(핵심은 언어-기호)를 말한다.

우리는 사물과의 상호작용을 통해 능력을 계발한다. 기호 및 정보와의 관계 속에서 우리는 지식을 습득한다. 타자와의 관계 속에서 입문과 전수를 통해 우리는 지식을 존속시킨다. 지적 능력이 발달 중인 학생은 학습의 전 과정을 경과하면서 스스로 과제를 설정하여 자신의 능력만으로 해결할 수는 없다. 단지 자신의 지적 잠재력 내에서만 모방이나 협력을 할 수 있으며 그 이상의 발달을 위해서는 반드시 협력적인 교수-학습 활동이 이루어져야 한다.

비고츠키의 근접발달영역은 아동이 스스로 할 수 있는 것과 더 경험이 많은 동료와 교사의 도움으로 할 수 있는 것 사이의 차이를 말한다. 이 개념에 따르면, 학습은 홀로 이루어질 수 없으며 다른 사람과의 협력적 형태로서, 즉 자신보다 유능한 또래나 성인의 도움을 받아 이루어질 수 있다고 본다. 근접발달영역의 개념을 통해 비고츠키는 아동의 발달이 학습에 의해 촉진된다는 사실을 설명하였고, 사회-문화적 실행 속에서 발달을 위해 선행되어야 하는 사회적 상호작용이 일어나는 협력 관계의 중요성을 강조한다.

따라서 교수-학습이란 학생이 교사로부터 개념을 알게 되는 과정, 학생 자신이 타인에게 그 개념을 사용하는 과정, 그리고 자신의 것으로 내면화하여 창조적으로 실제 삶에 적용하는 과정 전체를 말한다. 교수-학습은 수업이라는 하나의 현상으로 전개되나 본질적으로는 가르침과 배움이 동시에 일어나는 삶의 현장이며 이때 어린이와 어린이, 교사와 어린이는 서로 협력적인 관계를 맺으면서 사회적 상호작용을 한다.

흐름과 변환과정으로서 교수-학습

교수-학습 활동을 흐름과 변환의 과정으로 이해한다는 것은 중요한 함의를 제공한다. 국가를 정점으로 한 관료적 교육행정은 정교한 과업

설계와 성과 평가 체계에 맞추어 고도로 분화된 단편적인 임무를 수행하도록 설계되어 있다. 그러나 교수-학습을 흐름과 변환의 과정으로 이해하려는 것은 관료제적 통제를 기반으로 한 수직-수평적 교육행정을 재고하게 한다. '강릉 행복더하기학교 초등과 중등 모임'은 혁신학교에 대한 문제 인식을 다음과 같이 요약하였다.

   ······ 현재 학교는 많은 것들을 놓치고 있다. 철학과 존재를 잊고 경쟁과 입시, 억압과 소외라는 미로에 빠져 허우적거리고 있다. 우리는 학교를 혁신하고 새로운 학교를 만드는 것이 학교 구성원을 살리고 교육의 본질에 다가서는 길이라는 윤리적 절박함을 느낀다. 지금의 학교와 교육이 놓치고 있는 것들을 찾아 희망과 행복의 길을 만드는 과정에서 혁신학교를 출발시키고자 한다.
   학교 혁신은 틀을 바꾸는 일이다. 본질을 무시하고 성장 becoming(생성)을 멈추게 하며 죽어 있는 학교의 시간과 공간, 물적·인적 배치agencement를 새롭게 하는 것이다. 그것은 교육과 학교를 그 뿌리부터 다시 살펴보는 일이 될 것이다. 가르침과 배움이 함께하며 끊임없이 성장할 수 있는 장으로 학교의 배치를 바꾸어야 한다. 이 목표를 위해 우리는 새로운 길 찾기에 나서고자 한다.

   공간의 경우를 보더라도 공간은 물리적 장소가 아니라 활동과 행동, 사유를 지배한다는 점을 인식할 필요가 있다. 만일 학교의 중앙에 위치한 공간에 만남의 광장이나 휴게 공간을 배치한다면 공동체적 분위기는 한층 고양될 것이다. 우리나라처럼 학교 건물이 공장이나 교도소처럼 똑같은 교실의 배치는 차이와 다양성을 남아내기 어려운 구조이다.

학교 혁신을 위해 틀을 바꾸고 배치를 새롭게 하려는 아이디어가 흐름과 변환의 교수-학습이다. 기원전 500년 무렵에 그리스의 철학자 헤라클레이토스Heraclitus는 주장하기를, "당신은 걸어서 같은 강을 두 번 건널 수 없다. 왜냐하면 그 강물은 끊임없이 흐르고 있기 때문이다"라고 말한 바 있다. 그는 우주가 부단히 유동의 상태에 있다는 생각을 최초로 주장한 서양철학자 중 한 사람이다. 우리 시대에는, 이론물리학자인 데이비드 봄David Bohm이 우주를 끊임없이 유동적이면서도 또한 나뉘지 않는 전체로서 이해하게 해주는 독특한 이론을 개발하였다. 그는 헤라클레이토스처럼 '과정'과 '흐름flux', 그리고 '순환'과 '변환'을 가장 근본적인 것으로 간주했던 것이다.

헤라클레이토스나 데이비드 봄의 통찰에 따르면, 교수-학습의 협력적 실행 역시 '흐름'과 '변환' 모두를 특징으로 하는 다중적인 상호작용으로 이해할 수 있다. 흐름과 변환 과정으로서 교수-학습은 차이나 대립을 다룰 수 있는 조건과 능력을 갖게 해준다. 다시 말해 흐름과 변환의 사유 틀은 한 가지 대답을 구하거나 양자택일적인 해결에 매달리는 고질적인 이분법적 사고를 넘어서게 한다. 오히려 대립적이고 모순적인 목표를 또 하나의 현실적 측면으로 파악하여 통합하는 것, 예를 들면, 교육에서 평등성과 수월성은 결코 모순되지 않는 것이며, 학교나 교사의 입장에서 관리와 통제의 편의성에 치우친 수준별 수업과는 다른 발상의 유연한 교수-학습을 고안할 수 있다.

흐름과 변환 과정에서 당연히 학생들은 이미 정해진 교육과정을 따라가는 것이 아니라 학생 간 혹은 교사와 학생 간의 협력에 의해 활동하는 과정 속에서 또 다른 과정을 만든다. 교사와 학생 모두가 아이디어를 내어 학습과 발달에 동원된 질료들의 변환 과정에 참여하기 때문이다. 서로가 주고받으며 공유하는 과정에서 학생의 주의 집중력은 한층 높아진다. 그리고 스스로의 깨우침이 어느 순간 홀연히 일어난다. 흐름과 변환의 과정으로 이질 학습 집단과 통합 교육이 '함께하는 교육과정'으로 배치된다면 각자의 깨달음에 대한 다름을 발견하더라도 그 다름을 차별이 아닌 차이로 받아들이게 된다.

혁신학교 수업 사례

흐름과 변환의 교수-학습은 한 패턴에서 다른 패턴으로의 변이가 일어나도록 하는 로렌츠 끌개Lorenz attracter의 이미지에 비유된다. 카오스 이론과 복잡성 관점의 로렌츠 끌개가 시사하는 혁신적 변환은 새로운 끌개의 영향력을 키워나가기 위한 것이다. 그것은 기존의 지배적인 끌개 패턴의 관성을 깨뜨릴 수 있는 '새로운 상황적 맥락'을 창조해나가는 것이라고 할 수 있다. 석남초등학교의 사례에서 이런 끌개와 같은 문제 인식을 엿볼 수 있다.

…… 도심지 대규모 학교에서 새로운 학교를 만든다는 것은 분명 쉽지 않은 일이다. 인적 규모와 교사들의 문화, 학부모들의 학교 교육에 대한 관심과 참여, 학교 환경 등 이런 현실적 여건을 무시하고 작은 학교 사례에서 성공했던 모든 교육적 활동들을 그대로 도심지 대규모 학교에서 실천하려고 할 때 선생님들에게 많은 부담을 주고 그것이 서로를 힘들게 하고 좌절하게 할 수도 있다. 구체적인 성과를 이른 시일 내에 만들어내고자 하는 성과에 집착하지 말고 긴 안목에서 한두 가지라도 기존의 관습적인 교육 활동에 새로운 변화를 가져올 수 있는 조그마한 실천을 같이하는 것이 필요한 전략이다…….

끌개의 역할을 담당할 교육과정은 당연히 발달 지향적이어야 하며 학교의 실정에 맞게 재구성되어야 한다. 아이들의 발달은 저절로 일어나는 것이 아니라 일정 기간 동안의 주의력이 집중된 성과이다. 석남초등학교에서는 주의력에 초점을 맞추어 주제와 탐구, 표현 중심의 교육과정 재구성을 끌개로 삼고 있다.

  …… 주제와 탐구, 표현 중심의 교육 활동이 학습자 중심으로 이루어지기 위해서는 교육과정에 대한 철저한 이해를 바탕으로 교육과정을 주제 중심으로 재구성해야 한다. 그래야만 교과 교육에 대한 학습공백이 없이 다양한 활동 중심의 수업이 가능하다. ……특히나 협동학습, 프로젝트 학습(PBL, 문제 중심 학습) 등을 중심으로 수업과정을 재구성할 필요가 있다. 기능적인 협동이 아니라 주제 중심의 실질적인 협력을 통해서만 문제를 해결할 수 있도록 더욱 탐구 주제와 활동 중심의 수업 계획이 필요하다.
  그리고 다양한 체험 학습이 일회적인 행사에 그치지 않도록 전체적인 프로젝트 과정에서 사전 학습과 사후 활동 그리고 표현 활동까지 전체적으로 공유함으로써 체험 학습의 성과를 극대화할 필요가 있다.

협동 학습과 프로젝트 학습 그리고 체험 학습을 중심으로 재구성된 교육과정 끌개의 새로운 상황적 맥락은 학생들의 집중된 주의력의 내적인 복잡성으로 인해, 우연적인 간섭이나 작은 변화들이 누적되어 간다. 그 결과 흐름과 변환의 교수-학습에서 전면적 발달을 창출할 수 있는 예측 가능한 사건과 관계들이 산출되어 나온다.
혁신학교와 관련된 논의의 맥락에 볼 때, 끌개라는 비유는 관행화된 위계적 질서와 전통적인 통제 양식에 의해 잠재워진 일종의 보이지 않는 발달의 잠재성을 이끌어낸다는 점을 부각한다. 교수-학습 활동의 혁신적 변환이란 새로운 끌개의 영향력을 키워나가는 것이다. 그리하여 학습이 일어나는 사태나 사건에 접하여 기존의 특정 원리나 사고의 기준 자체를 수정, 보완, 폐기하는 것이다.

혁신학교에서 중요한 것은, 전면적 발달의 발생 영역들에서 교수-학습 활동의 흐름과 변환이 형성될 수 있는 '공간'이나 조건을 만들어내는 것이다. 그것은 물론 교육과정 및 수업의 재구성을 기반으로 학교의 제도적 환경까지 폭넓게 고려해야 한다. 그뿐만 아니라 잠재적 발달 수준의 흐름을 가속화하는 것, 그리고 그런 흐름의 변환이 솟아오르게 하는 계기를 만들어내야 한다. 이것은 협력적 학교 문화의 수준과 관련된다. 교사들은 새로운 배치의 흐름 속에서 학습과 발달이 스스로 펼쳐지고 발현되도록 허용해주면서도, 그 분위기와 힘을 이용하여 적절한 상황적 맥락을 규정하는 끌개들을 형성할 수 있도록 능숙한 전문성을 발휘해야 한다.

교실에서의 담화 활동

담화 활동과 발달

담화discourse에 대한 학문적 관심은 1960년대 후반과 1970년대에 걸쳐 프랑스를 중심으로 '의미'가 어떻게 만들어지는가 하는 문제 인식에서 출발한다. 최근의 담화에 관한 연구는 역사적·사회적으로 담화가 설정되는 방법들을 탐구하는 방향으로 나아가고 있다. 담화 이론은 '학제적' 혹은 '간학문적' 성격을 갖는다. 워치Wertch는 비고츠키의 연구가 담화 활동과 갖는 관계에 대해 이렇게 말했다.

비고츠키는 짧은 인생 말기에 인간의 정신 기능이 어떻게 역사·제도·문화적 상황을 반영하고 구성되는가를 밝히려고 하였다. 예를 들면, 그는 학교 교육에서 볼 수 있는 특정한 형태의 발화·담화 형태가 어떻게 아동의 개념 발달에 틀을 제공해주는가를 고찰하였다.

학교 안에서 이루어지는 공식적인 의사소통은 학교의 제도가 지니고 있는 조건하에서 이루어지고 영향을 받는다. 언어는 일종의 사회적 실천이고 그 실천은 사회구조에 의해 규정된다고 보기 때문이다. 학교의 제반 제도들이 추구하는 목적 달성을 위해 수행되는 활동은 대개가 언어적 활동이다. 특히 교실 내 교수-학습 활동의 중요한 수단은 담화 활동이다. 초등 1학년의 경우는 전 교과에서 국어 수업을 한다는 생각으로 말과 글에 집중해서 지도해야 할 정도이다. 담화 활동의 속내를 들여다보면, 학생들의 사고 체계와 가치 체계 그리고 인간 상호작용의 형태 등의 영역에서 발생하는 발달의 흔적을 발견할 수 있다.

교실에서의 담화 활동을 흐름과 변환과정의 교수-학습에 적극적으로 배치함으로써 제반 영역에서 발생하는 발달 흔적을 규명하려고 한다. 과목별, 시공간적으로 분절된 일제식 교수 활동으로는 어림도 없다. 흐름과 변환의 과정으로 재배치하여 발달 흔적이 드러나는 상황적 맥락에 대한 새로운 이해 방식 그리고 새로운 교수-학습 활동 형태들을 고안해내야 한다. 교사는 담화 활동의 상황적 맥락들이 누적되어 전면적 발달이라는 커다란 효과를 일으키게 하려면 교수-학습의 흐름과 순환 및 변환과정에서 발생하는 발달의 작은 변화들을 포착하고 활용할 수 있어야 한다.

비고츠키는 언어 발달과 사고 발달의 관계를 통해 담화 활동에 관한 발달론적 근거를 제시하고 있다. 비고츠키는 언어와 사고가 각기 다른 근원을 갖고 있지만, 점차 서로의 영역을 침범하여 영향을 주는 언어적 사고의 관계를 형성한다고 하였다. 언어는 사고의 발달을 촉진하는 필수적인 요인이다.

한편, 사고와 언어는 다른 실체지만, 발달과정에서 사고와 언어는 교차하면서 언어가 사고 속으로 사고가 언어 속으로 끊임없이 이동하면서 서로의 발달을 촉진시킨다. 책읽기를 좋아하는 어린이라면 짧은 문단을 읽는 중에도 끊임없이 머릿속에 이미지가 형상화되며 본인의 감정이 개입된다. 이런 과정은 매우 즉흥적이라 마치 물 흐르듯이 생각들이 머릿속에서 자연스레 흘러가고 두 눈은 다음 줄에 쓰인 정보들을 계속 따라가며 머릿속으로 전해주게 된다.

이렇듯 사고와 언어가 완전히 합치되지는 않는다. 그렇지만 사고가 언어적으로 될수록 언어는 더 지적으로 되고, 내적 언어로의 발달은 사고 발달에서 주도적인 역할을 할 수 있게 된다. 언어를 통해 논리가 발달하고, 언어를 사용하여 경험을 내면화할 수 있다. 언어적 사고가 발달함에 따라 우리는 의미를 부여하고 생산할 수 있게 된다.

담화란 무엇인가?

대화가 담화의 기본 조건이다. 모든 말과 글은 사회적이다. 담화는 의미를 구성하고 공유하는 상호작용의 형태이다. 당연히 토의토론 수업이 활성화되어야 한다. 의미가 담화 활동 내에서 이루지는 만큼, 교실과 학교 제도, 지역사회 등의 제반 환경에 따라 언어가 사용될 수 있다. 담화 역시 사회적이다. 사회는 서로 다른 인간들의 집단이기에 사고방식이 다른 사람들이 서로 상충하는 의견을 조정하고 서로 협력하면서 공존하게 된다. 사회에서 행해지는 담화 활동을 보더라도 학교 역시 수준별 학습이 아닌 종합 학급으로 편성해서 이질적인 사람들의 상호 교류 능력을 발달시켜야 한다.

말, 다이어그램, 기호, 체계적 표현 등의 언어는 사용되는 맥락에 따라 다를 수 있고 그 의미가 정해진다. 어디서 어떤 상황인가에 따라 정보 전달, 설득, 사회적 상호작용, 정서 표현 등의 진술이 만들어지고 단어와 단어의 의미가 사용된다. 단어의 기본 뜻을 많이 안다는 것은 생각의 범위가 넓고 깊다는 뜻이 된다. 하나의 단어를 익힐 때마다 이제까지 보지 못했던 것을 새롭게 보는 눈을 갖게 되기 때문이다. 대화가 교차되는 상황에서는 똑같은 단어가 두 개의 서로 상충되는 문맥을 만들어낼 수 있다. 언어는 대화가 이루어지는 특정한 맥락에서 그 가치와 의미가 있다. 아이들에게 컴퓨터가 무엇이냐고 물으면, 아이들은 '게임하는 것', '이메일 하는 것', '인터넷 하는 것'이라 대답한다.

비트겐슈타인은 『철학적 탐구』에서 '언어 게임'과 함께 '삶의 형식'이라는 개념을 소개한다. 언어 게임과 삶의 형식은 담화 활동의 원리를 뒷받침하는 중요한 개념이다. 언어 게임은 한 단어의 의미를 결정해주는 언어적 상황의 총체를 말하는 것이다. 말하자면, 한 단어 또는 문장의 의미는 언어 사용자의 상황, 목적, 또는 특성과 상관없이 독립적으로 존재할 수 없다. 같은 교실에서도 수업 시간에 사용하는 언어 사용 규칙과 쉬는 시간에 놀면서 사용하는 언어 사용 규칙은 결코 동일하지 않다. 쉬는 시간에는 수업 시간에 비해 비언어적 표현이 더 많이 사용된다.

언어 게임은 언어와 행동의 결합체이며, 의미나 행동을 이해하거나 서로가 소통할 수 있는 맥락을 제공한다. 아이들은 또래 아이들과 어울리는 동안에 새로운 놀이와 규칙을 만들어내고 언쟁하기도 하며 규칙을 깨뜨리고 타협도 하는 등 생각의 폭이 넓어진다. 언어 사용 규칙인 언어 게임들은 구체적 의미를 결정할 수 있을 정도로 안정된 체계이기는 하지만 규칙 자체가 가변적이므로 여전히 유동적이다.

비트겐슈타인은 이러한 언어 게임 작동의 근원적 조건으로서 역사적으로 구축된 삶의 형식을 소개하고 있다. 언어 게임이라는 개념은 말로 하는 행위가 삶의 형식의 일부분임을 강조한다. 언어 게임은 삶의 형식 속에서 만들어지고 변화되는 것이며 언어의 사용 규칙들이 모여 특정한 삶의 형식을 구성하기도 한다. 5, 6학년은 사춘기에 접어들면서 이성에 대한 관심이 커지고 외모에도 신경을 쓴다. 또한 주변을 많이 의식하는 모습을 보이면서 사회에 대한 관심도 늘어난다. 이러한 삶의 형식의 변화는 언어 사용 활동에서도 또래 문화를 형성하거나 토의토론 학습에 활발히 참여하는 등의 변화가 일어난다.

삶의 형식은 어떠한 본질이나 어떠한 고정, 기초가 되는 숨겨진 통일도 지니지 않는다. 잘 정비된 아파트촌에 사는 학생들과 재개발 예정 지구에 사는 학생들 간에는 삶의 형식이 분명하게 식별된다. 그리고 각각의 삶의 형식은 그 자체의 특수한 응결력을 갖는다. 삶의 형식 차이 때문에 공동의 상황에서 언어를 사용하는 방식이 상충하여 상이한 의미들이 충돌하는 사태가 일어나기도 한다.

미국 학교에는 서로 다른 문화권에서 온 아이들의 영어 실력을 평가하는 기초 테스트가 있다. 그중에 기차 그림을 보여주고 '이것이 무엇인가? 무엇에 쓰이는가?'라는 묻는 문항이 있는데, 영어의 유창함에 상관없이 아이들의 지역이나 성장 배경에 따라 대답이 다르다고 한다. 아이들은 기차를 '먼 곳을 여행할 때 타는 것', '차가 없는 사람이나 노인들이 타고 다니는 것', 그리고 기차를 전철이라고 한 아이는 '일하러 갈 때 타는 것'이라고 대답한다. 비트겐슈타인은 삶의 형식을 '받아들여야 하는 것, 주어진 것'이라고 말함으로써 그것을 우리의 경험과 인식의 궁극적 지반으로 간주하고 있다는 것을 알 수 있다. 언어 게임과 삶의 형식에 관한 비트겐슈타인의 관점에서 보면, 학교는 언어 게임 위주의 '배움의 공동체'가 아니라 삶의 형식에 접한 '문화 공동체'이어야 한다. 아이들의 전면적 발달은 문화와 함께 시작되어 문화와 함께 성장하기 때문이다.

담화 활동 중심 교육

교실은 거의 모든 활동이 언어 또는 의사소통으로 이루어진다. 교실에서의 담화 활동은 서로 부대끼는 와중에서도 서로 돕고 배우면서 협력하는 공동체적 사고방식의 발달을 촉진한다. 거겐(Gergen, 1995)은 "언어의 의미는 사회적 상호작용을 통해 성취되고…… 의미는 상황에 의존하며…… 언어는 공동체의 우선적인 기능이다"라고 하면서 교실에서 담화 활동적 측면을 강조한다.

담화 활동을 하면서 각자는 하나의 이미지, 존엄성, 개인적이고 긍정적인 가치 및 역량들을 인정받으려 한다. 담화 활동은 사회성을 키운다. 저학년의 경우는 남녀 구별 없이 잘 어울리지만 고학년이 되면서 남녀 관계에 있어서 이성적 특징이 나타난다. 이런 경우 어린이의 성적 관념이 어떻게 형성되는지가 발달적 측면에서 중요하다. 그것은 개개인이 사회적 상호작용이나 정서 표현을 통해 자신의 성적 감수성을 원만히 하면서 그동안 쌓은 교제 경험을 보다 일반화해나갈 것인지와 관련이 있다. 정보 전달과 설득 중심의 담화 활동은 학생들의 지적 발달에도 중요한 역할을 한다. 협력적인 집단 안에서 토의하고 협상하면서 문제를 설명하고 요약하고 논쟁하는 능력을 기대하며, 토의되고 있는 문제들을 심의하는 것은 높은 수준의 인식 체계와 추론 능력을 요구한다.

담화라는 것이 언어라는 매개를 통해 지식을 생산해낸다는 것을 인정하지만, 담화를 생산해내는 것은 언어만이 아니다. 행동이나 실천 역시 담화를 생산해낸다. 푸코는 담화 활동에 대해 "모든 사회 실천들이 의미를 수반하고, 의미들이 우리가 하는 것, 우리의 행동을 형성하고 영향을 준다. 모든 실천은 담화적 양상을 갖고 있다"는 점을 강조한다.

예를 들어 교사가 과제물 검사를 하면서 붙여주는 별 모양의 스티커는 '성취를 의미하는 황금색 별'이 된다. '황금색 별'의 의미는 명칭이나 시각적 효과에 의해서만 부여되는 것이 아니다. 그것은 특정한 사회적 행위를 통해서도 생산된다. 무엇보다도 '황금색 별'은 교육의 가치와 성취의 중요성에 관한 진술, 심리학자들과 다른 '전문가들'이 공인한 시상과 격려 효과에 따라 권장된다. 그리고 '황금색 별'의 효과가 교실 전체에 나타나게 하려면 언제, 어떻게 평가와 시상이 이루어져야 한다는 등 특정한 행동으로 규정하는 규칙들을 포함해야 한다. '황금색 별'뿐만 아니라 교실에서의 행동 질서와 의미를 부여하는 담화는 교실 문화 속에서 구성되며 다시 교실 문화의 구성에 기여한다.

담화 활동에서 큰 비중을 차지하는 질문이 교실에서 수행하는 역할도 상황 맥락에 따라 전혀 다른 효과를 낳는다. 학교에 입학한 초등학생이 처한 상황은 '낯선 곳을 방문한 여행객'이라는 비유가 적절할 수 있다. 이 여행객은 낯선 주민을 만나고 여러 상황에 접하면서 일종의 불안감에서 벗어나기 위해 그곳의 언어와 풍습을 배우려고 할 것이다. 이곳의 주민들은 그런 여행객을 보면서 두 가지 전략으로 대할 것이다.

낯선 여행객을 보고 주민들은 자신들의 언어를 배우려는 여행객의 노력을 너그럽게 봐주고 풍습에 어긋나는 실수를 범하더라도 눈감아주는 경우를 생각해볼 수 있다. 혹은 여행객이 말을 잘하기 전까지는 돌아다니지 말고, 풍습에 어긋날 경우 엄격하게 책임을 져야 한다고 생각할 수도 있다. 첫 번째 전략의 경우 여행객은 질문을 하도록 허용되며 그 질문이 좀 서툴러도 성의 있게 대할 것이다. 오히려 여행객이 그릇된 행동을 하면 주민들은 여행객에게 무엇을 하려고 하는지를 물어볼 것이다.

두 번째 전략의 경우에는 그런 상황들에 개의치 않으려고 할 것이다. 주민들의 이러한 태도로 인해 여행객은 안전한 여행을 위해 그 지역에서의 여행 일정을 짜려고 할 것이며, 여행객은 당연히 질문을 단념하게 된다. 여행객의 두 가지 전략을 비교해보면서 질문은 교실담화에서 매우 중요한 부분임을 알게 된다.

발달적 담화 활동의 문제틀

교실 담화는 우리 자신의 삶 속에서, 혹은 사회적 맥락 속에서 대화와 협력이라는 가치를 통해 어떤 문제를 풀어서 해석하고 분석하여 어떤 앎의 과정을 재구성해간다. 지식은 교실, 학교 제도, 나아가 사회의 문화 속에서 공유된 담화의 실행으로부터 등장한다. 5, 6학년의 경우, 사회에 대한 관심이 증가하고 비판의식이 강해진다. 더불어 논리적인 사고가 발달하는 시기이며, 토의토론 학습에 대한 학생들의 흥미가 높은 시기이다. 5, 6학년은 토의토론 활동을 통해 다양한 생각을 공유하면서 생각을 깊이 있게 할 수 있도록 해야 한다. 실제 교실에서 담화 활동 중심의 수업을 계획할 때는 다음의 요소를 고려해야 한다.

첫째, 누가 수업 활동을 계획하는가?
둘째, 적절한 과제가 무엇인지를 누가 결정하는가?
셋째, 개념을 제공하는 사람이 누구인가-학생인가 교사인가?
넷째, 의사소통의 주제는 무엇인가?
다섯째, 상호작용의 형태는 어떤 것인가?

다음은 존스와 손턴(Jones & Thornton, 1993)이 비고츠키의 이론에 기초하여 교사와 학습자의 대화 지도 원칙을 제안한 것이다.

- 학습 상황에 참여하는 아동의 지식, 능력, 흥미, 태도, 문화적 가치와 관습 등에 민감하라.
- 상호작용적 문제를 해결하도록 촉진하는 영역에 기초한 활동들을 제공하라.
- 다른 해결 방안이나 전략들을 인정해주고 증진시켜라.
- 현재의 기술에 도전하고 그것을 발전시키는 근접발달영역 내에서 과제를 시도할 수 있도록 격려하라.
- 고등 수준의 사고에 참여하고 모델링하기 위한 기회를 많이 제공하라.
- 의사소통을 풍부히 하라. 즉 아동들에게 학습 활동과 경험들의 목적에 대해 설명하고 그들의 생각을 설명하고 정당화하게 하라.
- 교수를 계획하고 관찰하기 위해 아동들의 근접발달영역에 대한 현장 평가를 활용하라.

협력 교실과 행동 교실

행동 교실에서 협력 교실로

모든 교수-학습 이론에는 수업을 조직하는 일반적인 원리인 교사와 학습자의 관계에 대한 모종의 관점이 들어 있다. 교수-학습 관계의 관점에서 보면, 교실의 상황 맥락을 두 가지 교실 유형인 '행동 교실'과 '협력 교실'로 구분해볼 수 있다.

먼저 '행동 교실'은 교사가 학습자를 대상화하고 지식을 사물화하는 교실이다. 행동 교실에서는 이미 무엇인가를 학습한 사람이 새로운 학습자를 마치 학습하도록 조작하는 대상으로 다룬다. 인간을 연구하는 방법은 인간을 다루는 방법이 되었다. 이에 적절한 처방이 행동주의이다. 행동 교실에서 교사는 학습 상황에 처한 학생들이 불안해하지 않도록 방법론적 공식을 적용한다. 학생들이 받아들이기 복잡해하지 않으면서 따라오기 쉽게 교수법을 설계한다.

대표적인 예가 바로 '암죽식 수업'이다. 이런 지식은 얄팍하게 학습되고, 대개 시험이 끝나면 곧바로 잊히고 만다. 어린 학습자는 성인 학습자가 이미 발견해놓은 것을 다시 발견하는 데 더 많은 시간을 투입한다. 그들의 머리는 가득 채워져 더는 집어넣을 수 없다.

협력 교실에서는 학습자가 지도와 통제의 대상이 아니다. 학습자가 현재 어떤 능력을 갖고 있는지, 그리고 질적 변화가 일어나고 있는지에 모든 관심을 집중시킨다. 주어진 질문에 답하는 것을 반복하는 행동 교실과 달리 협력 교실은 교사와 학습자 간의 대화를 통해 활력을 찾는다. 아이들은 교사와의 능동적 소통을 통해 교사의 말을 이해하기도 하고 오해할 수도 있는 추론의 과정을 겪어야 한다. 대화의 초기에 학생들은 이해의 부족과 준비 부족으로 체계적이고 맥락적인 대답이 어려울 수도 있다. 그렇지만 교사나 다른 아이들이 내놓은 주장에 대해 동의하거나 반대하고 또 추가 정보를 찾을 여유가 있는 아이들이 더 빨리 학습할 것이라는 점을 협력 교실은 다시 한 번 암시한다.

행동 교실에서 아동은 쏟아지는 추상적인 교육과정 지식에 의문을 제기할 시간이나 여력을 갖지 못한다. 아동들의 상식적인 아이디어는 그저 도외시된다. 그들의 삶에 크게 도움이 될 지속적 개념들이 임의로 가득 채워질 수는 없다. 그러므로 행동 교실을 뛰어넘기 위한 협력 교실이 발달과 학습을 위한 좋은 환경을 조성하려면 다음과 같은 원칙을 기반으로 해야 한다.

원칙 1: 삶의 의미화 과정

교육은 세상 사람들의 삶에 대해 생각하고 느낄 수 있게 해야 한다. 수업은 삶 자체를 구성하는 일부일 뿐이며 교육을 돕는 방법-기술적 측면이다. 행동 교실에서 이루어지는 언어 교육의 예를 살펴보면, 교수 목표는 아동이 문법에 어긋나지 않게 언어를 사용하도록 가르치고는 있다. 그러나 수업과 삶의 근본적인 관계에서 보면, 전혀 엉뚱하게 문법 체계를 가르치고 있다. 행동 교실의 교수법은 교과서의 구성에 전적으로 의존한다. 흔히 문법에 관한 추상적 개념을 가르칠 때 모범적인 예시와 교과서 연습문제에서만 탐구될 수 있는 것으로 한정된다. 삶을 구성하는 실질적인 언어활동이 전개되는 맥락들은 풍부하고 복합적인 것이다. 그러나 행동 교실은 실제의 언어활동에 비해 상황의 맥락이 빈곤하기 때문에 문제가 발생한다.

협력 교실은 이미 주어진 교재의 지식을 설명하는 것이 아니라 삶에 스며든 의미들을 학습의 밑거름으로 재조직할 수 있어야 한다. 비고츠키는 의미화 과정의 사례로 모국어 학습과 외국어 학습을 대조하여 협력적 인지 전략을 제시한다. 우리는 모국어를 말할 때 정확한 구문론적 구조를 사용하지만 왜 그렇게 하는지를 설명하지 못한다. 그런데 외국어를 배울 때는 교수를 통해 학습된다.

이때 교수 행위는 우리가 경험을 통해 학습한 모국어에 의존한다. 외국어에서 어떤 단어가 의미하는 바를 재인하는 것은 우리의 일상 언어에서 우리가 그것의 의미를 어떻게 이해하느냐에 달려 있다. 이처럼 모국어와 외국어가 의미소통의 협력적 맥락에서 학습 상황이 설정될 때 비로소 삶 속에서 지속될 수 있는 개념적이고 체계화된 사고가 출현할 수 있다.

사실 모국어에는 '나'가 있는 것이 아니라 '사람들'이 있다. 다시 말해, 사람들이 말한다. 모국어의 사용은 무엇보다 간-정신적inter-psychic, 사회적, 공적이다. 모국어와 더불어 삶의 의미화 과정에 중요한 기반을 제공하는 것이 감각 지각이다. 감각 역시 일인칭으로 기술할 수가 없다. 즉 사람들은 보고, 사람들은 듣고, 사람들은 쾌락을 느끼거나 고통을 느낀다. 사람들의 공통 감각은 언어가 접근할 수 없는 공감 능력을 갖도록 해준다. 그것은 과정과 체험을 통해서만 몸속에 남는다.

일본 만화에 아기 다다시의 『신의 물방울』이라는 와인 만화가 있다. 주인공 시즈쿠는 와인 전문가인 아버지가 집안을 등한시하는 모습을 원망하고 와인을 일부러 멀리한다. 하지만 자기도 모르게 와인에 끌리고, 와인에 대해 남다른 천재성을 발휘한다. 이유인즉 아버지 칸자키 유타카가 아기 때 입술에 묻힌 와인 한 방울 때문이다. 결국 천재성을 발휘하여 와인의 세계에 정식으로 입문한다. 물론 이 이야기는 다소 과장된 면이 없지 않다. 하지만 어릴 적 경험이 감각에 스며들어 성장 과정에도 영향을 미친다는 점을 시사하고 있다. 감각의 흐름 속에 내재된 문제 인식은 언젠가 사유하게 된다. 창의적인 아이디어는 생각해 낸 것이라기보다는 마치 아이디어가 자신을 찾아온 것과 같은 느낌을 받는 것도 감각적 사유의 독특함 때문이다. 감각의 발달은 설명과 지시로는 대체할 수 없는 영역이다.

삶의 의미화 과정에서 공감 능력은 필수적이다. 공감 능력은 타인을 만나러 가기 위해 필요한 과정이다. 다문화 사회에서의 공감 능력은 사람들끼리 부대끼면서 삶 에너지의 흐름과 상호작용을 할 때 비로소 일어난다. 특히 성과 몸에 대한 문화역사적 접근이 이루어져야 한다. 다른 사람이 소중히 여기는 가치와 그들이 직면한 상황에 대해 공감할 수 있는 문화 다양성에 대한 이해 능력은 세계화의 환경에 접한 개인의 문화적 인간으로서 행동 발달에 적절한 기회를 제공한다.

삶의 의미화는 공통적인 것을 발견하고 창조하는 것인데, 이때 서로의 경험을 공유할 수 있는 언어와 공감 능력이 요구된다. 언어와 공감 능력은 공통적인 것을 창안하고 구성한다. 교과서의 이야기를 예시 자료로 하여 각자의 경험담을 이끌어내거나 문학 단원에서 시와 이야기의 인상적인 부분을 찾아내는 수업들은 언어적 공감 능력을 형성하는데 많은 도움이 된다. 생태, 인권, 노동, 평화 등의 삶과 연관된 의미화 과정은 공유된 언어활동과 공감 능력을 기반으로 했을 때, 공통적인 것으로서 내재화된다. 특히 학급 홈페이지를 만들어 홈 페이지 상에서 학생들 간에 공통적인 것을 구성하는 과정은 삶을 다루고 삶의 가치를 소중히 여기는 기회의 장으로 삼아야 한다.

배움은 함께하는 삶과 마주칠 때 일어난다. 삶 그 자체와 마주치는 매 순간 상호작용을 하는 여러 힘과 요소들이 역동적인 관계망을 형성할 때, 배움은 공통적인 삶의 의미화 과정으로 담아낼 수 있다. 협력 교실에서 윤리는 더 이상 각자의 역할과 책임의 문제를 다루는 것이 아니라 좋은 관계를 구성하고 지속하는 '함께함'에 관한 것이다. 그러므로 학교와 교육은 항상 세상 사람들의 삶과 연결되어 있어야 한다.

원칙 2: '자기-생산' 교육과정

미리 결정된 상당량의 학습 내용을 전달하는 행동 교실의 수업은 교육에서 일정 부분의 역할을 할 것이다. 이런 수업은 초등 교육과정에서 교화적인 구조를 갖기 마련이다. 아동이 나중에 탐구하기 위해서는 지금 먼저 지식을 습득해야 한다는 것이다.

행동 교실의 기존 관행에 대립하는 끌개로서 협력 교실은 모름지기 살아 있는 시스템에 비유할 수 있다. 시스템 이론의 개발자인 칠레 출신 과학자, 마투라나H. Maturana와 바레라F. Varela에 따르면, 시스템을 세 가지 주요한 특징, 즉 '자율성autonomy', '순환성circularity', '자기-준거성self-reference'으로 집약한다. 이러한 특징은 시스템에 자기-창조적이고 자기-혁신적인 능력을 부여한다. 특히 마투라나와 바레라는 시스템의 '자기-준거성' 혹은 '닫힌' 관계에 주목하고, 자기 스스로를 생산해내는 이러한 능력을 '자기-생산autopoiesis'이라고 지칭하였다. 관계들에 의해 서로 결정하고 또 결정되는 과정의 흐름과 순환들이 자기-생산의 특징이다.

핀란드의 스트론베리 초등학교는 자기-생산의 특징을 잘 보여준다. 이 학교는 핀란드의 다른 학교들과 같은 내용으로 수업을 하지만, 방법이 프레네 방식이라는 점이 다르다. 즉 프레네 교육의 특징인 활동 위주의 교육 방법을 자기-준거성으로 삼는다. 수업에서 다루는 테마는 국가 커리큘럼으로 정해져 있지만 그것을 어떤 지식으로 구성할지, 그러니까 어떤 수업을 할지는 학교와 교사에게 재량권을 부여한다. 교사는 배운 지식을 점검하면서 잘한다, 못한다를 판단하는 것이 아니라 지식을 획득해가는 학습 프로세스를 만들어주는 개별 지도에 주안점을 둔다.

그리고 두 학년의 복식 학급을 구성하여 수업의 짜임새가 복잡하다. 관심이 있고 적극적인 학생들을 중심으로 공부하는 분위기를 연출하고 다른 학생들과 그룹을 짜서 서로 가르쳐주어 학습 의욕을 갖도록 노력한다. 그리고 다수의 집단 학습도 중시한다. 이 학교에서는 '물', '불', '흙' 세 가지를 전 학년 공통의 테마로 수업을 편성하여 학교 전체를 포괄하는 교수-학습 활동의 상호작용적 순환이 잘 이루어지고 있다. 학년제의 미묘한 균형을 유지하는 스트론베리 초등학교는 이러한 자기-생산의 배치를 통해 학력 차이가 큰 아이들을 가르치는 유연한 방법을 고안해낸 것이다.

'다름'과 '함께'가 공존하는 협력 교실은 '자기-생산'적 교육과정의 배치가 필수적이다. 특히 체험 중심의 주제통합 학습이 활성화되어야 한다. 교과서에서 분절적으로 학습하였던 내용과는 달리 주제를 중심으로 한 체험 학습은 자기-생산적 배치의 좋은 사례이다. 체험 학습에 대한 학생들의 만족도는 상당히 높은 편이다. 그 배치는 교사와 학생 그리고 집단들과의 우연적이고 생성적인 만남을 이뤄내고, 여러 대상들과의 상호작용뿐만 아니라 기호, 도구 등의 매개 활동으로 이루어진다. 일회적 체험 학습의 행사적 성격에서 벗어나 교과 지도에서 체험 학습 요소를 중심으로 교육과정을 재구성하는 시도가 중요하다.

학생 개개인의 발달을 염두에 둔 체험 학습을 진행하다 보면, 학습자 각자가 지닌 지적 본성의 발현 과정에서 얼마든지 학습의 개인차가 드러날 수 있다. 자기-생산의 배치에서 자율과 참여는 또래끼리 서로 도울 수 있고, 서로 간의 차이를 인식하는 기회이다. 상호 협력은 새롭고 효과적인 관계를 맺게 하고 문제를 해결하는 방법에 대해 심사숙고하게 된다. 학습의 개인차로 인해 고착화할 수 있는 차별과 강제에 맞서 스스로 보편적 권리의 주체임을 의식하게 된 것이다. 한편 학습의 개인차는 교사에게 다양한 수업 방식을 창안해내야 하는 문제 인식을 갖게 한다.

교사와 학생이 만들어가는 자기-생산적 교수-학습 속에서 개개인의 의도된 활동들은 여러 목소리를 내기 마련이다. 동시에 개인적인 것과 공동체적인 것의 관계에 관한 다양한 실험적 규정들이 나타난다. 다양한 실험적 규정들 속에서 의도된 활동을 수행함으로써 적합한 협력적 관계를 모색하고 선택해야 하는 한도limits의 중요성도 접하게 된다.

비로소 아이들은 자각된 상태에서 자신의 능력을 증가시키려고 노력한다. 배움의 싹이 돋아나온다. 드디어 아이들은 사고하기 시작한다. 그 사고는 실제적이면서 동시에 잠재적인 것들과 관계한다. 아이들의 사고 속에서 사고된 것을 바탕으로 발달 지향적 교육과정을 재구성할 수 있어야 한다. '자기-생산'의 협력 교실은 국가 수준의 교육 목표를 달성하는 데 여러 가지 방법이 있다는 결론에 이르게 한다.

원칙 3: '탁월성'의 발달적 성취

협력의 사회적 성격은 두 가지 방식으로 사고될 수 있다. 먼저 협력하려는 사람들에 의해 시작되어 적합하고 정밀하게 짜인 무엇인가를 보여주는 협력의 경우이다. 이것을 협력의 객관적 의미라고 한다. 여기서 협력은 개별적 활동을 뛰어넘으며, 따라서 각 개인의 기능은 그다지 중요하지 않다. 협력은 단편적인 행위나 활동을 가리키는 것이 아니라 추구하는 목적과 체계적인 수행 양식을 가진 사회적 인간의 집합적 활동이기 때문이다.

한편 주관적 협력의 의미에서 보면 모든 개인들은 타인들과의 상호 관계적 소통 속에서만 능동적일 수 있다. 그 개별 활동의 중요한 부분이 협력 자체를 발전시키고 세련되게 강화시킨다. 협력 교실에서 지배적인 것은 협력의 주관적 의미이다. 다른 개인들과 현실적 공통성을 발견하려는 노력의 결과 개인들은 서로를 많은 공통점을 갖고 있는 서로 다른 개인들로 인식한다. 여기서 협력은 탁월한 기예virtuosity를 지닌 행위를 요구한다.

협력에서 요구되는 탁월한 기예는 곧잘 공연 예술가의 활동에 비유된다. 여기서 공연예술은 작품이라는 최종 결과물을 낳는 것이 아니라 공연 행위 그 자체를 뜻한다. 독일의 예나플랜슐레Jenaplan-Schule는 월요일 아침 원탁 대화 모둠, 주말 모임, 생일 축제, 신입생 환영 축제 등을 비롯하여 주, 월, 년 단위로 크고 작은 자유로운 축제 형식이 일상적으로 배치되어 있다. 축제는 인간을 내적으로 자유롭게 하며 공동체를 만들고 그 안에서 상호 결속력을 높인다. 우리 현실에서도 미약하지만 일상적인 경험이나 시사적인 소재를 바탕으로 모둠별로 작업하는 촌극과 같은 창조적인 활동과 놀이는 탁월성을 구성하는 중요한 요소이다. 탁월함에서 느끼는 만족감과 책임감은 어떤 목적을 위한 것도 아니다. 오로지 자신의 지적 행위와 활동 그 자체에 대해 새로운 가능성을 열어가도록 주의를 기울이고 누구보다 배우려는 의지가 충만한 태도로 이렇게 말하곤 한다.

"야, 대단하구나! 우리가 해냈어."

탁월성은 개인들의 상호 능동적인 활동 양식에 관한 것으로 행동교실에서의 '수월성'을 대체하는 개념이다. 행동 교실에서 교사들은 보상으로 아동의 행동을 조작하고 지표화된 각종 평가 결과를 산출하여 수월성의 학습 증거로 간주해왔다. 우리 현실 교육은 경쟁에서 이겨낸 승리자는 있지만 그들에게서 탁월한 면모를 찾아볼 수는 없다. 탁월성은 자신의 의지에 따라 만남을 조직하고, 자신의 지적 본성에 맞는 것과 결합하며 이를 통해 자신의 능력을 증가시키려고 노력한다. 협력의 탁월성은 다른 사람들과 함께하는 그리하여 공적으로 조직된 공간에서 펼쳐지는 퍼포먼스적 특성을 가진다. 아렌트Arendt는 『인간의 조건』에서 이 점을 분명하게 보여준다.

…… 그리스인들은 아레테로, 로마인들은 비르투로 불렀던 탁월성은 언제나 타자들을 능가하거나 자신을 타자로부터 구별할 수 있는

공적 영역에만 주어졌다. 공적 영역에서 행해지는 모든 활동을 통해, 결코 사적 영역의 활동에서 얻을 수 없는 탁월성을 획득할 수 있었다. 그 정의상 탁월성이란 늘 타자들의 현존을 요구하고, 타자의 현존은 동등한 동료들로 구성된 공중이라는 형식성을 요구하기 때문이다.

공적 공간에서의 탁월성은 남의 삶의 모사가 아니다. 그리고 남과의 차별성을 강조하여 열등함으로부터 거리를 유지하며 자신의 정당성을 합리화하려고 하지도 않는다. 단지 동등한 타자와의 관계 속에서 자기 활동과의 동일시, 즉 자기 정체성의 탁월한 면모를 드러내는 것이다. 그 과정은 개인 한 사람 한 사람이 자신에 대해 성찰하며 생각하고 행동하는 것이다. 탁월성은 도처에서 관찰하고, 비교하고, 조합하고, 만들고, 또 어떻게 그렇게 했는지를 따져보고 성찰하는 것을 중시한다. 성찰은 "사고에 대해서 사고한다"는 메타 인지 기능으로서 창조 능력이나 비판적 자세를 취하는 것을 의미한다.

결론적으로, 탁월성 안에서 공연예술적인 미학과 성찰의 윤리는 하나가 된다. 이제 탁월성은 평등성과 수월성의 모순을 해결하는 개념이 된 것이다. 탁월성을 성취한 아이는 자신의 가능성과 능력에 대한 믿음을 갖게 된다. 이 믿음은 불확실성 속에서 미래상을 실현시킬 행동하는 힘의 원천이다. 우리 현실 교육은 탁월성의 성취를 간과한 채 학생들의 진로 교육을 도입하였다. 아이들의 탁월성은 관료제적 공교육의 한계 속에서 계발되기는커녕 미운 오리새끼 취급을 받을 수도 있다. 탁월성이 결여된 진로 교육은 이미 사회적 잣대로 선별된 직업교육으로 전락할 우려를 낳고 있다. 결국 학생들이 처한 현재의 삶을 간과한 채 어른이 될 때까지 모든 희망을 유보하도록 강제하고 말 것이다. 협력 교실에서 탁월성의 성취는 꿈을 키우고 희망을 만드는 교육이다.

공교육 조직 혁신을 기대하며

지금까지 '협력' 교수-학습에 대하여 생각해보았다. 사실 교수-학습의 상호작용 안에 협력이라는 개념이 포함되어 있음에도 불구하고 협력을 강조할 수밖에 없는 교육 현장의 현실이 존재한다. 공교육의 보편적 이념이 구현되어야 하는 체계가 근대의 관료제적 통치 관행에 따라 이루어진다는 점이다. 협력은 바로 관료제적 행태를 벗어나는 조직적 움직임을 강조하기 위함이다. 사실 혁신이라는 용어는 전면적 발달에 장애 요인으로 변해버린 근대의 관료제적 조직 형태를 대상으로 한 것이다. 그런데 우리 현실은 관료들이 혁신을 주도하겠다고 하니 그야말로 주객이 전도된 현실에 처해 있다.

핀란드는 우리와 역사적 배경이 다르지만, 전면적 발달에 대한 동일한 문제 인식하에 우리도 공유할 수 있는 세 가지 원칙을 도출해보았다. 그 원칙들을 통해 일선 교사와 교육행정 관료의 관계가 재정립되었으면 한다. 또한 이 글은 관료제적 교육 관행에 대한 문제의식을 담고 있다. 교육의 혁신 주체는 교사이다. 교육에 관한 권한이 신뢰받는 교사에게 위임되어야 하고 교육 현장에서 성과주의를 배제해야 한다. 교사를 중심으로 협력적 관계를 구축하기 위한 원칙들을 요약해보았다. 이 원칙은 혁신 주체로서 교사들이 현장에서 느끼는 문제의식이 일상적인 불만에 머물지 않고 혁신 단위를 꾸리는 조직적인 움직임으로 나아갈 수 있게 하는 단서로 활용되기를 바란다.

당연히 혁신의 바람과 조직적 움직임은 결국 교실에서 완성되어야 한다. 비고츠키 이론은 향후 현장에서 발달 연구를 촉진하는 계기로 삼아야 한다. 교수-학습론에 대한 비고츠키의 단상을 흐름과 변환의 과정으로서 담화 활동과 연결시키는 이론적 접근을 시도해보았다. 역시 협력과 대화를 강조하는 협력 교실에서 담화 활동에 대한 문제 인식을 촉구하기 위해 행동주의적 교실 풍토와 비교 분석하였다.

교과 통합의 발달적 성취, 문화예술 교육

감성적 활동으로서 문화예술

감성의 힘

자연 생태계에서 에너지의 근원이 태양에너지이듯, 문화예술 활동 영역 전반을 생태계라는 관점에서 본다면, 인간의 감성이야말로 억제할 수 없으며 해체할 수 없는 본원적 에너지다. 이 에너지를 통해 문화 생산 및 비판 능력, 예술적 향수 및 비평 능력 등 다양한 문화예술적 유기물이 생성되며 문화예술 생태계의 선순환 구조의 동력이 되는 것이다. 여주 농촌마을의 '밀머리 예술학교'에서는 미술을 중심으로 다양한 장르의 문화예술적 가로지르기와 사람과 자연 그리고 사물 간의 관계에 감성적 힘을 불어넣고자 한다. 이는 아픔을 쓰다듬고, 상처를 위로하며, 분노와 연민의 감정과 기쁨, 감동, 즐거움을 소중히 여기는 소통의 관계를 열어주고자 하는 창작·교육 공간이다.

독일의 시인 실러F. Schiller는 인간이 자연의 힘에 예속된 감각적 단계에서 그 힘으로부터 자유로워진 감성적 단계라는 어려운 고비를 넘겨서야 비로소 지적·윤리적 단계로 발전할 수 있었다는 인류학적 입장을 표명한다. 그의 표현에 따르면 돌이라는 소재 속에서 화살촉이라는 형식을 본 순간, 인간은 비로소 인간으로 도약하기 시작한다.

마르크스는 『독일이데올로기』에서 현존하는 세계의 기초를 '감성적 활동'이라고 말한다. 그것은 감각이 인간 현실의 확실한 토대라는 데에서 시작한다. 인간의 다양한 창조적 행위들, 노동, 상업, 산업, 생산과 같은 구체적 행위들은 '감성적 활동'의 하위 범주이다. 우리가 살아가는 현실 세계는 인간의 감성적 활동 전체를 통해서 만들어지는 것이다. 세계가 감각 세계인 것이 사실이라면, 그것이 감성 안에서 태어나고 감성이 세계를 떠받치고 있는 것이다. 노동이란 이러한 감성적 활동이 표현하는 자본주의적 양태일 뿐이다. 그러나 자본주의 사회에서 감성적 활동은 가치를 생산하는 활동인 노동으로 집약된다. 마르크스에게는 다양한 활동을 노동이라는 하나의 활동으로 고착화하는 사회적 관계를 극복하는 것이 주요 과제였다.

본래 감성적 활동이란 감각적 세계를 변형시키는 활동 일반을 의미한다. 화폐화 가능성 여부와 상관없이 개인의 다양한 자질을 그가 원하는 모든 분야에서 도야하고 표현하는 구체적 활동의 총체, 즉 나무를 베고, 농작물을 키우고, 기계를 만들고, 그림을 그리고, 음악을 듣는 각각의 활동들의 총체가 감성적 활동인 것이다. 삶 자체가 감성적 활동으로 이루어졌으며 동시에 삶의 감성적 활동은 자기 자신에게 하는 행위이다. 따라서 삶은 바꾸는 것이자 바뀐 것으로서 자기 자신을 바꾼다. 예술가는 감성적 활동력을 발휘하는 작업을 통해 자신이 예술가로 되어가는 것처럼, 보통 사람들도 노동을 통한 감성적 활동에 따라 환경을 다시 만들고, 일을 하게 됨으로써 자신을 형성해가는 것이다. 감성적 활동으로서 문화예술은 자기 자신을 느끼는 일이자 그 존재의 모든 지점에서 자기 자신을 깨닫는 일이다. 문화예술 교육 차원에서 '느끼기'와 '깨닫기'의 감성적 힘은 자기 형성 과정의 노력과 관련해 중요한 부분이 된다.

생물학적·문화적 몸

일반적인 관점에서 보면, 1980년대에 신경 생물학자 셰링턴C. S. Sherrington이 발견한 고유 수용 감각은 몸의 경험에서 바탕이 되는 중요한 것이다. 우리는 걷거나 달리거나 뛰어오를 때 몸이 어떻게 느끼는지를 안다. 감각적 지각이 역동적 행동 체계의 일부이기 때문이다. 그로 인해 자신이 있는 공간이 어디쯤 위치하고 있는지를 알 수 있다. 물질에 대한 근육 감각이나 촉각은 손지식을 형성시킨다. 손지식이란 이를테면 나사를 얼마나 조여야 제대로 조인 것이며, 나무나 쇠를 부러뜨리지 않고 얼마나 구부릴 수 있는 시점이 언제인지도 가늠하게 해준다. 이런 지식은 책에 쓰여 있지도, 청사진에 나타나 있지도 않다. 오로지 몸을 써서 직접 해보기 전까지는 이를 습득할 도리가 없다.

우리는 대부분 자각하지 않은 상태에서 몸의 느낌을 알게 된다. 몸으로 생각하는 것은 근육의 움직임, 자세, 균형, 접촉에 대한 우리의 감각에 의지한다. 그것은 감각과 근육, 힘줄과 피부를 타고 느낌으로 다가오기 때문이다. 사람들이 의사표현의 수단으로 말과 공식을 발견할 때 그 이면에는 어떤 생각의 덩어리가 솟아오름을 '느끼고' 있었던 것이다. 몸의 감각과 근육의 움직임, 감정들로 체험된 것들은 보다 정련된 사고의 단계로 뛰어오르게 하는 도약대 역할을 한다. 운동선수와 음악가는 동작의 느낌을 상상하고, 물리학자와 미술가는 몸 안에서 전자나 나무의 움직임과 긴장을 감지한다. 더욱이 예술의 형식성은 이 체험을 뜻이 깊은 진실로 지양한다.

음악에서 체험의 감각적 성격은 청각으로 단순화되고 번역되어 작품으로 남게 되는 변용과정을 거친다. 피아니스트들은 근육이 음표와 소나타를 기억한다고 말한다. 그들은 손가락에 이 기억들을 저장한다. 이것은 배우가 몸의 근육 속에 자세와 몸짓의 기억을 저장하는 것과 같다. 노구치 이사무에 따르면 진정으로 조각품을 보려는 사람은 몸을 움직여야만 그 형태를 실감할 수 있다고 한다. 실로 많은 조각가들에게 매체에 대한 사랑은 몸과 자신들이 다룬 재료 간의 상호작용에서 연유한다. 클래스 올덴버거는 조각에 끌린 이유가 작업에 수반하는 몸의 느낌 때문이라고 했다. "나는 원래 화가로 출발했지만 곧 회화의 평면성이 싫어졌다. 나는 작품을 손으로 만지고 싶었다"라고 말한다. 찰스 시몬스Chales Simonds가 조각가가 된 것도 어린 시절 공작용 점토를 가지고 놀았던 일이 계기가 되었다.

인간은 환경에 단순하게 적응하는 것이 아니라 물질문화의 구성을 통해 환경을 자신에 적응시킨다. 이때 몸은 각자의 역사를 갖는다. 개인의 생물학적·문화적 삶의 역사 속에 침전되어온 능력들뿐만 아니라 인류가 침전시킨 능력들까지 포함된 역사를 나의 몸은 가지고 있다. 나의 몸의 역사는 습관을 형성하기도 한다. 습관은 기계적인 반응이 아니라, 능숙하고 목적적인 행동으로 파악되며, 세계의 의미를 발견하고 세계에 결합되는, 육화된 실천적 이해 내지는 실질적인 앎의 형태로 파악된다.

감성적 체험의 특질

현재 이곳에서의 감성적 체험이 제대로의 경험이라면 활력으로 고양되어 자발적 자기 형성에 중요한 체험이 되고도 남는다. 감성적 체험의 특질은 음악에서 두드러진다. 음악학자 판스워스P. R. Farnsworth는 "정서의 구조는 음악의 구조와 비슷하다. 음악은 정서가 느끼는 방식으로

소리를 낸다"고 말했다. 단적으로 말해, 우리가 부드러운 마음으로 노래하면 부드러운 선율의 노래가 나오고, 부드러운 선율의 노래를 듣는 사람은 부드러운 마음이 된다. 세상에 존재하는 감성적 힘에 반응하는 정서에는 헤아릴 수 없는 다양한 체험의 파노라마가 펼쳐진다. 그 체험들은 개인적인 감정과 감각 안에 갇혀 있는 것이 아니고, 세계와의 활발하고 민첩한 교제를 의미한다. 이때의 감성적 체험은 존재론적 체험을 현재화함으로써 존재에 지속적인 변화를 허락하는 힘의 작용에 대한 경험이다. 이는 인식론적 경험으로서의 미적 체험을 존재론적 체험으로 확장하는 것인데, 이는 예술의 맹아라고 할 수 있다.

우리가 예술의 영역에 들어서면, 사물의 존재, 본성, 경험적 속성들의 배후에서 우리는 갑자기 '형상·형식'을 발견하게 된다. 감성적 체험에서 힘의 작용은 초보적인 형식에서조차 미적 경험이라는 유쾌한 지각에 대한 전망을 안고 있다. 일상적 상황에서 분노는 그냥 감정의 분출일 뿐이지만 분노를 묘사하는 음악은, 이를테면 감성적 반응의 매듭을 묶는다. 그 방식은 아주 다양하겠지만 말이다. 쉬운 예를 들면 "도-미-솔-미-도"로 마무리되는 음악에서 마무리 '도'를 빼면 감성적 힘의 작용은 무언가 핵심적인 부분에서 허술해진다. 전통 미학에서는 이것을 형식이라 부른다.

존 듀이는 『경험으로서의 예술』에서 스스로에게 묻는다.

형식-그것은 무엇인가가 완벽한 마무리를 성취했을 때 드러나는 궤적의 추상적인 용어인가?

물론 그의 대답은 "그렇다"이다. 그러니까 형식은 그냥 기계적으로 종착지에 도달할 때가 아니라 성장의 끝에서 마무리에 도달할 때 드러난다. 전통 미학에서 미적 체험을 다룰 때 "아하!" 체험에 주목한다. 형식 체험의 맥락에서 대체로 "아하!" 체험의 핵심은 전체와 부분의 관계이다.

특히 학습과 관련하여 감성적 체험의 내용적 특질은 재미와 감동 그리고 관심 등이 있으나 여기서는 관심이라는 말에 주목하고자 한다. 이 말의 본뜻은 그 어원, 즉 '그 사이에 들어가 있다' 또는 '거기에 있다'라는 의미의 라틴어 'inter-esse'에 내포되어 있다. 이처럼 능동적 의미를 지녔던 '관심'이라는 말이 중세 영어에서는 'to list(귀 기울여 듣다)', 형용사로는 listy, 부사로는 listly라는 낱말로 표현되었다. 지난날 'to list'는 '능동적으로 무엇을 추구하다', '무엇에 진정 관심을 가지고 있다'라는 의미였다. 이처럼 관심은 어떤 욕구에 의해서 휘몰림을 당하는 것이 아니라, 자유롭고 능동적인 관심 또는 무엇인가 지향하려는 노력이라는 의미를 내포한다.

감성적 체험의 기능적 특질에서 지배적인 관심은 매슬로Abraham H. Maslow가『존재의 심리학』에서 제안한 감성적 상황에서의 '절정 체험'이라는 것에 모아지며, 더불어 절정 체험을 전통 미학에서는 일반적으로 카타르시스라고 부르는 체험과 연관 지어 생각해볼 수 있다. 몬로 비어슬리가 주목한 감성적 체험의 기능적 특질이 제공하는 일곱 가지 효과는 절정 체험과 카타르시스를 설명하는 데 적절하다고 본다. 즉, 1) 긴장을 제거하고 파괴적 충동들을 진정시키는 효과, 2) 자아 속에서 야기되는 작은 충동들을 해결하고, 통합 또는 조화의 창조에 도움을 주는 효과, 3) 지각과 식별력을 세련되게 하는 효과, 4) 상상력 그리고 자신을 다른 사람의 입장에 놓는 능력을 개발하는 효과, 5) 치료보다 예방으로서 정신 건강에 기여하는 효과, 6) 상호 이해와 신뢰를 북돋아주는 효과, 7) 인간적인 삶을 위한 이상을 제공하는 효과 등을 거론한다.

문화예술과 교육

문화예술과 자기 생산(형성)

문화란 땅 위에 집과 도시를 짓는 모든 짓기의 총화이자 그 지혜일 것이다. 짓기는 건축함과 동시에 거주함이며 그것은 인간이 만들어내는 모든 것을 포괄하고 생명체를 돌보는 짓기와 제작하는 짓기를 의미한다. 그것은 문화의 어원인 '밭을 갈다' 혹은 '돌보다'와 연결된다. 예술의 기원인 시 짓기poiesis는 인간 사유의 본성에 뿌리박고 있는 짓기의 본능과 건축에의 의지에서 비롯한다. 포이에시스적 예술 이론에 따르면, 예술은 기술과 같이 인간의 창작 능력인 동시에 제작하는 능력인 테크네techne와 동일한 원리이다.

집은 가장 편안한 거처가 될 수 있는 건축물이 되도록 동원된 수많은 재료와 모든 생활 도구, 필수품, 그러한 것들을 제조하고 배치하고 활용할 수 있는 다양한 기술로 파악될 수 있다. 특히 색조나 재료, 수많은 재료들의 비상한 조합과 디자인의 조형성에서 미학적 기예에 의한 세련됨을 구현할 수 있다. 그것은 세계에 대해 인간이 지닌 창작과 생산적 방식을 특징짓는 원리이다. 인간을 진리로 이끄는 삶의 한 방식으로서의 포이에시스는 '참된 것을 끄집어 앞에 내어놓는 것', 그리고 포이에시스적 삶의 의미란 바로 현실을 의도적으로 뛰어넘고 변형시키는 것, 현실에 없던 새로운 잉여가치를 덧붙이는 것, 이로써 인간은 스스로 자기를 창조하는 존재라는 의미이다. 이런 점에서 문화와 예술 그리고 자기 생산은 상호 연결고리를 갖게 된다.

교육이란 객체화된 지식을 전수하는 것이 아니라 자기 존재를 그 존재로 있게 하는, 존재 드러남, 자기 생산성이라는 원리에서 이해된다. 자기 존재를 드러낸다는 것은 인간의 힘을 생산적으로 사용한다는 의미에서의 내면적 활동 상태를 뜻한다. 스스로를 깊이 의식하는 사람, 나무 한 그루라도 그냥 지나쳐서 보지 않고 진정으로 "투시하는" 사람, 한 편의 시를 읽고 시인이 표현한 느낌을 뒤따라서 느낄 수 있는 사람, 이런 사람의 내면에서 벌어지는 사건은 비록 그 어떤 '창조'와 연결되지 않는다고 해도 생산적이라고 말할 수 있다.

그 과정은 공장의 제품을 생산하듯 일정한 공정을 거치는 과정이 아니다. 조각가의 경우 좀 더 분명하게 비교된다. 어떤 대상에 작업을 하는 조각 과정에는 재료와의 대화가 있고, 조형 행위를 통해서 조형물에 대한 관념의 수정과 변경이 있기 마련이다. 거기에는 자기 스스로와 나누는 소통이 존재한다. 그 과정에서 작가는 자신이 구성한 작품이 어떤 결과로 나타날지, 작품이 완성되기까지 알 수 없다. 창의적이고 형성적인 활동에서 새로운 아이디어가 떠오르면 작품은 수정되고 새로운 방향을 지향하게 되기 때문이다.

예술은 이렇게 생성된 표현 욕구를 특정 방식으로 재현하는 것이고, 그 과정에서 자신의 존재성을 이루어가는 것이다. 이러한 과정에서 인간은 자신에 대한 이해를 심화하고 자신을 실현하는 그 과정을 현재화한다. 그리고 그것으로써 자기 이해를 얻게 되므로 이러한 지평에서 문화와 예술이 만난다. 여기서 문화와 예술이 공유하는 것은 인간의 삶이라는 존재론적 지평이며 그 과정이다. 예술은 문화에 대한 체험과 표현을 담고 그것을 재현하는 과정으로 이해된다.

예술작품은 다른 인공물과 자신을 구별 짓는 분명한 존재론적 지평이 있다. 하이데거M. Heidegger는 미학적 접근을 하는 대신에 예술작품과 인공물의 차이에 대해 고흐의 신발 그림을 예로 들어 존재론적 설명을 했다. 즉 고흐 그림 속의 신발은 단순히 신는다는 관점에서 쓰임을 가진 물건일 뿐 아니라 그 신발을 신은 사람의 삶을 고스란히 보여준다는 점에서 어떤 존재자다. 그 그림에서 화가는 신발이라는 존재를 그대로 나타냄으로써 대지에 귀속된 시골 아낙네의 옹골찬 삶의 세계를 은폐됨 없이 드러내 보인다. 학생들의 탐구 학습 상황도 이와 마찬가지다. 아이들은 어떤 문제를 포착하고 나서 자신의 문제화할 수 있다. 그 문제에 대한 관찰과 탐구를 통해 자신의 생각, 감정, 기억 등을 도식화 혹은 추상화하여 그림이나 도표로 발표하거나 사진을 곁들여 글로 정리하는 것처럼 각종 상징물과 기호를 통해 표상하는 것도 하나의 작품 활동에 비견할 만하다. 표상된 내용물은 학생들이 자신의 구성 과정과 구성 결과를 되돌아보는 계기와 토대가 되어 존재론적 발달의 성취감을 체험하게 된다.

문화예술과 존재론적 체험

문화예술을 교육 영역으로 끌어들인다면 그것은 학생들의 성장과 발달적 관점에서 재조명되어야 할 것이다. 성장과 발달적 관점에서 문화예술 교육은 세계와 사회에서 인간이 스스로 되어가는 존재론적 체험의 성취 과정, 역동적으로 자신의 존재성을 이루어가는 과정이다. 교육 영역에서의 문화예술은 인간의 성장과 발달을 도모하는 자기 형성 과정으로서, 특히 삶의 자기 변화를 가리킨다고 볼 수 있다.

문화예술 교육은 존재론적 체험으로 성취된다. 존재론적 체험을 겪으면서 무엇을 알 수 있고, 어떤 행동을 해야 하며, 원하는 것이 무엇인지를 스스로 묻게 된다. 물론 그것은 쉽게 결론이 나지 않는 물음이다. 그렇기 때문에 자연을 변형하고, 개조하여 자신의 삶에 맞게 바꾸어나가는 그 이면에서 자연을 이해하고 자신의 의지와 의미 체험을 바라보게 된다. 이러한 의지와 의미 체험을 존재성으로 규정한다면 자연을 변형하는 인간의 행위 속에는 그러한 존재성이 자리하고 있으며, 그 행위는 이러한 존재성의 드러남으로 이해할 수 있다. 즉, 예술을 포함하는 광의의 문화는 인간의 존재 조건인 것이다. 문화는 인간의 역사가 쌓아 이룩한 총체적 결과물이기에 거기에는 인간 존재의 자기실현, 그 존재성이 담겨 있다. 문화를 교육의 터전으로 이해할 수 있는 가능성은 바로 여기에 있다.

문화의 어원적 의미를 살펴보면, '문文'은 원래 가지런한 무늬나 모양새를 이루는 결에서 온 상형문자이다. 인간이 모여 사는 곳에서는 일정한 삶의 유형과 패턴이 생기기 마련이고, 이것을 일컬어 문화라 한다. 문화가 삶의 질서를 조형하고 보존하는 그릇이라면, 이 조형과 보존은 집의 은유 속에서 이해되어왔다. 집짓기, 건축은 문화의 일차적 상징이다. 사람이 이 땅에 존재한다는 것은 친숙한 세계, 즉 특정한 '어디where'라는 공간적 장소 안에 그리고 시간 내적으로 '언제when' 머문다는 것을 의미한다. 인간의 삶, 인간적인 삶은 집 안의 삶이다. 집은 경제적 이해관계에 기초하여 언제나 교환 가능하고 처분 가능한 매매 물건이 아니다. 집은 세계를 만날 수 있는 하나의 출발점이자 거점이다.

인간이 거주하는 실존적 공간을 '장소(topos, ort, place)'라고 부른다. 유독 인간 존재만이 시간時間(때-사이)과 공간空間(빔-사이)에 속한 사이-존재로서, 특정한 시·공의 '사이' 안에, 그때그때 한정된 '장소'에 거주하며 살아간다. 우리는 사람과 사람 사이, 사람과 자연 사이, 사람과 물건 사이의 오래 길들여진 사귐과 마주침의 과정을 거치면서, 시간성과 역사성을 띤 국지적 공간에서 직접적인 감정적·정서적 관계의 풍부한 내용을 갖게 된다.

문화적 존재로서 발달적 성향을 지닌 인간은 근본적으로 현실적 세계를 넘어 그 이상의 것을 지향하고 그를 향해 가는 존재이다. 그러기에 문화는 인간의 정신과 삶의 표현이 한 상태에서 다른 상태로 이행하도록 자기 자신에게 하는 행위라고 할 수 있다. 그것이 바로 발달적 교육의 관점에서 본 존재론적 문화인 것이다. 따라서 문화는 하나의 실체나 작품, 인간 행위의 업적이라기보다 인간의 존재성이 실현되는 과정으로서 이해되어야 한다. 성장과 발달을 추동하는 문화는 존재론적 체험의 지평에서 좀 더 높은 실현과 성취의 모습에 이르고자, 자기를 증대하고자 스스로 달라지기를 멈추지 않는 움직임을 말한다.

문화예술 교육과 발달

우리가 극장에서 자막이 나오는 외국 영화를 관람할 때, 대사·그림·소리·음악을 종합하는 것은 나의 지성이 아니라 나의 몸이다. 다양한 감각이 소통되고 통일되는 것은 순수 지성의 작용이 아니라, 고유한 몸의 종합이며 지각적 종합이다. 이 외에 실제로 많은 연구자들이 이미 신체의 운동감각적 사고에 대해 강력한 주장을 펼치고 있다. 운동감각적 사고란 몸의 운동 이미지나 기억된 동작의 측면에서 사고하는 것을 말한다. 근래에 들어와 심리학자인 하워드 가드너는 『마음의 틀』에서 이와 유사한 운동감각적 사고의 개념을 주장하고 있다. 가드너는 "몸은 자신의 지성을 품고 있다"라고 주장한다.

몸 사고 활동에서는 느끼는 것이 사고하는 것이고 사고하는 것이 느끼는 것으로서 몸과 마음의 일체감을 형성한다. 우리는 살면서 몸과 마음의 일체감을 느낄 때 생명이 솟아오르는 듯한 전율을 체험한다. 몸 사고 활동은 그 체험의 순간에 미적 형식이나 패턴을 의식하게 하는 것이다. 몸 사고 활동은 특정 장소에서 몸과 마음의 일체가 형성되는 공간을 창출하는 활동으로 이루어진다. 좀 더 넓게 생각하면, 모든 공간에서 마음이 스스로 허용하는 몸을 쓰는 방식과 기술 그리고 그 패턴들을 형성하고 그것의 수행을 숙달하는 몸 사고 활동에 주목할 필요가 있다. 그것은 사회적 공간에서 조직 문화로도 확장성을 가진다.

우리는 생각함으로써 배우지 않고, 함으로써 배운다. 즉 배운다는 것은 세계에서 지각하고 행동하는 한 사람의 방식을 변형시키는 '몸 스키마'의 새로운 적응과 이해이다. 플레이함으로써 우리가 게임을 할 수 있는 것과 마찬가지로, 지적 행동은 특수한 언어 게임에서의 규칙들을 그의 '몸 스키마'에 체화하는 것이다. '몸 스키마'에 의한 지각과 행동을 파악하는 관점은 주지주의의 인식론적 도식인 대상과 주체의 이분법에 근거한 모든 가정들을 반박한다.

신경학자 올리버 색스Oliver Sacks는, "지속적인, 그러나 무의식적인 감각의 흐름이 우리 몸의 동작부위에서 나온다"라고 한다. 이 감각의 흐름이란 우리가 '제6감' 혹은 비밀의 감각이라고 부르는 것이다. 그는 계속해서 "우리는 자신의 근육을 살피고, 위치나 긴장 상태, 움직임을 끊임없이 재조정한다. 그러나 이 과정은 자동적이고 무의식적으로 일어나기 때문에 숨어 있는 과정이라고 말할 수 있다"라고 말한다. 기감 氣感이라는 말이 있다. 환경과 다른 존재자의 움직임에서 오는 모호한 기운을 몸으로 느끼고, 어떤 기운을 몸이 먼저 감지하고 감응한다는 뜻이다. 이런 경우 몸의 무의식적인 느낌, 기미를 알아차리는 느낌, 육감에 따르게 된다. 기의 세계에서는 삶, 느낌, 흐름, 사건이 먼저 있다. 그러기에 기는 우선 존재론적으로 감지·감응되기 마련이다. 이성적인 것도 감각적 흐름의 삶 속에서 발견되고 또 감각적으로 체험되는 어떤 것일 수밖에 없다. 그럼으로써만 이성은 삶에 대해 살아 있는 의미를 가질 수 있다.

감각장의 자연구조는 생후 약 4개월 무렵, 지각·운동 능력이 완전하게 발달함에 따라 유아는 손 뻗기와 조작을 통해 사물과 상호작용할 수 있는 가능성을 배우기 시작한다. 그때부터 유아는 사물이 자리하고 있는 세계를 이해하기 시작하며, 바라는 효과를 달성하기 위해 이런 사물을 이용한다. 6개월이 넘으면 다리가 훨씬 강해지고 근육도 함께 작용할 수 있게 됨에 따라, 유아는 풍부하고도 탐구적인 방식으로 주위 환경에서 돌아다닐 수 있는 능력을 얻는다. 이러한 이동력은 유의미한 사물의 드넓고 새로운 세계를 열어주고, 목표를 달성하고 의도를 실현할 수 있는 가능성도 열어준다.

아동의 고유 수용 감각은 비고츠키L. S. Vygotsky에 따르면, 눈과 손뿐 아니라 말하기의 도움을 받아 발달한다. 실제적인 과제들을 해결하려고 할 때, 고유 수용 감각이 발달한 아이들은 어떤 것을 배우고 익힐 때 먼저 대상의 속성을 파악하고 그 대상에 맞게 신체를 숙련시킨다. 그 후 여러 번의 시행착오를 통해 신체를 고도로 분화된 방식으로 사용한다. 세계의 의미를 배우는 이런 방법은 모두 몸을 수반한다. 즉 몸의 지각적 능력, 운동 기능, 자세, 표정, 정서와 바람을 경험할 수 있는 능력을 포함한다.

놀랍게도 예술가들이 활용하고 있는 근육적인 느낌이나 육체적인 감각, 손기술, 머릿속 연주 등은 과학적 사고에서도 중요한 역할을 한다. 과학자들은 실험실 기자재를 '연주'하며 실험 작업에 필요한 운동감각을 키운다. 실제로 MIT의 금속학자 시릴 스탠리 스미스는 금속 구조에 대한 감을 느꼈다고 한다.

오래전에 합금을 개발하던 때의 일이라네. 나는 그때 뭔가 자연스럽게 이해된다는 느낌을 받았어. 무슨 말이냐면 내가 실제로 어떤 종류의 합금이라도 된 것 같은 느낌이 왔다는 말이지. 경성, 연성, 전도성, 가용성, 변형성 등 금속의 모든 성질이 나의 내부에서 글자 그대로 감각을 타고 느껴졌다네.

스미스의 과학 작업에서의 감각은 실제로 "서로 반대방향으로 끌어당기고 있는 힘에 대한 근육의 느낌과 균형 잡힌 구조에 대한 미학적 느낌"에 의지하고 있다고 한다.

근육의 움직임에 대한 감각, 몸의 느낌, 촉감 등은 상상력 넘치는 사고의 강력한 도구가 된다. 심리학자인 베라 존 스타이너Vera John Steiner는 몸을 '사고의 도구'로 본다. 지각은 감관과 외재적 대상들이 접촉한 결과가 아니라, 지성적·감정적·실천적 활동이자 세계에 참여하는 것이다. 그러므로 이러한 주체는 몸으로 보고 만지고 듣는 체화된 주체이다. 체화된 주체인 우리는 지각의 장 안에서 존재나 현상을 지각하고, 그러한 존재나 현상에 대해 지각과 함께 산다.

교과 통합의 환경으로서 공통 문화

교육과 문화

문화의 질적 수준과 교육제도의 질적 수준 사이에는 어떤 관계가 분명하게 존재한다. 그렇기 때문에 우리 시대의 문화적 향상은 교육제도의 쇄신과 관련하여 논의된다. 교육제도가 확립되는 방식은 의식적으로나 무의식적으로나 문화라는 보다 광범위한 제도들을 선택적인 수용 방식으로 조직화한다. 그것은 특수한 사회적 목적—예를 들면 교육의 돌봄 기능을 확대함으로써 교육복지의 목적을 적극적으로 형성한다.

문화는 고전적으로 인간이 지닌 외적 생활 양태의 총체적인 모습이란 측면과 함께 그 안에 담긴 고유한 정신, 제도, 관습 등을 전체적으로 지칭하는 말로 이해된다. 독일의 경우 인간의 내면적 세계에 관계하는 문화와 생활을 편리하게 하는 실증적이며 실제적인 목적에 부합하는 제도, 기술 전체를 문명으로 구별하기도 한다. 예를 들어 예술, 종교, 과학이나 학문 등을 문화로, 그러한 결과를 원용하여 삶을 위해 실제적으로 표현된 형식, 사용된 제도, 학교, 극장, 도서관, 과학기술 등을 문명으로 구별하는 것이다. 일반적으로 문화는 의미의 영역으로서 인간이 자신을 동물과 구분하거나, 역사의 흐름 속에서 자신을 자연에서 구별하고 벗어나게 하는 모든 능력과 성취, 제도 전체를 의미한다.

근대적 교육은 인간이 자연적 본성에서 벗어나려면 문화와 문명을 어떻게 습득할 것인가, 즉 사회적 적응에 초점이 맞춰져 있었다. 이런 경우 문화란 사회의 발전 방향이나 가치나 체계에 직면해서, 실천적 행위를 규정짓는 규범을 개인에게 가르치는 수단을 의미했던 것이다. 그런데 브루너 J. Bruner 가 교육과 관련하여 문화에 대해 색다른 문제 설정을 통해 강조하는 내용이 있다.

'문화'를, 사고하고, 믿고, 행위하고, 판단하는 데 있어서 잘 확립되어 있고, 전적으로 뒤집을 수 없는 안정된 방식(즉 문화를 체계적이고 안정된 사고, 신념, 행위, 판단 방식으로 보는 것을 말함)으로 생각하는 것은 이제 더 이상 유용한 가설이 아니라는 현대의 많은 인류학자의 견해에 공감한다. 문화는 변화의 과정에 있으며, 그 과정에서 존재해오고 있다. 변화의 속도나 폭, 그리고 변화의 정도는 우리의 운명이 이주와 무역, 급속한 정보 교환으로 점차 혼합되는 것처럼 점차 더 커지게 된다. …… 모든 상이한 문화들이 공통적으로 직면하고 있는 것은 불완전의 딜레마이다. 즉, 확고한 최종 목표는 결코 획득할 수 없다는 것을 아는 반면에, 이와 동시에 좀 더 나은 것으로 변화할 수 있다는 능력을 믿는 것이다. …… 이제 학교는 단지 문화에 대한 '준비'와 준비 운동을 하는 것이 아니라, 문화 그 자체라고 보아야 한다. 몇몇 인류학자가 문화를 다음과 같이 정의하는 것을 좋아하듯이, 문화는 당신의 세계를 이해하고, 적응하면서 처리해나가는 기법과 절차의 도구 모음이다. …… 핵심 문제가 무엇인가 하는 것은 그 자체가 탐구의 과정이고, 마음을 이용하는 과정인데, 이 과정은 해석학적인 공동체와 민주적 문화 유지에 중심이 되는 것이다. 1단계는 중요한 문제, 특히 우리 문화 내에서 변화를 촉진하는 문제를 선택하는 것이다.

교육과 관련된 문화는 삶의 의미화 활동이어야 한다. 그것은 어떤 사물이나 본질에 대한 직관이나 통찰, 전례나 풍습, 관례와 메타포, 그리고 일상적 행동들에 관한 탐구이다. 그것의 과정과 성과들은 좋은 공동체를 구현하고 그 속에서 좀 더 자유롭고 선한 삶을 살 수 있는 조건을 탐색하는 활동이기도 하다. 인간은 상징적 존재이므로 인간만이 갖고 있는 기호, 상징, 또는 언어와 같은 도구에 의해 인간 각자의 개별적인 경험들을 인간들 사이에서 중재할 수 있다. 그리고 인간들의 중재에 의해 공유된 부분이 사회적 경험으로 전환되면서 이것이 역사를 통해 한 집단 속에 문화 형태로 남는다.

문화적 맥락에서 의미를 구성한다는 것은 문화적 맥락에서 생각하고 대화하고 행함으로써 의미가 생산된다는 것이다. 그 의미는 또다시 삶과 관련하여 또 다른 맥락을 이루며 그 속에서 의미는 계속하여 재구성되는 것이다. 현재를 살아가며 새롭게 삶을 꾸려가야 하는 학생들이 자신의 행동과 사고에 대해 삶의 의미를 문제 삼고 성찰하는 의미화 활동이 교과 통합적 차원에서도 기획되어야 한다. 이때 각 교과는 전통적인 학과목을 넘어서 인류가 축적하고 전승하려는 문화가 지식의 형태로 구성된 일종의 텍스트로 재구성되어야 할 것이다.

문화의 공시성

장소 존재인 인간은 의식으로 세계에 존재하는 것보다 우선하여 몸으로서 세계 안에 존재한다. 사람은 특정한 물리적 환경 속에서 생존을 위해 몸을 쓰는 법을 익혀야 한다. 초등 저학년의 경우 필기를 하고 도구 조작 활동을 하려면 손 근육이 발달해야 한다. 몸을 써야 하는 인간은 당장에 공간에서 스스로의 방향을 정하고 일정한 방식으로 움직여가는 법을 터득해야 한다. 삶을 가꾼다는 것은 공간적 삶을 일정한 모양으로 조직화함으로써 가능하다. 교실에서 한나절을 보내려면 쉬는 시간과 식사시간 등의 일정이 진행되어야 한다.

오늘날은 무장소성placelessness, 즉 장소 상실이 보편화되어 있다. 렐프Edward Relph는 포스트모더니즘도 장소의 '박물관화', '디즈니화'를 통해 난해한 무장소성을 드러낸다고 비판한다. 모든 장소의 정체성이, 즉 그곳의 관습과 문화, 경관도 함께 뿌리 뽑혀 세계 어디든지 재배치될 수 있다고 꼬집는다. 외부로부터의 지식을 학습자 내부로 전이시키는 과정으로 교육을 보는 객관주의 학습관도 무장소성에 터하고 있다.

문화는 개인을 형성하는 중요한 조건인 동시에, 공동체의 일원으로서 자신이 사는 시대와 조응하며 변화하고 자기를 구현하는 존재론적 터전이다. 존재론적 문화에서 시간이란 t라고 표시되는 양적인 개념이 아니며, 사건과 무관한 초월적 척도도 아니다. 시간이란 간단히 말하면 어떤 요소들이 동조하여 하나의 집합적 리듬을 만들어낼 때, 그 리듬과 더불어 탄생하는 공시共時적인 것이다. 따라서 그것은 어떤 요소들이 모여 어떤 신체를 구성하는지, 어떤 리듬으로 공시적인 것이 되는지에 따라 속도가 다른 시간이 만들어진다.

자기 형성의 터전으로서 문화는 공시적인 것과 연관된다. 농부의 시간은 해와 달의 움직임과 맞추어 변화하는 계절의 리듬에 동조하고, 그것은 농촌 공동체의 집합적 리듬을 공유하는 시간을 갖는다. 또한 공장의 기계 움직임은 노동자의 신체 리듬과 아주 다른 리듬을 갖고 있지만, 노동자가 기계의 움직임을 따르는 한 양자는 함께 하나의 신체를 구성하는 것이고 그것들을 관통하는 하나의 시간이 흐른다고 말할 수 있다. 요컨대 세상에는 하나의 시간이 존재하는 것이 아니라 아주 많은 복수의 시간이 존재한다. 이러한 조건하에서 교육의 터전으로서 문화가 공통된 시간을 구성할 수 있어야 한다.

인간의 자기 형성은 존재론적 성찰을 통해 이루어지며, 그것은 반드시 시간의 조건과 의미에 대한 성찰을 필요로 한다. 그 시간이란 인간이 살고 있는 현재의 그 존재론적 순간을 의미한다. 그런데 우리에게 행위로서 경험되는 시간은 직선적 시간이다. 즉 시계에 의해 측정되고 계산되는 시간이다. 이 시간관에서 과거와 현재와 미래는 직선으로 연결되어 있다. 그러므로 현재는 과거의 체험과 행위의 역사적 결과물이며, 현재의 삶과 결단에 의해 미래는 선험적으로 결정된다. 그러므로 행위의 시간은 직선적으로 과거에서 현재, 미래로 흘러간다.

그런데 시간이 행위가 아니라 의미와 연관될 때 그것은 미래에서 현재로 다가오기도 하고 현재에서 과거로 거꾸로 흘러가기도 하면서 현재 속에 과거와 미래가 뒤섞인다. 이러한 차원에서 인간의 현재는 과거와 미래가 함께 공존하는 동시적 시간이다. 경쟁적인 환경에서는 자신의 현재적 삶과 과거, 미래 사이에는 후회와 원망 그리고 과잉 기대 등으로 인해 틈새가 생겨 심적 압박을 혹독하게 받곤 한다. 성장과 발달을 온전하게 성취하는 자에게는 과거가 괴로운 것이 아니라 현재를 강화해주고, 또한 미래가 교란을 일으켜 불길한 것이 아니라 현재의 것을 가속화하는 계기로 체험된다. 시간의 두 요소와 살아 있는 인격체인 주체가 끊임없이 상호작용을 하면서 사건들을 담을 낼 수 있는 공시적 형식을 창안하는 것이 중요하다. 공시적 형식은 열리고, 트이고, 밝히고, 모으고, 간직하고, 은폐하며, 투쟁하고, 사건이 만들어지는 장소를 의미한다. 장소는 모든 것이 그 안으로 모이는 곳으로서, 어원적으로 '창의 끝'이다. 마토레G. Matoré는 개인은 자신의 장소와 별개가 아니라, 그가 바로 장소라고 단정한다. 장소는 존재하며, 두루 관통하고, 편재하는 모든 것을 자기에게로 불러들이고 간수하고 모으는 자이다.

공통 문화의 구성

공통 문화common culture는 불어의 '좋은 감정bon sens', 영어로는 '상식common sense'이라는 것과 통하는데, '양심conscience'과도 연관 지을 수 있다. 인간은 느낌, 감정, 사유, 신념, 욕망 그리고 부단한 행동의 총체이다. 공통 문화가 있기 때문에 우리는 다른 사람과 같이 느낀다는 사실을 염두에 두면서 살 수 있다. 자신이 접하는 사태와 사건, 대상과 경험 등에 대해 반드시 혹은 어쩔 수 없이 어떤 가치평가를 내려야 하고 그에 따라 목적 지향적 행동의 방향과 계획을 결정해야 한다. 사람들의 판단은 결코 사적이거나 주관적이지 않고 간주관적이고 한 시대와 장소에서 공통감을 형성한다. 우리의 판단력은 이웃의 존재를 전제로 하기 때문에 그것은 공통감이라고 할 수 있다. 공통감의 판단력은 나 홀로 키워지는 것이 아니라 공동생활을 통해서 체득된다. 아프리카 속담에 '아이 하나를 키우려면 마을 전체가 필요하다'라는 말이 있듯, 공통 문화는 아이들의 성장과 발달에 필요 불가결한 것이다.

집단생활에서 공통 문화는 특히 중요한 소통 수단이다. '문文'이란 '문紋'과 같은 말이다. 이는 토기 등의 결과 무늬를 뜻한다. 이 토기에 새겨진 결과 무늬는 삶에도 유비적으로 적용된다. 즉, 인간의 삶과 연결되어 인간의 신체에 새겨진 결과 무늬는 삶을 함께 만들어간다는 것을 의미한다. 신체의 언어는 집단의 사회적 관계를 협동적인 것이 되게도 하고 갈등적인 것이 되게도 한다. 예절과 의례는 사회의 상징적 조직을 직접적으로 몸에 각인하는 수단이기도 하다. 여기서 중요한 것은 사람들이 공통의 활동, 공통의 신체적 움직임을 통해서 언제나 함께 이야기하면서 만남과 생성의 결합적 관계가 이루어진다는 점이다.

공통 문화의 구성적 활동의 관점에서 보면, 연극은 집단생활의 전설과 역사의 활기찬 재연이었다. 드라마, 음악, 그림, 건축 등의 여러 예술은 조직화된 어떤 공동체의 중요한 삶의 부분이었다. 음악과 노래는 집단생활의 의미를 완전하게 하는 의식과 제의의 중요한 부분이었다. 특히 공통 문화는 상이한 개체들이 모여서 하나의 조화로운 움직임을 만드는 형식이고, 그렇기에 언제나 리듬을 통해 표현되고 리듬을 통해 구성된다. 이러한 리듬적인 성격이 실제로 작동하는 데 긴요한 것이 바로 음악이다. 공통 문화는 리듬의 구성적 과정이라고 할 수 있다. 그것은 마치 운동경기에서 경기의 흐름을 타는 선수들 간의 팀워크와 같다. 공통 문화의 창안과 구성에는 언제나 시간과 공간이 특이하게 결합된 형태로만 그 모습을 드러낸다. '공통적인 것'이란 우리 주변에서 누구에게나 일어날 수 있는 일상적인 사건이나 사태들, 문제들을 가리키기도 하지만, 실제로는 공동의 활동을 수행하기 위해 각자의 노력과 의지, 욕망과 신체들의 흐름을 하나의 리듬 속에 합치시키는 것이다.

공통 문화와 표현 교육

아이들은 집터, 놀이터, 싸움터, 일터 등 장소에 터한 존재이다. 아이들이 온전하게 성장하고 발달하려면 터-존재여야 한다. 새들에게 터는 둥지이자 보금자리이다. 새들이 서식하는 지리적·기후적 조건의 다양성만큼이나 다양하며 건축학적 견고성, 기술적 정교성, 미학적 형식성 및 실용성 등의 관점에서 볼 때도 다양하고 서로 견줄 수 없을 만큼 나름의 고유한 둥지들이다. 새들이 둥지를 트는 것 못지않게 터-존재인 아이들 역시 자신의 장소에서 마음껏 자신의 존재성을 표현할 수 있다. 공통 문화는 성장과 발달이 일어나는 장소의 터를 잡고 닦는 것이라고 할 수 있다. 터-존재는 특정한 사물들이 놓여 있는 장소에서 그것들과 관계를 맺고, 그것들을 사용하면서 일을 하고 행동하면서 장소에 터하여 실존하는 존재이다.

예술은 소통의 매체 활동이다. 칸트가 "아름다움은 그 자체가 선의 상징이다"라고 했듯이 미적 형식은 모든 사람들에게 전달될 수 있고 모든 사람에게 타당성 있게 받아들이도록 하는 매체의 힘을 지니고 있다. 소통의 매체 활동이 없는 곳에서는 모든 관계가 이해 정도를 따지고 재며 결국 공리주의적인 집단으로 전락하기 마련이다. 학교가 윤리적 공동체의 기반을 형성하려면 각자의 삶의 경험들이 소통되고 집적되는 곳이어야 하고, 그것을 위해서는 예술의 매체력이 작용하는 다양한 표현 활동들이 기획되어야 한다.

표현 교육은 장소를 기반으로 맥락 의존적인 역동성과 관계성, 사건성을 밝힐 수 있는 관점을 확보할 수 있다. 그러므로 터-존재의 존재성격, 행동하고 삶을 영위하는 방식은 우리가 처해 있는 세계와 불가분으로 밀접하게 얽혀 있다. 아이들은 장소에 터함을 스스로 선택하고 존재를 돌보고 지키는 자로서 역할을 해야 한다. 그것은 공간을 바라보는 시각적·관찰적인 표상의 사유에서 더 나아가 오히려 있는 그대로 공간의 존재에 귀 기울이기, 즉 청각적·시적 사유를 요청한다.

이는 공간을 소유와 지배의 관점에서 바라보는 과학기술적 태도가 아니라, 존재의 관점에서 이해하고자 하는 철학적·예술적 태도에 해당한다. 왜냐하면 진정한 공간은 '존재의 구현'이며, 무엇보다 인간의 표상과 의욕이 닿기 이전에 '존재의 심연'에 설 수 있는 마음의 용기가 필요하며, 공간에 대한 그윽한 심미적 감수성을 지녀야 한다.

무엇보다도 터-존재로서 터를 잡고 닦아서 터를 잡는 문제는 철학·시·회화·음악·디자인·조형예술·건축학·지리학·주거학·매체학을 횡단할 수 있는 융합 학문적이고 통섭적인 주제를 도출하는 것에서 시작해야 한다. 이 주제는 앞으로 상호 학문적으로 더욱 세분화되어 심도 있게 연구되어야 할 과제로 남는다. 특히 교육학·지리학·건축학·시학·생태론 분야에서 하이데거의 공간론이 활발하게 거론되고 변주되어 그 결실이 풍성함을 감지할 수 있었다.

예술 교육과정에서 감각적 체험은 현장적으로만 알 수 있다. 그리고 그것은 당사자의 내용이 될 것이다. 거기에 감각과 감정과 상상력이 개입하면서 이 체험은 외면적인 것이라기보다는 내면적인 체험이 된다. 체험의 내면화는 몸의 반응이 마음에 부분적으로 포개 넣어지는 과정으로 '정서'에서 시작하여 '느낌'으로 끝나는 복잡한 경로를 거친다. 정서는 몸이라는 무대 위에서 연기하지만 느낌의 무대는 마음이다. 이렇듯 체험의 내면화는 몸에서 마음으로 나아가는 경로를 유지한다. 문화예술의 체험 교육과정은 이 점을 유념해야 한다.

공통 문화와 윤리

이 세상에는 많은 사람들이 분주히 살고 있지만 자신의 삶을 사는 사람은 드물다. 외부로부터 부여된 삶의 방식과 행동의 규칙을 받아들이고 거기에 맞추려고 자기 성형에 모두가 열중한다. 학교는 자신의 삶을 가꾸어나가는 주체성을 키우는 곳이다. 문화예술에 기반을 둔 표현 교육은 자기 성형이 아닌 자기 형성의 주체성에 주목해야 한다.

보편적인 교육은 자신의 삶을 가꾸어나가는 윤리적 주체로의 성장과 발달에 초점을 맞추어야 한다. 자신의 삶을 가꾼다는 것은 사유와 언어와 세계 사이에 기본적인 통일성이 유지되는 자기 기율을 세우고 있는 상태이다. 주체성은 개개인이 공동체적 성원이 되는 것이 전제 조건이지만 자기 형성의 능력과 기예가 단련되고 연마될 수 있는 공통 문화의 조건이 뒷받침되어야 한다. 그러한 과정을 겪는 것이 바로 윤리적 존재로서 성장하고 발달해가는 것이기도 하다.

윤리적 존재란 공공적 공간public space에서 자신의 지적 노력과 의지적 힘을 발휘할 때 자기 행동의 규칙, 즉 자기 기율을 간직하고 있다. 공통 문화 교육과정은 학생이 공적 존재the public being로 되어가는 사회적 과정의 일환임을 깨닫는 것이 정말 중요하다. 인간 행동의 공적 특성은 여러 사람의, 함께 행동하고 서로의 모습을 자랑스럽게 보여주고 싶어 하는 공연적 성격과 연결되어 있다. 그것은 보통 사람들의 공통적인 욕구이기도 하다.

공통 문화는 공적 영역에서의 의사소통이 활발하게 일어날 수 있는 바탕이다. 공통 문화의 울타리 안에서 의사소통 기능은 사람과 사람 사이의 상호 의존성을 확인하게 하며 관계를 조절하여 평화롭게 하고 부드럽게 하는 데 기여한다. 따라서 바로 학교라는 장소가 아이들의 성장과 발달을 돕는 둥지를 틀 수 있게 함으로써 교육의 돌봄 기능 효과도 가져올 수 있다.

미래는 언제나 불확실하며 어떠한 결정에도 그 결과를 예측하기 어려운 상황에서, 심사숙고하는 공적 존재들이 공동의 경험을 쌓아가는 것이 중요하다. 특히 공적 영역에서 타자들과 다양한 관점에서 충분한 의사소통 경험을 해봄으로써 누구나 자신의 삶을 가늠할 수 있도록 '심사숙고'하게 된다. 공적 영역에서 심사숙고를 이해하기 위해서는 감지력과 '공통 감각sensus communis'을 습득해야 한다. 감지력은 상황에 대한 특정한 감수성과 감각 능력, 상황 안에서의 태도를 의미한다. 이는 보편적 원리로부터 획득되는 것이 아니다. 이것은 일종의 감정이고, 무의식적이며, 특정한 인식 방식이며 존재 방식이다. 이것은 교양을 포함하고 미적인 것과 역사적인 것에 대한 감각이다. 숙고하는 사람, 즉 사유하는 이가 바로 공적 존재로 되어가는 것이다. 이때 예술은 현실에 대한 통찰을 가시화해주는 하나의 상징으로 우리 앞에 드러난다.

공통 문화는 삶을 가늠하는 척도의 역할을 한다. 삶을 가늠하는 사회적 과정이 규칙의 준수일 뿐만 아니라 적극적인 실행이 되어야 한다는 문화 구성적 관점이 반드시 필요하다. 그것은 특정한 장소와 시간의 특성을 체감하는 것—다시 말해 시각의 원근법적 종합을 이루는 전체화 작용을 통해 특정한 활동들이 하나의 사고방식, 행동방식과 어떻게 결합되어 있는지를 느끼는 것이다. 실행으로서의 문화 구성적 숙고는 부분적인 것들을 서로 이어서 소통하게 하고, 그런 소통의 맥락에서 전체와 중첩시키는 것이다. 그것은 개체와 전체, 특수와 보편, 구체와 추상을 상호 매개하는 과정이다. 그것은 문화의 패턴을 창안하는 과정으로서 하나의 뚜렷한 조직, 하나의 생활방식을 만들어내는 이해관계와 활동들의 선택과 설정이며, 그에 대한 특수한 가치 부여이다. 그리하여 공통 문화 교육과정은 온전한 성장과 발달을 위한 근원적 윤리학이라고 할 수 있다.

삶의 해석학으로서 문화예술

침팬지의 행동과 인간의 행동은 차이가 분명하다. 침팬지의 목적은 종의 필요에 의해 정해진다. 한편 인간의 전형적인 행동은 '상징적'이다. 그것은 기호 사용을 포함하며, 그 덕분에 "같은 것을 다른 관점에서 인식"할 수 있다. 누군가가 나무에 걸어놓은 매듭을 보았을 때, 그 장소를 나중에 찾기 위한 표시일 수도 있고 혹은 어떤 사건을 기념하기 위한 것일 수도 있는 것처럼 그 의미는 여러 가지로 해석될 것이다. 몸짓과 표현과 궁극적으로는 언어를 행할 수 있는 몸은 세계를 상징하고 변형시킬 수 있다. 몸은 사물들을 매개하며, 몸의 현존은 사물들의 세계를 존재하게 한다.

몸과 사물을 매개로 상징적 활동을 할 수 있는 인간은 공시적 삶을 살아가는 존재이다. 해석학은 공시적 삶에 대한 이해와 참여이다. 공시적 삶에 대한 해석적 작업은 자신의 존재 가능성을 현실화해가는 것이다. 특히 신체적 표현은 공간의 물리적 조건하에서 일어난다. 특히 사회적 행동 규범이나 관습 속에는 바르게 하는 방법과 그렇지 않은 방법이 있다. 만약 아이가 학교에서도 자기 집처럼 행동한다면 어떤 상황이 벌어질까? 일상적인 동작들뿐만 아니라 예의범절 역시 마찬가지다. 그것이 보다 형식화되어 사람과 사람사이의 몸짓이 아름답게 움직여 가는 것을 보여주는 것이 무용과 같은 예술이다.

예술은 감성의 공시적 활동이자 감성이 지닌 힘의 공시적 수행이다. 예술의 공시적 특성을 부각한다면 예술을 감상이나 비평의 대상으로 제한하는 시각에서 탈피해야 한다. 더불어 근대를 거치면서 망각되었던 예술에서의 감성적 활동력을 복원하자는 데 초점이 있다. 칸트의 『판단력 비판』은 주관적이고 개인적일 수밖에 없는 감성적 체험이 이성적 논리에 뒤지지 않는 보편적 타당성을 지닐 수 있다는 점을 증명해준다. 이때부터 비로소 미학은 이론적 판단이나 실천적 판단과 구분되는 자기 고유의 판단 형식을 자각하게 되었다. 니이기서 주관적 타당성을 넘어선 상호 주관적, 의사소통적 타당성의 권리를 획득하게 되었다. 이제 예술은 비예술적 경험의 세계 일반과 소통할 수 있어야 한다. 각 영역 사이의 경계를 넘나들 수 있어야 한다.

감성 활동력의 공시성을 열어젖히는 예술적 실천을 여러 수준에서 배치할 수 있는 안목과 장소가 필요하다. 특히 장소는 의미, 실재, 사물, 계속적인 활동으로 가득 차 있어야 한다. 그러므로 개인이 필요로 하는 것은 땅덩어리와 시멘트와 철로 된 구조물이 아니라 장소이다. 그 안에서 자신을 확장시키고 자신이 될 수 있는 맥락이 필요한 것이다. 장소감sense of place이 필요하다. 하이데거는 존재론적 입장에서 장소를 동적이고 생성적인 사건으로 파악할 것을 줄기차게 요구한다. 장소성은 근원적으로 '사건'에서 유래한다. 거주 경험을 불러일으키는 장소와 사건은 어원적으로 결합되어 있음을 쉽게 볼 수 있다. 즉, 우리는 어떤 일이 일어남을 어떤 일이 '장소를 차지하다' 혹은 '사건이 발생하다take place'라고 말하는 것이다. 장소는 축제와 놀이처럼 어떤 사건의 장면이다. 그때그때 사건이 발생하는 장소는 모든 것을 모아들여 머물게 할 수 있는 장소·영역·차원이다.

모든 장소는 자연물과 인공물, 활동과 기능, 의도적으로 부여된 의미가 종합된 총체적인 실체이다. 장소감은 심미적 감수성을 일깨우는 체험을 통해 형성된다. 그것은 주의 깊은 사람의 이목을 끌어, 보고 듣는 사람들에게 흥미를 불러일으키고 기쁨을 주는 사건이나 광경에서 시작되는 것이다. 장소감이란 우리를 세계와 연결시키는 능력으로, 정도의 차이는 있지만 모든 사람이 가지고 있다. 이는 세계가 어떻게 구성되어 있으며 어떻게 변하고 있는지를 파악하도록 해주는 경험된, 그리고 교과에서 통합적으로 학습된 능력인 셈이다. 따라서 예술교육을 예술에 대한 교육에서 예술을 통한 교육으로, 예술로서 하는 교과 통합으로 재조명하여 장소감을 형성할 수 있어야 한다.

인간을 전체적이며 총체적으로 이해하고자 할 때 교육은 공시적인 차원에서의 의미로 해석되어야 한다. 그래야만 우리에게 다가올 수 있는 교육이 되며 그 교육은 매 순간 새롭게 드러난다. 그것을 우리는 인간 존재성의 발달 체험으로 이해하고자 한다. 이러한 공시적인 교육의 기반이 만들어가는 것은 바로 문화예술적 현상이 드러나는 지평이다. 문화예술을 교육의 터전으로 이해할 수 있는 가능성은 이러한 공시적 지평에서의 삶의 해석학으로 위치 지어질 때일 것이다.

제**3**부

마을과 함께하는 학교

교육의 작은 대안, 마을학교

성찰의 시선으로

교육입국의 속사정

새 정부 들어 검인정 교과서가 사회적 물의를 일으키고 있다. 지난 정부에서 졸속으로 이루어진 교육과정 개편에 따른 후유증으로 보인다. 사회적 동기와 국가적 필요는 교육과정을 개편하게 하여 교과 수업의 목표와 내용 및 그 운용 등 세부 과정에 이르기까지 그 영향이 스며들기 마련이다. 이는 반복되는 현상이지만 교육 현장과의 마찰은 물론 사회적 물의를 일으킨다. 교육제도는 개개인의 사회적 욕구를 만족시키기 위해서 고안된 것이다. 그러므로 여러 가지 이해가 얽혀 있으며 문화적 영역에서는 그 자체의 파생적 욕구가 생성되기 마련이다. 우리의 삶의 방식에 지대한 영향을 미치는 교육열은 문화 역사적 맥락을 갖는 파생적 욕구로 형성된 것이다. 그 교육열은 한국 사회의 큰 특징 중 하나이다. 교육열에 나타난 모습은 부모가 자녀의 입신양명을 위하여 보이는 투쟁적 모습이다.

이러한 교육열의 힘을 받아 작동되는 한국의 교육제도가 외국인의 시선에서는 좀 다른 평가를 받는 듯하다. 오바마 대통령이 미국 교육의 문제점들을 고쳐야 한다는 것을 강조하는 연설에서, 한국의 예를 들어 말할 정도이니 이제는 세계적으로 인정받고 있을 정도이다. 우리 스스로도 교육입국이든지 교육 강국임을 자임하는 듯하다. 한국의 초등학교 1학년이 독일에 가면 모두 영재라는 소리를 듣는다고 한다. 그러나 공교육과 사교육을 통한 이중 교육 체계를 거치면서 우리나라의 겉으로 드러난 성적은 화려하지만 내실은 매우 허약하다.

역대 정부의 교육정책이 국민의 지지를 받지 못하고 있음에도 불구하고 정부의 교육정책을 비판하고 반대하는 움직임 또한 대중적 호응을 받지 못하고 있는 실정이다. 거기에는 교육에 대한 정책적 합리성과 타당성을 따지기보다는 숨은 개인주의와 연결되어 있기에 어떻게 하든지 바뀐 제도에 남보다 빨리 적응하여 유리한 고지를 점하려고 한다. 매 정부마다 교육제도를 바꾸어보려고 시도를 한다. 이것이 개인과 사회의 어느 쪽에 역점을 두든지 이것을 하나로 묶고 있는 것은 이익의 논리라는 점을 강조하고 싶다. 개인적 동기란 사회 속에서 일정한 자리를 차지하려는 것이고, 사회 속에서 일정한 자리를 차지한다는 것은 사회에서 요구하는 일을 한다는 것이다. 구조적 변화를 동반해야 하는 이상적인 교육개혁의 장기적 관점은 이러한 이익의 논리에 따르는 다수의 학부모에게서 그 어떠한 호응과 지지도 기대할 수 없을 뿐이다.

2010년 개인의 입장을 반영하려는 학교선택제의 도입으로 인해 고등학교는 대입 성적을 높이는 경쟁에 나설 수밖에 없게 된다. 이에 따라 학교는 외형적 대입 성적을 향상시키기 위해 입시 위주의 교육과정을 운영하고, 특정 학생(상위권 학생)에 대해 집중적으로 지원하게 된다. 입시 경쟁 교육은 강화되고, 상위권 학생 중심의 우열반 편성 및 방과 후 학교, 자율학습 등의 특별반이 편성·운영된다. 학교선택제에 따라 개인이 이익에 의해 움직이는 것은 물론이지만, 교육 경쟁력 강화라는 사회적 필요도 거의 전적으로 학교의 집단적인 이익으로 이해된다. 대체로 집단적인 목적은 반성의 대상이 되기 어렵다. 그리고 개인의 이익 추구가 이것에 일치하는 경우 무의식적인 동기로 작용하기 쉽다. 이런 경우 교육의 본령이라고 할 수 있는 인간 성장 과정에서 자기 형성의 독특한 추구는 소홀히 여겨진다. 세속적 이해관계를 떠나서 자기 형성의 성취감을 얻을 수 있는 길을 잃을 수밖에 없다.

자기 형성 혹은 자기 성형

생물학적 존재로서 또 사회적 존재로서 사람은 주어진 본능과 충동과 욕망 그리고 내적인 소망에 따르고, 또 사회가 다져놓은 삶의 길을 따라간다. 그리하여 사는 것을 배우는 것은 대체로 사회화 과정에 일치한다. 자기 형성의 과정 그것도 사회화의 과정이다. 그런데 우리 현실을 들여다보면, 교육은 주로 경쟁체제의 사회화 과정으로만 기운다. 또한 문제가 되는 것은 사회가 제공하는 여러 길과 길잡이가 입신양명의 교육열을 자극하는 데 초점이 맞추어져 있다는 것이다. 초등학교 저학년까지만 해도 아이들의 자기 형성에 관심을 보이던 부모들도 3~4학년만 되면 재빠른 부모들부터 입신양명의 교육열 본색을 드러내기 시작한다. 그리고 그 교육열이 순식간에 그 학년을 전염시켜버린다. 이 교육열은 마치 풍선과 같아서 억제하면 다른 것으로 튀어나오곤 한다. 이처럼 교육열은 가변성과 적응성이 높아서 교육개혁의 의도들을 무기력하게 만든다.

교육열의 본질적 속성은 교육 자체에 있는 것이 아니라 입신양명하려는 자녀 성취욕에 있다. 따라서 그것은 상당 부분 스스로를 형성하는 것이 아니라 사회적 타자의 요구를 별로 반성하지 않고 수용하는 성형을 의미하는 경우가 많다. 진로 교육의 경우에도 소수의 성공 모델에 대부분의 학생들이 추종하듯이 모여든다. 입시제도와 연동되어 있는 국가교육과정에 의한 성형 과정의 한 예를 보면, 교실 수업 현장에서 '암죽식' 수업 방법이라 하여 교사는 "교과 내용을 압축시켜 먹여줘야 하는 입장"에 처해 있다고 말하기도 한다. 성형 과정에서 주변화된 학생들의 수업 탈주 현상(땡땡이, 잠자기, 딴짓 등)도 점점 확산되어 계층 간 학업 성취 정도가 크게 벌어지고 있다. 이 문제들을 더 이상 대학 입시의 탓으로만 돌리며 수수방관할 수 없는 처지에 이르렀다. 다양한 해결책들이 그동안 선보였지만 그 바닥을 드러내고 있는 실정이다. 공교육의 과잉 경쟁 체제에 의한 부작용들에 대한 처방으로서 교육복지나 문화예술 교육 프로그램의 강화는 아이들의 온전한 성장과 발달을 이끌어주고 밀어주기 위한 것이라기보다는 아이들이 문제아로 전락하지 않도록 하는 돌봄 장치의 일환은 아닌가 하는 의문을 저버릴 수가 없다. 이러한 문제 인식하에 과연 교육의 불평등을 해소할 수 있는 방안은 어디에서부터 사고해야 하는가?

교육개혁 20년 결산을 앞두고

20년 교육개혁

1995년에 이루어진 5·31 교육개혁 이후 20년을 눈앞에 두고 있다. 그동안 5·31 교육개혁은 수많은 시행착오와 함께 실질적인, 패배의 경험을 되풀이해왔다고 볼 수 있다. 5·31 교육개혁은 많은 사람들에 의해 "신자유주의 교육개혁"이라고 불리고 있으며, 개혁의 실천적 의미가 드러나면서부터 진보 혹은 개혁 진영의 반대에 부딪혔다. 이런 정부와의 대립은 개혁의 출발 주체인 '문민정부' 이래 '국민의 정부' 그리고 '참여정부' 등 역대 모든 정부에까지 이어지고 있다.

5·31 교육개혁안은 교육 경쟁력 강화가 국가 경쟁력 강화로 이어진 다는 논리를 가지고 '교육의 질 제고'를 목표로 제시하고, 핵심 전략으로 1) 공교육의 시장화marketizing와 2) 교육의 민영화privatization를 꼽을 수 있다. 공교육 시장화는 학교와 교원을 '교육의 공급자'로, 학생·학부모·기업을 소비자로 보고, 소비자에게 양질의 교육 서비스를 제공하여 교육의 선택권을 주는 것이 공교육 체제에서의 시장 메커니즘 구현이라고 보았다. 교육을 '공공재'가 아닌 '상품'으로 간주한 것이다. 민영화는 정부의 재정 지원을 전혀 받지 않는 사립학교 도입 주장으로 구체화된다. 공교육 시장화와 학교 민영화 전략은 현실에서 '다양화', '특성화', '전문화'를 내세우면서 양자의 결합을 통해 다양한 모습으로 나타난다.

특히 이명박 정부는 고교 교육의 다양화를 고교 교육개혁의 초점으로 삼고 다양화 정책을 추진해왔다. 구체적인 예로 이 정부는 '고교 project 300(자율형 고교 100개, 기숙형 고교 150개, 마이스터교 50개)'을 고교 교육개혁의 핵심 과제로 설정하고 이를 시행해왔다. 그리하여 2010년을 기준으로, 자립형 사립고(6), 자율형 사립고(40), 자율형 공립고(44), 기숙형 고교(150), 과학중점학교(53), 특목고(과고 21, 외고 33, 국제고 4) 등 다양한 유형의 학교들(도합 354개)이 생겨났다. 새롭게 설립된 이 학교들은 모두 정부의 지원을 더 받으며, (혹은 학부모들로부터 더 많은 등록금을 받으며) 더 우수한 학생 자원을 보유하게 되어 있다. 결과적으로 이들 학교와 기존의 학교들의 교육적 차이/불평등은 더욱 심해졌다.

신자유주의 교육 공공성

신자유주의 교육 공공성론은 국가 관리에 의한 교육의 공공성이 공교육의 비대화, 교육 관료 조직의 비대화와 경직성을 가져와 시대의 변화에 맞춘 교육개혁을 수행하는 데 실패했다고 보았다. 그래서 이들은 시장논리의 도입—예를 들면, 학교선택제도, 각종 수행평가, 차등적 예산 분배, 기업체 경영 방식 도입을 주장하였던 것이다. 교육의 국가 통제적 성격은 신자유주의의 기본 정책으로 전개되고 있다. 국가에 의한 교육 내용의 통제, 국가 예산의 지출을 국가가 관리하고 학교의 수행평가 등으로 예산을 차등 지급하는 것 등은 신자유주의 교육정책의 기본적인 방법이자 제도의 핵심이라 할 수 있다.

그러나 시장 시스템의 도입으로 공교육의 장은 개개인의 요구를 경쟁적으로 실현하려는 곳으로 바뀌었고, 사람들의 의사소통을 통해 합의를 형성하고 협력하는 계기를 빼앗아버려 지역 공동의 중요한 요소인 공교육 시스템을 황폐하게 만들어버렸다. 시장주의자들에 의해 이제 교육은 공공의 일에서 사적인 일로 간주되고, 교원의 역할이 교육자에서 교육 서비스 공급자 그리고 유능하고 유순한 노동력 트레이너로 변했다. 시장 시스템이 아무리 시장의 공공성을 주장해도 사회의 계층화가 진행되는 상황에서는 그 시스템에 기초한 공교육이 국민 전체의 이익과 연결되어 있다는 공감을 얻기는 힘들다. 관료제를 비판하고 교육 서비스의 최적화를 주장한 시장 공공성론은 사회의 계층 격차를 확대하고 밑바닥에서 사회 붕괴의 양상을 누적해감으로써 공교육의 정통성을 구성하는 중요한 부분인 "모든 국민에 대한 교육 보장"의 이념을 포기하는 것으로 이어지고 있다.

신자유주의 교육개혁은 경제논리를 바탕으로 한다. 글로벌 자본의 국제 경쟁력 강화라는 '교육 목표'는 교육의 양극화를 부추기고 있으며 이는 국민적인 학교 교육에 대한 요구와 괴리를 드러낸다. 5·31 교육 개혁이 시작된 지 20년을 눈앞에 둔 시점에서도 이 교육개혁의 논리와 실천으로는 교육의 미래를 장담할 수 없다. 그래서 국가는 그 구성원의 특정 가치를 함께 공유할 수 있는 공동체 국가로 거듭나고, 그 가치들을 국가 통제를 통해 국민들이 수용하게끔 하는 학교 교육의 실현이야말로 공교육을 지탱하는 기본이 된다는 국가주의적 공공성론이 대두하게 되었다.

국가주의적 공공성론이 과거의 관료적 교육행정으로의 회귀가 아니라면, 우리는 교육의 진정한 모습을 되살려야 한다는 기본 인식에서 다시 시작할 필요가 있다. 사회 변화를 살펴서 그 변화의 추세를 교육에 반영해야 한다는 생각에 반대하는 것이 아니다. 예컨대, 세계화나 지식 경제의 도래, 미디어 환경의 변화 등을 교육에서 등한시한다는 것이 아니라 다만 그런 변화가 자기 형성의 교육적 본질과 목표 그 내용을 획기적으로 제고할 이유는 되지 않는다는 것을 강조하고 싶다.

마을학교 상像을 상상하기

마을학교의 범례

'마을학교'란 어떤 학교인지, 그리고 그러한 학교는 어떻게 만들어지는지 구체적이고 분명한 결론을 내리기에는 실천 경험의 축적이 아직 미흡하다. 기존의 낡은 교육의 상을 비판하고 추상적인 수준에서 새로운 학교의 상을 제시하는 것은 얼마든지 가능하다. 그러나 우리에게 필요한 것은 실현 가능한, 실천과 제도 변화를 통해 마을에서 구현할 수 있는 학교의 구체적인 상이다. 그런 점에서 설득력 있고 보편화가 가능한 새로운 학교의 상을 정립하는 것은 앞으로 실천 경험과 연구를 통해 계속 추구해야 할 과제이다. 핵심은 현실에 날개를 달아주는 상상력에 있다. 마을학교에 대한 상을 그려내도록 상상력을 열어주는 단초들이 있다.

가장 먼저 떠오르는 것이 간디의 동료로 진정 위대한 철학자이자 교사였던 비노바 바베Vinnova Bhave가 구상했던 '한 시간 학교One-Hour-School'이다. 이것은 그가 근대식 영국 교육을 비판하면서 인도의 농촌 주민들의 교육을 위해서 설립하고자 했던 학교로, 그 핵심은 하루 중 오전은 아이들에게, 오후는 어른들에게 배정하여 가르치고, 그 나머지 시간은 학생들이 배운 것을 실제 생활과의 관련성 속에서 되풀이 음미하면서 익히도록 하는 데 두어져 있었다. 스스로 생각하며 자기 생활 안에서 되새기는 과정에서 진정한 물음이 싹트는데, 비노바는 바로 이런 물음들과 함께 씨름하면서 살아 있는 지식을 익힐 수 있음을 역설하였다. 여기서 비노바는 학생은 물론 교사 자신 역시 많은 배움을 얻기를 기대했다. 이런 접근 방법은 인도 전통에서 온 것으로서, 관심도 없는 과목을 배열해놓고 획일적으로 가르치는 영국식 공교육과는 판이하게 다른 것이라 하겠다.

공공선을 추구하면서도 한 사람의 자유와 개성을 신장시킬 수 있는 학교는 얼마든지 가능하다. 이를테면 덴마크에서 18세기 중엽부터 발전해온 '에프터스콜레Efterskole' 같은 제도를 들 수 있다. 이 학교는 공교육 내 중·고등학교 단계에 병렬된 형태로 운영되는 '자유학교'로, 1~2년 정도 자기 미래를 위해 별도의 시간을 내어 한번 진지하게 고민해보고 싶은 학생들이나, 자기 관심사를 고등교육 단계 이전에 한번 몰두해서 구현해보고 싶은 학생들, 혹은 공부에 지치거나 병든, 혹은 흥미를 잃은 학생들을 위해 정규 학교 혹은 정규 과정을 제공하는 학교이다. 이런 형태는 목적에 따라 여러 가지 유형으로, 이를테면 생활교육을 위한 과정, 치유와 회복을 위한 과정, 언어 학습이나 수학, 과학 학습을 위한 과정, 혹은 예술이나 체육, 종교, 생태, 실업 영역을 위한 과정 등으로 다양하게 나뉘어 있다. 흥미로운 점은 이 과정 재학 중 취득한 학력을 인정하고, 또 정규 과정에서 이 과정으로 옮겨 탈 뿐 아니라 또다시 돌아올 수도 있도록 교육법적으로 제도화되어 있는 점이다. 학교 시설은 공립학교에 맞먹는 정도로 혹은 그 이상으로 튼실한 시설과 내용을 갖추고 있다. 이런 구조의 이점이라면 현 중·고등학교 제도 하에 있는 청소년들에게 숨통을 틔워주는 효과는 물론, 평준화 제도하에서도 개성을 한층 촉진해줄 수 있는가 하면, 현재의 질식할 것 같은 경쟁의 분위기를 일면 완화시킬 수 있겠다는 점 등을 들 수 있다.

프랑스의 프레네 학교는 공립학교 개혁 모델이라는 점에서 주목할 만하다. 당시 프레네는 "적은 수의 학생, 선발된 우수한 교사"가 있는 특별한 조건에만 가능한 교육 모델보다는 보통의 평범한 공립학교에서도 실현 가능한 교육 모델을 개발하고자 했다. 공교육 내에서 실현 가능한 개혁과 대안적 프로그램을 제시한다는 점, 그리고 행위자의 자발성에만 집중하여 놀이 중심의 교육 방법을 제시하는 신교육 패러다임과는 전혀 다른 노작 교육과 협력 학습 모델을 제시한다는 점에서 큰 차이가 있다. 프레네 교육에서 교사와 학생은 공동의 목표를 지향하면서 작업하는 동반자이다. 이른바 '실험적 모색'이라는 학습 원리는 아동이 스스로의 행위를 통해, 실험하는 것을 통해, 조사하는 것을 통해, 읽는 것을 통해, 참고자료를 선택하고 분류하는 것을 통해 학습 활동을 조직하도록 하는 것이다. 실험적 모색을 통해 학생들은 추상적인 지식과 지능이 아니라 손(신체) 지능, 예술적인 지능, 분별력을 발전시키는 감성 지능, 과학적인 탐구자들과 상업 및 산업 관련 거장들의 천부적 소질을 형성시키는 사변적인 지능, 대중들과 함께하는 활동가들을 형성하는 정치적이고 사회적인 지능 등을 익히게 된다. 실험적 모색과 마찬가지로 자유 표현의 원리는 아동의 심리적 행동의 원리이자 생명의 표명 같은 종의 진화 원리, 교육과 학습의 원리이다. 입말과 글말 표현 욕구, 이미지에 대한 욕구, 소리에 대한 욕구, 몸동작에 대한 욕구 등에 의한 자유 표현이 여러 가지 형태로 가능하다. 자유 표현의 교육법은 글쓰기에서 시작되었지만, 글쓰기에 국한되지 않고 사진 찍기, 영화 만들기, 악기 연주 등 다양한 소재의 예술 작업이 응용되기도 한다.

무지한 스승[31]

조선시대의 명필 한석봉 선생 이야기도 마을학교의 상을 상상하는 데 어떤 시사점을 준다. 신병현에 따르면, 이 이야기는 '무지한 스승'인 어머니가 자신의 떡 썰기 기예를 매개로 학생인 아들과 소통하면서, 아들을 주어진 사회·문화적 외부 조건에 종속되어 수동적인 정념에 따라 행동하지 않게 하고 이성적으로 성찰하도록 안내하여, 자기 결정에 따라 의지함으로써, 즉 희망과 욕망의 능동적 정념을 갖도록 기예 숙달에 전념하게 했다는 이야기이다. 무지한 스승인 어머니는 자신의 일상 활동 속에서 형성되고 숙달된 기예를 매개로 하여 아들과 소통함으로써 아들에게 동기 부여를 할 수 있었다. 그 기예는 가족 공동체의 중요한 문화적 자원으로서, 일상의 교육 실천 속에서 수단으로 채택된 것이다. 한석봉 선생의 예를 현재 한국 사회의 교육 맥락에 적용해 다시 생각해보자. 그 이야기는 계층적 분화가 가속화되고 과외가 일반화되어 있는 현 시기에 한석봉 선생처럼 가난한 집의 자녀들이 공교육의

---

31. 자크 랑시에르의 『무지한 스승』(궁리)을 참고 바람.

경쟁의 장에서 성공할 가능성은 너무 낮다. 한석봉은 우리 사회의 중하 계층 아래에 위치하는 가정의 자녀이다. 그렇기 때문에 별도의 교육 실천을 개별적으로 추구하기는 쉽지 않을 것이다. 하지만 대부분의 부모들은 중상층 자녀처럼 성공하도록 도와주고 싶어 한다. 이때 흔히 자녀들이 "공부만 잘하면" 혹은 "하려고 한다면"이라는 단서가 붙는다. 또한 초과 근무와 여가 시간의 부족으로 인해 부모들이 생각을 하거나 자녀와 함께 마주 앉아 대화하기조차 힘들 것이다. 이런 제약을 극복하기 위해 공동체적인 교육 실천 조건을 모색하는 것은 마을학교의 과제가 될 수도 있을 것이다.

마을학교의 상을 상상하는 데 용기를 주는 실험 사례를 소개하려고 한다. 수가타 미트라Sugata Mitra는 인도의 물리학자이자 컴퓨터 공학자로 인지과학과 교육 기술에 큰 관심을 갖고 있다. 그는 1999년 뉴델리에서 한 가지 실험을 시작한다. 미트라는 뉴델리 빈민가에 있는 자신의 사무실 담벼락에 누구나 사용할 수 있는 컴퓨터를 설치하기로 했다. 빈민가의 아이들은 가장 큰 관심을 보였다. 영어가 기본 언어로 나오는 컴퓨터 앞에 영어를 할 줄 모르는 아이들이 어떤 설명도 듣지 못한 채 모여들기 시작했다. 그들은 터치패드를 만지면서 그 위에 커서를 움직이게 한다는 것을 깨닫게 되고 화면 위에 나타나 있는 특정한 도형에 커서를 대고 두 번 클릭하면 새로운 창이 열린다는 것을 배워갔다. 먼저 컴퓨터를 만져서 특정한 지식을 획득한 아이는 늦게 온 아이에게 자신이 아는 것을 가르쳤다. 아이들은 항상 집단으로 길거리의 담벼락에 설치된 컴퓨터 앞에 모여 앉아 자신이 아는 것을 말하고 정보를 교환하면서 스스로 컴퓨터와 인터넷 사용법을 배워갔다. 아이들은 집단적으로 컴퓨터를 사용한다. 처음에는 개별적인 차이가 있을 수 있지만 집단 내의 상호작용을 통해 개인별 차이는 줄어들고 집단의 구성원들은 모두 동일한 수준의 지식을 축적해간다. '벽에 난 구멍Hole-in-the-wall'이라고 명명된 이 실험은 이후 인도 전역에서 진행됐다. 어느 지역이든 결과는 같았다고 한다. 아이들은 아무런 정보도, 설명도 듣지 못한 상태에서 자신이 모르는 언어가 표시되는 컴퓨터 앞에 모여들어 스스로 탐사하고 연습하면서 컴퓨터 조작법을 배워갔다.

미트라는 이처럼 컴퓨터, 인터넷과 같은 디지털 기기의 도움을 받아 아이들 스스로 학습하는 방법을 '최소 개입 학습minimally invasive learning' 혹은 자기 조직 학습 체계self-organising learning system라고 부른다. 그는 동일한 이미지가 주기적으로 계속 생산되는 프랙털 이미지처럼 뇌도 뉴런들이 서로 연결된 체계이기 때문에 하나를 배우는 과정이 다른 것을 배우는 과정에서도 동일하게 반복될 수 있다고 본다. 작은 세포 하나에도 우주의 모습이 담겨 있기에 학습도 스스로 조직하는 속성을 갖고 있다는 것이 미트라의 생각이다.

자기 형성의 마을교육과정 구성 원리

교육과정이란?

우리는 교육적 실천을 기획하려고 할 때, 아이들의 현재 관심과 성장에 필요하고 도움이 되는 내용에 대해 폭넓은 활동 속에서 무수한 선택을 해야만 한다. 예컨대, 우리는 무엇을 학교에서 가르쳐야 하는가? 그 내용은 선택될 수밖에 없다. 또 우리는 교육을 행하는 원리에서도 다양한 견해를 갖고 있다. 이러한 고민들을 합리적이고 체계적으로 풀어내고 상상된 학교의 상을 좀 더 구체화하려면 이를 교육과정으로 담아낼 수 있어야 한다. 그 교육과정은 반드시 아이가 오늘을 사는 교육이어야 한다는 점을 유념해야 한다.

교육과정curriculum은 원래 라틴어에서 경주하는 말이 달리는 길이라는 의미를 가지고 있다. 그런 의미에서 교육과정은 전통적으로 '단위 과정에서 이수해야 할 교과(내용)의 목록'으로 인식되어왔다. 그러나 오늘날 교육과정은 이 같은 협의의 개념을 벗어나 '계획된 활동', '학교의 지도 아래 학생이 겪는 실제 경험', '수행할 일련의 과업', '의도한 학습 결과', '문화적 재생산의 도구', '사회 개선을 위한 프로그램' 등으로 다양하게 해석된다.

유럽의 개혁 학교는 교과의 핵심 내용을 체계적으로 분류하고 학생들이 자기 학습 계획을 세워 스스로 진도를 조절하는 방식으로 자기 주도 학습을 해나가고 있다. 한 수업 시간에 학생마다 다 다른 내용을 공부하는 경우도 있다. 같은 나이라도 가정과 주변의 환경, 문화적 특성에 따라 학생의 잠재 능력은 차이가 클 수 있다. 그래서 프랑스나 벨기에, 핀란드 등에서는 비슷한 연령대를 혼합하여 반을 편성하고, 교육과정까지 2~3년 간격의 학년군으로 제시하는 경향이 많다. 즉 교육과정은 어떤 하나의 고정화된 실체가 아니라 교육 목적의 달성과 관련된 일체의 계획과 실천이며, 역동적이고 상호작용적인 하나의 현상을 아우르는 광의의 개념으로 사용한다.

장소성에 기반을 둔 교육과정

우리는 많은 이야기들이 장소의 묘사로부터 시작하는 것을 본다. 이것은 장소의 느낌이 모든 것에서 기본이 된다는 것을 말해주는 한 예라고 할 수 있다. 장소는 의미와 기억의 닻이기에 당연하다. 풍경에 대한 체험도 장소뿐만 아니라 그것을 둘러싸며 확장되어가는 지리적인 묘사가 중시된다. 과거 우리 조상들은 풍수지리를 통해 장소에 대한 지형학적 체험을 명당 또는 길지라는 형태로 재현하였다. 사람은 땅이 어머니 뱃속처럼 편안한 안주의 장소이기를 원하기에 항상 특정 장소를 통해 자신의 생명과 활동을 확인하는 성향이 있다. 또한 이 경향에 따라 자신의 삶이 영위되는 장소들의 속성에 대한 호기심과 자신의 영역을 확대하려는 욕구를 가지고 있다. 이 같은 성향들은 인간의 본성에 깊숙이 새겨 있는 것들로 인문지리학에서는 통칭적으로 장소감sense of place이라고 부른다. 장소는 실증주의적 접근 방법에서 언급되는 추론을 위한 대상이 아니라 인간과 그 거주 장소로서의 세계 사이에 직접적인 감정적·정서적 관계가 존재하는 세계라고 할 수 있다.

하이데거에 따르면, 거주는 인간이 세계에 존재하는 방식으로서 존재의 본질이다. 장소는 우리 존재의 경험적 사실이기 때문에 근본적이다. 즉, 인간이기 위해서는 우리가 구성해야만 하는 어떤 것이라는 것이다. 자기 형성의 교육과정은 마을이라는 장소 관념을 갖는 것에서부터 출발해야 한다. 장소는 인간이라는 존재의 거처이다. 마을교육과정에서 우리는 장소와 공간에 대한 다양한 경험 방식을 다루게 된다. 우리들의 일상생활 경험은 특정 장소 속에서 이루어지며 다시 그러한 경험 속에서 장소에 대한 의미가 부여되고 인식된다. 권력관계가 장소들에 각인되어 있고, 그 안에 사는 사람들의 경험을 통해 재생산된다. 대안학교 진영에 '작은 학교가 좋은 학교'라는 말이 있다. 우리는 좋은 학교라고 하면 흔히 큼지막하고 번듯한 건물에 각종 시설이 두루 갖추어져 있고, 학생과 교사가 수백 명이 넘는 학교를 떠올린다. 그런 것은 선입견에 불과하다. 우리는 장소에 자리하고 있는 주체다. 장소 철학자 에드워드 케이시Edward Casey는 "산다는 것은 국지적으로 사는 것이다. 그리고 안다는 것은 무엇보다도 사람이 존재하고 있는 장소를 아는 것이다"라고 주장했다. 그렇기 때문에 학생들이 활발히 움직일 수 있는 그런 작은 학교에 거처하면서 다양한 존재 체험을 할 수 있기에 좋은 학교인 것이다. 경기도를 중심으로 활성화되고 있는 혁신학교—남한산초, 조현초, 세월초 등의 경우에도 '아이들이 성장하고 배울 수 있는 활동'들—우리들의 건강과 직결되는 환경, 지역과 학교와의 상호작용, 각종 문화적 체험 등은 이미 '장소 안에' 있는 것이다. 그 장소가 바로 마을인 것이다.

장소에 대한 가장 간단하고 공통적인 정의는, 장소란 의미 있는 곳을 말한다. 사람들이 의미 있는 공간으로 만들어온 장소들은 동시에 거의 항상 어떤 구체적인 형태를 띤다. 렐프Relph. E에 따르면 장소란 일상생활에서 일정한 활동이 이루어지는 물리적 배경과 이에 부여된 상징적 의미를 말한다. 따라서 마을이라는 장소는 주택과 상가로 이루어진 건물들, 그리고 길과 공원, 빈터 같은 공공 공간의 집합체이다. 이처럼 장소는 어딘가에 위치해야 하고 물질적인 시각적 형태를 지녀야 할 뿐만 아니라, 인간과 어떤 관계를 가져야 하고, 의미를 생산하고 소비할 수 있는 인간적 능력을 가져야만 한다. 따라서 장소는 마을에 사는 사람들의 생각과 신념에 반할 수 있는 생각과 신념을 차용할 수도 있고, 반대로 그에 의해 형성되기도 한다. 장소는 일정한 활동이 이루어지거나 특정한 사건이 발생하는 한정된 범위의 공간이다. 즉 공간 혹은 지역이 일정한 활동이나 사물들 또는 환경을 가지는 위치들 간의 연장으로서 추상적이고 물리적인 범위와 관련된다면, 장소는 행위자들이 의미를 공유하면서 경험을 함께하고 관계를 맺는 맥락적이고 문화적인 범위와 관련된다.

문화지리는 장소와 공간이 형성되는 방식과 장소와 공간 스스로가 그 속에 사는 사람들의 신념과 가치를 형성할 수 있다는 문제를 집요하게 파고든다. 피터 잭슨의 주장처럼, "문화지리는…… 역사적으로 우발적이고, 지리적으로 특수한 문맥들 속에서 발생하는 실제 사회 실천들을 통해 문화가 생산되고 재생산되는 방식에 초점을 맞춘다." 문화지리적 관점에서 교육과 장소의 관계를 고려한 것이 유럽의 아름다운 학교로 손꼽는 전원학사라고 볼 수 있다. 전원학사란 독일어의 'Landerziehungsheim'을 번역한 말로 농촌과 전원에서 함께 살며 교육하는 곳이라는 뜻이다. 농촌과 전원이란 자연이 풍부하게 살아 있는 곳이어서, 다시 말하자면 자연으로 돌아가서 거기서 교육의 바탕을 찾아보자는 뜻이다. 전원학사가 우리에게 시사하는 바는 분명하다. 교육의 근본적인 바탕이 장소라는 점이다.

투안Tuan 역시 공간과 장소를 대비시키면서 장소가 멈춤, 쉼, 관계를 맺어감에 대한 것이라면, 공간은 행동, 움직임의 개방적 무대라는 의미로 발전시켰다. 즉 공간이 추상화된 합리성에 적합하다면, 장소는 '가치', '소속'과 같은 상징적이고 문화적인 범주로 정의했다. 이들의 입장들을 종합해보면, 장소는 인간의 삶의 장場이고 그리고 우리가 세계를 의미 있게 만드는 방식이자 세계를 경험하는 방식이다. 그렇기 때문에 개개인마다 장소에 의미를 부여함으로써 스스로 세계 내 존재로서 자리를 잡는다. 특수한 장소에 관해 우리가 서로 다른 견해를 보일 수 있다. 기독교도에게 지역 교회는 공동체의 버팀목이라는 연상을 일으키는 장소이자 자신의 신념과 가치들을 키워주는 공간으로서 특별한 중요성을 지닌 공간이 될 수 있다. 무신론자에게 교회는 건축학적으로 흥미 있는 옛 건물일 수 있지만, 그 안이나 그 주위에서의 그 혹은 그녀의 행동이 어떤 의미를 갖는다고 보기는 어렵다. 다른 세대에 속한 사람들과 이야기할 때는 이에 관한 또 다른 시각이 발생할 수도 있다. 세계 내 존재로서 당사자들의 경험의 폭과 가치에 따라 장소는 다르게 인식될 수밖에 없는 대상이기도 하다.

장소란 의미로 충만한 실존적 사상들이 경험되는 현장이며, 세계의 열림으로 나아가는 지향적인 행위가 수반되는 것이다. 그러기에 우리들 자신의 경험과 장소와 공간에 대한 이해를 고찰해보아야 한다. 우리가 살아왔고, 우리가 방문해봤고, 우리가 일해봤고, 우리가 상상해왔고, 그림·영화·텔레비전 속에 재현된 모습을 보아왔고, 읽어왔고, 가보고 싶고, 가보지 못했고, 우리가 구매하는 제품들과 서비스를 생산해왔고, 또 뉴스에 등장하는 장소들과 공간들이 그것이다. 이러한 장소들과 공간들이 우리의 의식 속에서 서로 어떻게 연관되는지를 생각해보아야 한다. 예를 들어 교실과 같은 특수한 공간이 생산해내는 사회적 관계들을 생각해보자. 교사와 학생에 의한 공간, 학생들 사이의 공간, 성적 차이에 의한 공간으로서의 장소 등등 여러 가지의 기억과 상상력이 작용할 것이다. 이런 예들을 살펴봄으로써 우리는 장소와 정체성 간의 관계를 파악할 수 있다.

문화적 주체성을 형성하는 교육과정

우리는 교육에 대해 "남들의 교육은 잘되고 있는 것 같은데, 우리 교육은 왜 이 모양일까? 그것은 한국인의 왜곡된 교육관과 교육열 때문이다"라는 자기 모멸적 인식을 하는 것 같다. 그것은 교육의 본질적 기능인 "인간의 성장 가능성을 그의 내적 성장력을 동력으로 주체성을 최대한 실현시키도록 돕는 일"을 소홀히 해왔다는 반증이기도 하다. 주체성은 인간의 힘을 생산적으로 사용하는 활동 상태를 말한다. 어린이가 주체성을 갖는다는 것은 자신의 생산적인 힘을 능동적으로 사용하여 자신의 삶의 스타일을 구성한다는 것이다. 과연 우리의 일상은 자신에게 주어진 힘을 생산적으로 쓰고 있는가를 반성할 필요가 있다. 대개 우리는 남들이 하는 대로 따라가려는 경향이 있다. 그것은 안전하고 편한 길이기 때문이다. 그런 방식으로는 자신의 힘을 생산적으로 사용하는 것이라고 할 수는 없다.

교육과정은 자기 형성의 주체성이 최대한 실현되도록 창안되어야 한다. 그러려면 교수-학습의 흐름을 구성하고 조직화할 수 있는 교육과정을 색다르게 짜야 한다. 한 가지 유형만으로 교수-학습이 전개되는 것이 아니라 놀이 중심, 탐구 중심, 토론 중심, 체험 중심, 표현 중심, 참여 중심 유형 등이 유기적으로 연결되어 있어야 한다. 다시 말해 교육과정은 교수-학습이 참여·협력·반성적인 배움의 장이 되도록 하는 일종의 다이어그램이라고 할 수 있다. 그런데 교수-학습의 과정이 문화적 주체성을 창안하려면 문화적 도구를 매개로 한 사회적 관계의 상호작용 효과를 자신의 것으로 만드는 과정에 주목할 필요가 있다. 문화적 주체성이란 사회적 관계에서의 자신의 배역을 위치 짓는 것을 말한다. 이때 매개되는 문화적 도구란 큰 범주로 나누어 보면 사물(자연물, 수업교구, 준비물 등)과 언어-기호의 상징체계(지도, 각종 도표 등)를 의미한다. 우리는 감각적 세계를 변형하는 활동을 할 때 문화적 도구들을 적절하게 배치함으로써 비로소 자신의 힘이 생산적으로 작용하고 영향을 주고받고 있음을 의식적으로 깨닫게 된다. 문화적 도구가 매개된 활동을 통해 몸으로 겪으면서 느낌과 의식이 지향하는 바가 와 닿을 때, 그때 비로소 우리는 문화적 주체성이 형성됐다고 말할 수 있다.

이렇듯 교육의 과정에는 필연적으로 문화와의 만남이 발생한다. 주체성이란 문화적 도구의 매개 과정을 과거와는 색다른 방식으로 사용하게 되는 경우 비로소 나의 능력, 나의 잠재력이 지금의 나와는 다른 존재가 될 수 있는 가능태로 존재하는 것이다. 전혀 다른 방식으로 문화적 도구의 매개 활동을 기획한 것이 하자센터다. 하자센터는 원래

'남부근로청소년회관' 자리였다고 한다. 청소년에게 이용, 미용 기술을 가르쳤다고 한다. 하자센터는 초기에 음악, 영상, 디자인, 웹, 시민문화 등 다섯 개의 작업을 갖추면서 문화적 매개 활동에 변화를 준 것이다. 즉 존재의 변화 능력으로서 주체성이 문화적으로 창안된 것이다. 거기에는 당연히 수많은 상호 교차와 상호작용이 존재하며, 관계를 구성할 수 있는 기예나 능력의 증대가 일어난다. 문화인류학자 기어츠Clifford Geertz는 문화란 결코 인간이 만들어낸 문화재나 작업의 결정체가 아니라 인간이 자신을 이해하고, 그러한 이해의 원리와 지평에 따라 자신을 만들어가는 과정에서 생겨나는 현상이라고 이해한다. 그는 문화권의 고유한 문화 현상이 결국 생물학적 본성과 자연, 환경, 사회관계나 역사를 통해 구현된 것임을 주장한다.

모범적인 도심 생태 공동체라는 평가를 받고 있는 성미산 마을, 성미산 학교는 공동 육아, 생협, 동네 부엌, 마을극장 들과 함께 돌봄과 배움이 있는 공동체로서 마을이 곧 학교라는 것을 보여준다. 성미산 공동체가 문화적 주체성을 창안하는 마을교육과정의 성립 배경인 것이다. 이런 경우 성미산 공동체를 구성하는 각종 인공물들은 단편적인 결과물이 아니라 의미의 그물망이며, 인간이 자신을 성취해가는 과정에서 이해되는 교육 문화 현상인 것이다. 기어츠 등의 인류학자들에 따르면, 인간은 "문화 요소의 총체적 담지자"이다. 인간이란 실체가 아니라 과정이며, 주어지는 것이 아니라 되어가는 존재다. 이에 따라 문화 역시 실체의 구현이 아니라 문화로 되어가는 것, 인간의 과정성에 의해 형성되는 자기 이해의 과정으로 이해한다.

기어츠의 문화론적 관점에 따르면 문화적 주체성을 창안하는 교육과정은 문화를 분석하여 인간이 몸담고 있는 의미의 그물망을 분석하고, 그 의미를 추구하는 이론의 정립 과정이라고 할 수 있다. 의미의 그물망 안에 살고 있는 인간은 문화를 통해 의미를 전달하고, 의미를 감지하며, 의미를 창출하는 존재다. 따라서 문화가 없는 인간은 열등한 원인이나 다른 어떤 동물이 아니라, "정신의 빈 바구니에 지나지 않는" 존재다. 인간은 보편적이며 개념적인 존재가 아니라 구체적 문화에 의해 창조된, 즉 "역사적으로 창조된 의미 체계인 문화 패턴에 의해서" 구체적 인간이 된다. 결국 인간은 자신의 "신체 구조의 많은 부분이 문화적 결과"라는 사실을 받아들여야 한다. 기어츠는 근대적 인간학과는 반대로 "문화와 독립된 인간 본성 같은 것"은 애초에 존재하지 않는다고 결론짓는다. 오늘날과 같은 인간의 모습은 생물학적 요소, 문화적 요소, 초월적 지향성의 요소가 서로 복잡하게 상호작용을 거쳐 형성된 것이다.

'문화'라는 개념은 더 이상 사람들의 전체적인 생활방식을 의미하는 용어가 아니다. 근래에 들어 문화라는 개념은 사람들이 의미를 경험하고 표현하는 공유된 상징적 형태로서 이해되고 있는 것이다. 이 시각에 따르면 인간은 그들의 활동을 조직하고 규범화하기 위해서 문화를 이용한다. 문화는 교육 목표와 내용의 자원이며 문화의 요소들은 그것이 주체성을 창안하는 교육과정의 실재를 조직화하기 위해서 얼마나 유용한가에 따라서 이용되고 수정되거나 폐기될 수 있다.

우리는 미완성의 존재로서 스스로를 자각하고, 삶의 과정에서 경험되는 의미 체험을 끊임없이 생성해가는 주체적이며 본래적인 인간인 것이다. 인간은 근본적으로 의미를 추구하는 존재이며 자신의 한계와 모순에도 불구하고 이를 넘어 자신의 존재를 넘어서는 초월적 존재이다. 초월적 존재인 인간은 자신의 삶의 의미와 목적에 대해 미리 결단을 내리고 미래를 선취한다. 미래를 기획할 뿐 아니라 인격의 궁극적 완성과 그 이상의 어떤 가치를 향하는 인간의 존재론적 조건이 초월이라면 삶을 초월적으로 정위시키려고 하는 초월에 대한 열망 없는 인간은 무의미한 존재일 것이다. 마을교육과정은 존재론적으로 이해됨으로써 수용되고, 시대정신에 상응하여 변용될 때 참이 된다. 현재에 대한 해석학으로서 마을교육과정은 시대의 표징을 읽고 해석하며 초월의 지향성을 내재화해야 한다.

발생적 발달론에 근거한 교육과정

일반적으로 인간 발달 연구에서 발달의 개념에 대하여 쉐퍼D. R. Schaffer는 "수정에서부터 사망에 이르기까지 개인에게서 일어나는 지속적이고 체계적이며 일정한 패턴과 순서를 보이는 변화"로 정의한다. 이러한 정의는 발달이 인간 전 생애에 걸쳐 연속적으로 일어나는 현상으로서 일종의 질서를 가지고 있음을 의미한다. 그러나 사람마다 발달의 시기와 양상에 차이가 있어 정상적인 발달의 범위가 크다. 또한 발달은 중대한 시기와 국면이 존재하기에 선형적 형태로 발달이 발생하지는 않는다.

놀이는 모든 발달적 경향들을 압축된 형태로 포함한다. 놀이-발달 관계는 교육-발달과 비교할 수 있지만, 놀이는 필요와 의식의 변화를 위해 훨씬 더 광범위한 바탕을 제공한다. 상상적 영역과 상상적 상황 속에서의 행동, 의도적 계획의 수립, 실제 삶의 계획과 의지적 동기의 형성, 이 모든 것이 놀이에서 나타나 놀이를 취학 전 발달의 최고 수준으로 만든다. 아이는 근본적으로 놀이 활동을 통해서 앞으로 나아간다. 오직 이런 의미에서 놀이는 아이의 발달을 결정하는 선도적인 활동으로 간주될 수 있다. 놀이는 학교 수업과 공부에서(규칙에 기초한 의무적 활동 속에서) 그 내적 연속성을 가지게 된다. 이처럼 발달은 특정 시기에 특정한 기능이 상대적으로 크게 발달한다. 발달은 사회적·문화적·역사적 맥락의 영향을 받는다. 발달은 자연적으로 계획된 성장 프로그램에 의해서도 이루어진다. 하지만 아이는 특수한 사회적·문화적·역사적 상황 속에 존재하기에 그 상황에서 어떤 학습과 경험을 하느냐에 따라 발달 양상은 달라질 수밖에 없다.

발달의 사회·문화적 맥락은 이오덕의 '삶을 가꾸는 교육'과 맥을 같이한다. 이오덕은 아이들의 현재를 행복하게 해주는 것이 삶의 표현 교육이라는 점을 강조하였다. 표현 교육에서 말과 행위는 본래적으로 자기 목적성을 갖는 것이며, 여기서는 목적telos은 추구되는 것이 아니라 오히려 활동 그 자체에 놓여 있는 것이다. 그런 점에서 아이들의 발달적 본성은 삶의 유용성의 영역을 넘어서 존재의 영역에 있다는 것을 알 수 있다. 표현 교육에서 드러나는 존재의 발달은 한나 아렌트Hannah Arendt에 따르면, 새로운 인간이 태어남으로써 새로 시작할 수 있다는 점에서 존재론적으로 뿌리내려져 있다고 본다.

마을교육과정은 늘 아이들의 참여와 개입을 통해 자기 이해와 자기 성취의 과정을 가능하게 하는 존재론적 체험의 지평이어야 한다. 따라서 마을에서의 교육적 실천 행위는 인간 존재의 현재화라는 관점에서 성찰해야 한다. 자기의 존재성을 의식하게 하는 그 순간은 지금 이곳에서의 결단과 신념에 대한 나의 인격이 작용하며 이루어지는 사건이며, 그 안에서 의미의 역동성이 현재화하는 것이다. 지금-여기에 있음으로 해서 모두 함께 변화하는 과정인 것이다. 이런 관점에서 마을은 존재를 현재화하는 터전이자 지평이다. 즉 존재론적 체험을 현재화함으로써 문화적 주체성의 실존 양식을 창안하고 구성하는 지속적인 변화를 허락하는 경험에 주목해야 한다.

이오덕의 표현 교육과 마찬가지로 아렌트 역시 말할 수 있고 사유할 수 있는 인간으로의 교육을 말한다. 그리고 새로움의 시작에 우리의 삶이 궁극적으로 조건 지어져 있다는 것을 강조한다. 오늘날 과도한 조기 교육이나 서두르는 직업교육 등으로 새로 태어난 아이들에게 유아기를 박탈하고, 청소년기를 빼앗으며 조루한 성인의 세계로 내모는 것은 그러므로 오류이다. 듀이에게 있어서도 교육, 경험, 그리고 삶은 복잡하게 뒤얽혀 있다. 듀이에 따르면, 교육에 관한 연구는 삶에 대한 연구이다. 예를 들면 그것은 어떤 사물이나 본질에 대한 직관이나 통찰, 전례나 풍습, 관례, 메타포, 그리고 일상의 행동들에 관한 연구이다. 아이의 발달을 바라볼 때는 그들이 무엇을 할 수 없는가, 아이의 언어에서 무엇이 문제고 오류인지를 찾는 것보다, 그들이 무엇을 할 줄 알고 어떤 가능성을 갖고 있는지에 초점을 맞추어야 한다. 그래야 아이의 성장을 제대로 도울 수 있다.

또한 발달은 학습의 영향을 받는다. 아동의 발생적 발달은 지엽적이고 국지적이며 공동 활동적 영향을 받는 경향이 있다. 비고츠키는 근접발달대Zone of Proximal Develpment 개념을 도입하여 훌륭한 학습은 발달을 선행하여 발달을 추동하는 것임을 분명히 한다. 비고츠키는 발달과 학습 사이의 관계를 이해하기 위해 두 가지의 발달 수준을 구분한다. 즉, 개인에게 이미 발달된 수준이 있고 그리고 어른이나 또래와의 공동 활동에 의해 발생된 잠재적 발달 수준이 있다. 이 두 수준 사이에 어떤 간격이 생겨남으로써 근접발달대를 형성한다. 어린이와 청소년들이 사회·문화적 경험을 겪으면서 어느 정도 암묵적인 개념적 지식이 발달하게 되지만, 교육을 통해 체계적인 학습을 받게 되자 개념을 명시적으로 배움으로써 더욱 정확하고 과학적인 개념을 이해하게 된다. 마을학교의 교육에서 잘 준비되고 체계적으로 짜인 교수-학습은 자기형성적 근접발달대를 창안해낼 수 있다.

비고츠키가 발생적 발달을 강조했다면 듀이는 '경험의 성장'을 강조한다. 듀이에게 있어 경험은 철학적으로 합리론에 대립하는 개념이고 전통 철학이 이성과 대비하여 경멸의 대상으로 삼았던 용어다. 듀이에게 경험은 이중적 성격을 갖는다. 즉 "행하면서 겪는(능동-수동, active-passive)" 것으로 세계와의 복합적인 상호작용 속에 있는 것이다. 즉 유기체와 환경, 자아와 대상 세계가 통합적 관계를 이루고 연계되어 있다. 경험의 성장이 교육에 적용될 때, 이때 성장의 전제는 미성숙함이다. 미성숙하기 때문에 역설적으로 하나의 적극적인 능력으로서 성장하는 힘이 성립하는 것이다. 성장이라는 것은 "아이에게 무엇인가를 해주는 것이 아니라 아이들이 하는 것"이다. 즉 미성숙은 적극적으로 현재 어떤 힘이 있다는 것, 즉 "발달할 능력이 있다"는 것을 가리킨다. 듀이에게 있어 성장은 그 자체가 목적이다. 따라서 교육 역시 성장 이외의 다른 목적을 가지지 않는다.

듀이도 강조한 바 있듯이 교육의 기본 과제 중 하나는 아이들의 발달적 활동을 자극할 환경을 제공하는 것이다. 발도로프 교육은 "아이들은 자신이 손을 가지고 있다는 사실을 반드시 인지해야 한다"고 하면서 각종 작업실과 농장 등을 가지고 수공 노작 활동을 강조한다. 프레네 교육에서는 어린이가 가정과 학교에서 느끼고 경험하는 자체를 교육의 소재로 삼아 하루 시간을 조직하는 것에서 시작한다.

발달이 신체적, 정서적, 지적, 사회적 흥미의 발달을 의미하는 것이라면, 이것들의 발달 단계와 밀접하게 관련된 환경들을 조성하는 것이 중요하게 부각된다. 마을이라는 환경이 발달을 위한 하나의 맥락으로서 효과적으로 기능하는 정도는 환경 내부에서 사회적 연결성의 존재 여부와 본질에 달려 있다. 마을에서의 일상적 삶은 단순한 삶이 아니라 사회적 삶의 양식을 배우고 그것을 바라볼 수 있는 인식의 틀을 형성하는 과정이다. 마을교육과정은 내 삶이 이루어지는 삶의 터전에 기초하여 이해하고 해석할 수 있는 사고력과 안목 그리고 장소성에 터한 문제 해결력 육성에 있다. 이를 위해 마을은 개개인의 성장과 발달에 대한 인식을 교육과정을 통해 보다 체계화시키고, 자신과 타인의 삶이 영위되는 생활의 장으로서 인간의 삶이 '어디에서' 이루어지느냐에 따라 삶의 양상이 달라지는 데 관심을 갖도록 해야 한다.

마을교육과정의 중요성

마을학교는 마을 속에 있는 학교이다. 그렇다고 마을과 학교의 관계가 상자와 과일의 관계인 것은 아니다. 우리는 실천하는 만큼 존재하고 존재하는 그만큼만 인식할 수 있듯이 교육적 실천 행위를 통해 마을의 존재성을 인식하게 되는 것이다. 삶의 대안으로서 마을이 대두되었다면 우리들의 삶의 방식과 밀접하게 연관되어 있는 교육 역시 문제 삼을 수밖에 없다. 마을학교는 공교육에 대립하는 대안으로서 세워진 대안학교가 아니다. 마을학교는 마을이라는 환경이 조성됨에 따라 가능해진 교육적 여건들—공동 육아나 생협 등을 그 기반으로 하여 교육의 본질인 '자기 형성의 교육'에 천착하려고 한다. 그렇기 때문에 마을학교는 대안학교에서처럼 학년별 체계를 굳이 가질 필요가 없다.

좀 피상적일 수 있지만, 마을학교는 아이들의 발달과정에서 자기 형성적 체험을 깊이 있게 일궈내어 그 체험을 통해 자신의 성장과 발달을 이끌어가는 내면의 나침반을 갖도록 하는 것을 목표로 한다. 따라서 마을학교는 아이들의 내면적 능동 상태에 주목해야 한다. 내면적 능동 상태에서는 나 자신을 행동의 주체로 체험한다. 공동 활동의 경우라 할지라도 그 활동이 나의 힘과 능력이 드러나는 과정임을, 나와 나의 활동 그리고 그 활동의 결과가 일치하고 있음을 내면적 능동의 상태로서 감지한다.

마을학교가 교육과정을 갖는다는 것은 교육에 대한 열망과 에너지를 이성적 사유로 이끌어가는 것이며 동시에 교육의 비판적 사유에 기반을 한 책무성을 강조하려는 것이다. 물론 처음부터 온전한 교육과정을 기대할 수는 없다. 한마디로 시행착오적이고 무작정의 모자이크 방식을 겪게 될 것이다. 그럼에도 불구하고 교육과정을 사고한다는 것은 우리가 언제고 떨쳐버릴 수 없는 자기 형성의 교육에 대한 부단한 물음들을 던짐으로써 교육적 실천으로부터 배울 수 있는 태도를 견지하는 것이기도 하다.

　마을은 공동체의 일원으로서 자신이 사는 시대와 조응하며 변화하고 자기를 구현하는 현존재의 거처이다. 마을학교는 아이들의 성장과 발달과정을 거치면서, 그들의 존재성이 묻어나게 된다. 마을교육과정은 시간이라는 인간의 역사가 쌓아 이룩한 자기 형성의 발달적 내용물들이 누적된 곳으로서, 그 과정에서 이룩된 의미의 총체들을 담아낼 것이다. 앞날이 불투명한 시대에 용기를 내어 교육의 작은 대안으로서 마을학교를 상상하게 되었다. 많은 시행착오를 겪겠지만 자기 형성 교육과정에 기반을 한 교육의 본질에 충실한 모습을 보이도록 노력해야 한다.

자기 형성적 발달을 위하여, 마을학교[■]

자기 형성 교육이란

파이데이아

우리는 분명히 다원화된 사회에 살고 있다. 다원화된 사회에서 가장 강조되는 것이 개인의 자유이고 개성이고 창의성이다. 그러나 현실에서는 개인기로 무장한 창의적 개인들의 무한 경쟁을 벌이는 세상이 되었다는 주장도 나온다. 다원화된 사회는 개인을 안심시키기는커녕 개인들을 오히려 불안하게 한다. 개인에게 자유를 주었는데 개인이 더 불안해지자 급기야 우리는 '나가 없는 남들'의 세계에 살고 있는 형국에 처하게 된다. 그렇기 때문에 '남들'의 영향으로부터 벗어날 수가 없다. 우리가 남들이 하듯이 살아간다면, '남들'의 논리 속에서 안정감을 느끼며 사는 것에 익숙해 있다. "가만히 있으면 중간은 간다"라는 말이 있듯이 '남들'의 논리가 우리를 휘어잡고 있는 것이다. 이런 경우 우리는 어떤 사회적으로 떠오른 의제를 이야기하려고 하면 "생각하면 골치

■ 이 글은 서울시 마을공동체종합지원센터의 '마을공동체 교육 콘텐츠 개발 사업' 자문회의 기간 (2013년 3월~동년 6월) 동안에 작성한 내용을 일부 수정, 보완하고 재편집하였다.

가 아프다"라는 말로 상황을 회피하는 경우를 당하곤 한다. 문제를 곰 곰이 따지고 생각하며 해결하기보다는 그저 빨리 잊어버리는 것이 상책이라는 사고방식이 만연하다.

마을교육과정은 '세계 안에서 자발적 자기 형성의 과정'의 의미를 강조하고자 한다. 교육을 단순히 교육공학적으로 이해하거나, 어떤 목표를 향해 인간을 끌어당기는 훈육의 과정으로 이해하는 것은 결코 마을교육과정이 하고자 하는 바가 아니다. 전통적으로 교육을 '이끌어감으로서의 교육', 훈육의 교육으로 이해하던 견해는 더 이상 유효하지 않게 된다. 이를 대신하여 교육을 '인간으로 깨치고 형성되어가는 과정'으로 그 이해의 틀을 바꿀 수 있어야 한다. 이것을 우리는 플라톤의 교육사상인 '파이데이아paideia'에서 찾을 수 있다. 파이데이아는 교육이 이루어지는 과정을 의미하며, 다른 한편으로는 교육의 결과를 일컫는 말로서 인간이 겪는 일체의 '형성'을 가리킨다.

일반적으로 학교란 학생들에게 인간정신이 쌓아온 최고의 업적들을 전달해주는 기관이라고 주장한다. 그러기에 관료제적 학교 교육에서는 이미 규정되고 정돈된 지식 체계를 전수하는 데 그 주된 목적이 있었다. 교육은 이런 지식 꾸러미들을 생산하는 공장에 불과하며 이러한 지식에 대한 숙달 정도를 사회적 지위와 연관시키면서 교육에 대한 환상을 부추겨왔다. 하지만 앞으로의 학교는 자기 형성에 주안점을 두어야 한다. 게다가 현재적 삶의 장소에서 조화롭고 균형 있는 사회 형성에 기여할 수 있도록 하는 데 두어야 한다.

관료 체제하에서 학교가 좀 더 나아진 공동체로서 자기 역할을 하려면 교육의 본질에 천착할 필요가 있다. 교육한다는 것은 본질적으로 개개인을 발달시키는 것이다. 자기 형성은 개개인이 독자적인 존재이면서 보다 큰 바탕에 열려 있음으로 해서 성장과 발달의 교육적 실천으로 나아가는 것이다. 발달은 독일어로 교양을 의미하는 '빌둥Bildung'에 해당할 터인데, 그 뜻하는 바는 '형성되기', '수련하기', '성장하기', '도야하기'로서, '훈련'의 이념을 담고 있다. 사유의 훈련으로서 교양은 '교육'과는 조금 달리 학습과 지식을 축적해가는 과정을 통해 인격을 형성하는 것, 개성 있는 인간이 자아를 실현해가는 과정을 의미한다. 학문을 탐구하고 공부하면 인격이 닦아져 자아를 풍성하게 실현할 수 있다는 사고방식이다.

자기 형성의 자유인

교육환경의 실태를 돌아보면, 그야말로 '메뉴들로 가득 찬 식단'들이 즐비하다. 학생들은 이것저것 맛을 보고 이 메뉴에서 저 메뉴로 돌아다니는 것을 당연시한다. 개인의 발달에 천착한다는 것은 여러 메뉴를 많이 접해보는 것이라기보다는, 오히려 특정한 주제에 깊이 있게 접근하여 그 속에서 좀 더 넓은 세계로 나아갈 수 있다는 것을 체득하는 것이다. 이렇듯 개인의 독자적인 사유 경로를 존중하면서 출발하는 경우 자신을 발견하고 형성하는 일은 자유로이 선택된 행동이어야 한다. 따라서 올바른 교육은 자유와 직결된다. 교양을 영어로는 '리버럴 아트liberal arts'라고 한다. 이때의 교양은 실용적인 목적에 유익하도록 설정된 기술 혹은 지식을 습득하기 위한 교육이 아니라 '배움 그 자체를 위하여 배우는' 행위를 통해 자기 스스로를 '자유인'으로 키워낼 수 있도록 하는, 그런 의미의 교육인 셈이다. 각 개인을 자유인으로 키워나가기 위해서는 자기 자신이 '무언가에 사로잡혀 있다'는 인식이 없고서는 불가능하다. 자신이 무엇에 포박되어 있는지, 어떤 사회구조 아래 붙들려 있는지를 깨닫지 못하면, 스스로를 자유롭게 만들기란 불가능한 일이다. 결국 리버럴 아트로서 교양을 배운다는 것은 나 자신을 좀 더 면밀히 알고 싶고, 더 깊이 사고하고 싶은 욕구를 통해 충실하게 배우고, 다시 그 배움이라는 행위를 통해 자기 자신을 자유로운 존재로 만들어가는 것이다.

자유란 임의적인 의지나 행위라고 사람들은 종종 생각한다. 자유는 방임이나 자의恣意가 아님을 분명히 해둘 필요가 있다. 일반적으로 통용되는 자유는 이런저런 정황과 내적인 상태가 만들어내는 현재라는 시점에서 자기 마음에 드는 대로 행동할 수 있음을 뜻한다. 즉, 자유란 지금-여기에서 인간의 실존구조에 맞게 성장하려는 행동의 자유를 의미한다. 그런데 행동은 그 자체로 힘의 상태이기 때문에 자유로운 행동은 힘의 한계에 봉착하기 마련이다. 그렇기 때문에 우리는 자기 마음대로 행동할 수 없다. 괴테는 자유의 모순적 상태에 대한 내적 체험에 대해서, "스스로 자유롭다고 생각하는 사람이 있다면 그는 곧바로 묶여 있음을 느끼리라. 자기를 묶여 있다고 보는 순간 자유로운 존재임을 느끼리라"라고 말했다. 자유로운 행동을 하려면 그것은 당사자의 의도적 활동에 따른 자율적 제약이 요구된다. 다만 우리는 생각과 환상 속에서만 마음대로 원할 수 있다. 그러나 힘의 한계로 인해 개개인의 자유가 강제될 수밖에 없다면 그리하여 자율적 제약으로 이를 극복할 수밖에 없다. 따라서 전체, 즉 다수의 사람들 사이에 능력과 힘이 어느 정도 서로 비슷해져서야 자율적 제약을 이끌어낼 수 있는 진정한 협조가 가능하다.

어린이는 우리가 아이에 대해 아는 것보다 자신에 대해 더 잘 안다. 그는 깨어 있는 모든 순간마다 자신을 파악하고 있는 것이다. 우리는 다만 짐작할 수 있을 뿐이다. 우리는 어린이들을 과소평가해서는 안 된다. 좁은 자아의 한계를 넘어갈 수 있는 것은 공동체에서의 다양한 사회적 관계를 경험함으로써 촉발된다는 점을 유념해야 한다. 어린이는 수많은 대화를 통해 '역할'을 연습하고, 학습하게 된다. 다른 사람들과 진정으로 대화에 참여하게 됨으로써, 다른 사람과 관계를 맺는 방식, 사회 문화에 참여하는 방식을 배우게 된다. 소통 상황에 따라 자신의 역할을 제대로 수행하고 있는지 미리 분석을 하고, 그에 따른 적절한 언어를 선택하게 된다.

특히 교수-학습 관계에서 자기 형성에 대한 보편적 교육의 실현이 절실하다. 교육이 이루어지는 과정의 맨 처음부터 다음과 같은 원칙을 분명히 해야 한다. 교사와 학생은 똑같지는 않지만, 가르치는 사람은 가르치면서 자신을 형성하거나 재형성하고 있으며, 배우는 사람 또한 배우는 과정에서 스스로를 형성한다는 원칙이다.

존재의 미완성에 대한 자각

미완성적 존재

인간은 지구상의 그 어떤 생물보다 미성숙의 상태로 세상에 태어난다. 포유동물인 인간은 다른 포유동물들과 마찬가지로 식욕, 성욕 등을 갖고 태어나지만, 인간은 생래적으로 지닌 그 욕망들을 스스로 충족시킬 능력이 없다. 따라서 사람은 태어난 후에 도움을 받지 않고는 생존할 수가 없다. 생존의 기본 조건이라고 할 식욕의 예를 들어보자. 다른 동물들은 세상에 태어나면 스스로 먹이를 찾아 그 욕구를 실현한다. 하지만 인간은 스스로로 아무것도 할 수 없다. 식욕도 그 누군가가 도와주어야만 충족된다. 존재의 미완성은 우리 인간에게 필수조건이다. 태어났을 때의 사람이 완전한 존재가 아님은 말할 필요도 없다.

포르트만Adolf Portmann은 모든 다른 동물이 살아남기 위해 태어나

자마자 걸음을 떼어야 하는 데 비해, 인간은 일 년이 지나야 겨우 걸음을 뗄 수 있다고 말한다. 포르트만은 그래서 인간을 "일 년 일찍 나온 존재"라고 이야기한다. 이것은 육체적인 것을 말하지만, 정신적으로도 그렇다. 삶은 곧 미완성이다. 미완성적 존재의 성장과 발달에 대한 그 기준도 사실은 명쾌하게 말할 수 있는 것은 아니다. 그럼에도 불구하고 미완성을 자각해야 한다고 말하는 것도 인간들 사이에서만 가능하다. 이러한 특수한 상황에서 미성숙한 존재에게 교육이라는 것이 성립한다. 사회 속에서 한 사람이 자라나고 스스로 삶을 부지할 수 없는 경우 그리고 이미 주어진 문화 안에서 스스로의 자리를 발견할 수 없는 경우에는 어떤 형태로든 사회-문화적 탄생의 도움을 주고받는 것이 필요하다. 그러려면 실제로 돕는 타자가 필요하다. 그리하여 인간은 미완성적 존재를 넘어서고자 타자와의 일체감을 체험하려는 인간 특유의 욕망을 자신의 특유한 실존 조건으로 갖고 있다.

산파가 아이를 육체적 삶을 가능하게 하려고 어머니에게서 끌어내듯이, 우리는 아이를 사회적-문화적 삶으로 이행하도록 돕는 행위, 즉 교육을 한다. 교육은 어린이를 공동체의 일원으로 인식하는 것을 그 중심 과제로 삼아야 한다. 진정한 교육의 목적은 어린이를 사려 깊은 공동체 품에서 키우면서 개별화와 사회화를 추구하는 것이다. 그 과정에서 개개인의 인격적 성장 가능성이 손상되지 않도록 최대한 폭넓게, 즉 기품 있고 힘차게 자라나도록 해야 한다. 문제는 어떻게 "이 사람이" 하나의 특정한 상황 안에서 교육을 받을 수 있을까 하는 것이다.

우리는 존재의 물질세계와 자유롭게 상호작용하는 가운데 발달해왔고 인간 삶은 지속 가능한 생명 유지 체제를 창조해냈다. 호모사피엔스는 기본적인 생명 유지 체제에서 출현하긴 했지만, 세계에 창조적으로 개입한 덕분에 언어를 발명하여 사물에 이름을 붙일 수 있었고, 그 언어로 지성을 포착해내고 포착된 것을 서로 소통할 수 있었다.

호모사피엔스의 생명 유지 체제하에서 우리 인간의 삶은 동물의 삶과 비교해볼 때 분명한 질적 차이를 지닌다. 동물은 인간 학습자보다 훨씬 짧은 시간 안에 사냥, 공격, 자기방어 기술을 배운다. 문화적으로 표현하자면, 인간이 유년기 학습에 필요한 시간은 동물보다 훨씬 길다. 겔렌Arnold Gehlen은 인간을 "결핍 존재"라고 규정한다. 그는 인간이 동물의 특화된 기능들을 가지고 있지 않으므로 이 결핍을 메우기 위해서 이성을 개발할 수밖에 없었고 언어를 발달시킬 수밖에 없었고 사회를 조직할 수밖에 없었다고 말한다. 따라서 겔렌은 인간의 모든 인간다운 것이 이러한 결핍에서 나왔다고 설명한다.

문화적 존재

우리는 유년기 학습을 거치면서 본능적 결정을 최소화하고 정신적 능력을 최대한으로 계발시킴으로써, 자연과의 일체성을 상실했다. 그렇기 때문에 인간의 모든 욕망은 직접 충족되지 못하고 인위적 환경의 영향을 받아 간접화된다. 그 결과 태어날 때는 누구에게나 똑같았던 먹고자 하는 욕망이 여러 가지로 다양해진다. 누구는 김치를 좋아하고 누구는 고기를 좋아하고 누구는 야채를 좋아하게 된다. 즉 인간이 본래 지닌 욕망과 그 욕망의 표현 사이에는 거리와 변형이 생겨난다. 상징적 동물인 인간은 욕망을 직접 표출하지 못하는 것이다. 그래서 이런 이야기가 가능해진다. "인간에게는 모든 것이 허용되어 있다. 하지만 인간에게는 또한 모든 것이 금지되어 있다." 그게 인간의 특성이고 인간이 이룩한 문화의 특성이다. 인간이 이룩한 문화는 미성숙한 상태로 태어난 인간의 숙명이고 조건이다. 인간이 얼마나 미성숙한 상태로 태어나는가는 인간의 뇌가 성숙하는 데 25년이 걸린다는 사실을 상기하는 것으로 족하다. 인간과 가장 닮았다는 침팬지의 뇌도 6개월이면 성장을 멈춘다. 그 25년이라는 긴 세월은 인간이 지닌 동물적 욕망이 인간을 둘러싼 환경과 관련을 맺으면서 변형을 갖는 시기이고 문화화가 되는 시기이다.

인간은 자연의 순환으로부터 벗어나 사회·문화적 환경 속에서 성장하고 발달하는 존재가 된다. 다른 사람들과의 상호관계를 통해 우리는 무언가를 희망하고 기억하고 의식하는 존재이기에 성장과 발달적 성취를 이루어가는 삶을 살아야 하는 미완의 존재로서 조건 지어져 있음을 알게 된다. 그러나 나는 그 조건 형성을 이미 의식하고 있기에 그것을 넘어설 수 있다는 것 또한 알게 된다. 오늘을 보내면서 내일을 준비할 수 있는 능력을 의식하는 것이다. 그것은 나의 세계 경험이 미리 결정되어 있거나 예정된 것이 아님을 알게 되면서, 내 운명은 주어진 것이 아니라 구성해가야 할, 또 내가 반드시 책임을 져야만 할 어떤 것임을 알고 있기 때문이다.

영원한 과정으로서의 교육은 다름 아닌 우리가 이미 알고 있는 우리의 불안전함에 기초하고 있다. 그러나 이러한 불안전함이 역효과를 낳기도 한다. 즉 안정과 편함에 대한 기대가 자칫 습관에 사로잡혀 틀에 박힌 사고에 안주할 수도 있다. 이런 경우 사람들은 사물과 상황을 대할 때 자기에게 익숙한 측면만 이해할 뿐, 그것의 다른 측면에 대해서는 별로 고려하지 않는다. 이러한 사고는 자기 형성을 가로막는다. 자기 형성을 지속적으로 하려면 사고의 습관을 바꿀 필요가 있다. 그리하여 인간은 자신이 미완의 존재임을 깨달을 수 있는 경우에만 교육받을 수 있다. 교육이 우리를 교육 가능한 존재로 만드는 것이 아니다.

자신이 미완의 존재라는 깨달음을 통해 사회가 조성한 교육적 환경에서 의도된 활동을 하게 된다. 우리는 의도적 활동을 하고 있을 때 순간순간 자신이 하는 일이 즐겁기만 하다. 도전할 만한 목표가 있는 일에 의도적으로 뛰어들 때 우리는 들뜬 흥분으로 가득 차기도 한다. 의도적인 활동을 통해 사건에 개입할 때마다 과거와 조금이나마 달라진다. 그 순간 우리는 어찌할 도리 없는 사건으로 고통스러워하는 것이 아니라 스스로 삶을 창조해나간다고 느낀다. 누구도 완벽해지거나 완성되지는 못하지만 그럼에도 불구하고 현재보다 더 나아져야 한다.

우리가 사는 동안 의도적 활동을 할 수 있는 것은 바로 희망 때문이다. 그 희망이란 "무엇이 인간의 가능성이며, 여기 있는 이 사람의 가능성은 무엇인가? 얼마나 많은 도움을 받아야 하는가? 어디서, 어떤 방식으로?"에 관한 것이다. 자기 형성에 대한 그러한 희망을 어떻게 실현할 것인가는 그저 담력이나 용기의 문제가 아니다. 그것은 인간조건의 존재론적 특성이다. 그것은 의도적 활동 체험이 자기 형성에 기여하기 때문이다. 자기 형성을 도모하는 의도적 활동은 기존에 검증된 방법을 따라가기보다는 가능성을 받아들이고, 독창성을 추구하며, 호기심을 발휘하고, 위험을 감수하며, 실험정신에 따르는 법을 알아야 한다.

자기 형성 교육이 지향하는 존재성[32]

윤리적 존재 형성

세상 속에서 살아가면서 자신의 미완성을 의식적으로 깨달음으로써 책임 있는 존재가 되고, 따라서 우리가 세계 속에 윤리적으로 존재하게 된다는 개념을 떠올려보자. 사실 책임이라는 것은 내가 다른 사람들과 맺는 관계이자 그로 인해 응답할 수 있는 능력이 전제되어야 한다. 이때의 윤리란 인간관계의 규칙을 말한다. 그러므로 윤리적 존재의 책임은 다른 사람이 요구하는 것에 대한 나의 관심이자 반응을 의미하는 것이다. 요약하면 윤리적 존재의 책임이란 바로 나의 응답 능력이다. 응답 능력은 공명의 능력이며 구성의 능력이다.

역지사지易地思之라는 말을 생각해보자. 그 뜻은 누구나 알고 있듯이, 입장을 바꾸어 생각해보라는 것이다. 역지사지를 실현하려면 남의 입장이 되어보아야 하는데 그러려면 지금의 나를 버려야 한다. 하지만 내가 남이 되는 것은 불가능하다. 내가 나이면서 동시에 남이 되는 길은 내 속에 들어 있는 남을 발견하는 수밖에 없다. 따라서 각자가 응답 능력을 가진 윤리적 존재들은 대화의 장에서 서로의 차이에 직면함으로써 배우고 성장하는 참된 대화의 가능성을 일관되게 요구하게 된다. 그리고 지금-여기 벌어지고 있는 사건들의 맥락에 충실하게 참여하고 있어야 한다. 가다머Hans-Georg Gadamer에 있어서 윤리란 사람들 사이의 "대화적 실천의 윤리"이다. 이미 대화하고 있다는 사실 그 자체에 윤리적·실천적 요소가 포함되어 있다는 것이다. 그의 의견에 따른다면 질문과 대화의 실천이 윤리적 삶과 앎의 토대라고 볼 수 있다.

우리는 다원적 언어 속에서 산다. 기도하고, 노래하고, 가족과 이야기하고, 관리들에게 청원을 내고 할 때, 우리는 모두 다른 체계의 언어들을 쓴다. 내 안에는 여러 개의 언어와 목소리가 존재한다. 학교에서 선생님과 대화하는 언어와 목소리, 친구들과 어울리는 목소리와 언어,

---

32. 자기 형성이라는 표현은, 제1부의 첫 번째 글에서는 '존재론적 이중화'라는 개념으로 설명한 사회적 개인과 맞닿아 있으며, 두 번째 글에서는 개체발생적 발달로 형성된 개체적 존재와 일맥상통한다. 사회적 개인인 개체적 존재는 자신의 존재 물음을 던질 수 있다는 점을 강조한 바 있다(72쪽 참고). 자기 형성적 존재 물음을 던질 수 있는 개체적 존재의 능력을 세 가지로, 즉 윤리적 존재 형성, 지적 해방의 구현, 심미적 형상 체험 등으로 구분해보았다.

혹은 영화 속의 주인공의 언어와 목소리 등 다 헤아릴 수 없을 정도이다. 다원적 언어의 내부에는 이미 대화 작용이 들어 있다. 다원적 언어는 서로 관계없이 이질적인 언어 체계로 공존하지만 참다운 언어는 대화적이다. 권위주의적인 언어는 조종의 언어이기에 대화는 성사될 수 없다. 그런 언어들은 살아 움직이는 생각, 느낌, 인간관계, 생생한 실존을 마비시킨다.

윤리적 존재는 대화적 이성을 이끌어낼 수 있는 환경을 창안한다. 대화적 이성은 내가 하고 있는 말에 대해 다른 사람이 응답하는 과정에서 그것은 내 말에 대한 도전이자 답변의 형태를 띠면서 대화의 관계로 들어가게 된다. 대화의 관계에서 윤리적 존재로 성숙하기 위해서는 다음과 같은 물음들을 던질 수 있어야 한다. 이를테면 어린이는 자신에 대해 어떻게 생각하는지, 그는 어떤 경험을 했으며 어떤 일에 능력을 발휘할 수 있는지, 그는 얼마나 오랫동안 일을 끌고 나아갈 수 있는지 하는 물음들이다.

사람이란 사회·역사적 관계의 맥락 속에 던져지고, 그 맥락에 의해 형성되는 존재이다. 우리가 우리를 윤리적 존재로 구성해낼 수 있는 것은 우리가 형성되는 과정 속에 있기 때문이다. 즉, '형성 과정becoming'이 바로 존재의 조건이기 때문이다. 자기 형성의 윤리는 자유의 실행이어야 한다. 자유의 실행은 자신이 처한 상황 속에서 사안들을 비교할수 있어야 하고, 평가도 할 수 있어야 하며, 때론 적극적으로 개입하여 결정할 수 있어야 한다. 그러한 실행은 결국 새로운 방향을 택할 수 있을 때, 그렇게 함으로써 우리 자신을 윤리적 존재로 구성하게 되는 것이다.

그리하여 우리는 실제로 우리가 누구인지를 발견하고 우리가 우리의 삶에 어떤 의미를 부여하는지를 알 수 있다. 한마디로 말해 우리는 우리 자신을 주체화해야 하는 것이다. 그것은 자신을 반성할 수 있고, 존재로서의 자신을 알고, 존재하는 일에 개입하고, 변혁하고, 그에 대해 말하는 한편 조사하고, 비교하고, 평가하고, 가치를 부여하고, 결정하고, 단절하고 꿈꿀 수 있는 존재로 되어가는 것이다. 여기서 윤리적 필요성이 요구되는 곳은 결정, 평가, 자유, 결단, 그리고 선택의 영역이다. 그러므로 그것을 위반할 가능성이 있다고 해도 윤리적 토대를 마련하는 일은 불가피하다. 그리고 위반은 일어나게 마련이다. 그렇기 때문에 자신이 하는 행위에 대해 윤리적 책임을 벗어나기를 바랄 수는 없다.

지적 해방의 구현

해방이란 모든 인간이 자기가 가진 지적 주체로서의 본성을 의식하는 것이다. 아마 소크라테스가 한 말인 '너 자신을 알라'에서부터 모든 인간의 해방에 대한 문제 인식이 출발한다고 볼 수 있다. 또한 인간은 하나의 세계 안에 산다. 공간과 시간 그리고 그것들이 구성해내는 환경 속에서 살아간다. 그런데 인간은 사유의 힘을 통해서만 그 세계에 관해서 알 수 있다. 우리는 이 세계 안에서의 인간의 본성과 규정에 대하여 물음을 던진다. 그럼으로써 사유가 인간을 지적으로 해방한다는 것을 깨닫게 된다. 자기 형성의 교육에서는 무엇보다도 지적 주체의 본성을 의식할 수 있도록 하려면 '생각하도록 하는 교육'을 해야 한다. 일상적 삶 속에서 우리는 여러 가지 형태의 교육적 실천을 경험할 수 있다. 도처에서 관찰한 것을 비교하고, 조합하여 사유의 구성물을 만들어내고, 또 어떻게 그렇게 했는지에 주목하는 것이 중요하다. 다시 말해 자신이 그것의 주체가 되는 지적 행위들을 검토함으로써, 그가 자신의 행위 속에서 사유하는 존재의 힘을 쓰는 방식을 의식하게 된다.

그래야 비로소 자기 자신을 해방할 수 있다. 지적으로 해방된 존재는 자신이 본 것을 검토하고 자신의 행위를 헤아리는 가운데 자신을 아는 존재이다.

우리는 앎의 길과 해방의 길을 식별해야 한다. 교사가 아이들에게 "이해했어요?"라고 물음을 반복하는 것은 앎의 길이지 해방의 길은 아니다. 설명과 이해의 구도하에 있는 전통적인 교육학에서 지적으로 해방되는 존재로의 성장과 발달의 싹은 돋아날 수 없다. 특히 평가와 측정 그리고 각종 시험제도가 성장과 발달의 합리적 근거로 작용하는 교육적 환경에서는 해방된 지성이 개화할 기회를 마련한다는 것은 어렵다. 평가와 측정은 현실의 풍부한 경험들을 왜소하게 만들며, 시험은 시험 가능한 내용만을 다루게 한다. 더욱이 우려되는 것은 이런 교육적 환경은 결국 기존 권위와 특권을 강화하는 데 안성맞춤인 것이다.

지적 해방을 구현하려면 어떤 의지의 강제가 필수적이다. 의지란 의식적으로 목적을 확정하고, 확정한 목적에 따라 자기의 행위를 지배하고 조절하여, 목적을 실현하는 심리적 과정을 뜻한다. 의지의 요소는 일상 행위에서는 그다지 뚜렷하게 드러나지 않지만, 지적 해방의 과정에서는 강렬하고 선명하게 드러난다. 지적 해방의 과정에서는 극복해야 할 장애와 난관이 존재하며, 이러한 장애와 난관에 부딪힌 사람은 의지의 문제에 직면하게 된다.

이렇듯 우리가 직면하게 되는 의지의 강제하에서 우리가 할 수 있는 행위가 바로 주의主意라고 할 수 있다. 의지의 강제를 통해서 우리에게는 본 것과 말하는 것에 주의를 기울이는 하나의 힘만 있다. 주의를 기울이는 힘은 자신의 욕구와 실존적 상황이 자신들에게 요청하는 지능인 것이다. 지적 해방의 길로 들어서기 위해서는 주의만이 필요하다. 그것은 주변의 사물, 자기 자신, 또는 자기 자신의 활동에 대해 가지는 태도의 체험이기도 하다. 일반적으로 주의력이 깊은 사람은 사고와 활동에 활력이 넘친다. 주의력이 깊은 아이는 타인의 눈으로 배우는 것에도 익숙하다. 관찰한 결과를 주고받고 보충한다. 다른 사람과 더불어 함께하면서 대화적 이성을 구성한다. 대화적 이성의 구성 활동에서 생각들은 나뉘고, 이야기되고, 다른 이에게 번역되고, 그것을 들은 다른 이는 그것으로 또 다른 이야기를 만든다. 이러한 공통의 노력 속에서 서로의 생각을 짐작하려는 의지가 발생한다. 그 의지는 주의를 기울이는 힘을 한껏 고양시킨다.

한편 주의력은 호기심을 불러일으키고 양식good sense을 형성하게 한다. 양식을 훈련함으로써 우리는 정신적 성장이 가능한데, 본래 호기심이 양식의 몸체이다. 주의를 기울이는 힘으로부터 연유하여 질문하게 되고, 비교하고, 의심하고, 평가하는 우리의 능력을 조직적으로 쓰면 쓸수록, 우리는 더욱 유효한 호기심을 갖게 되고 우리의 양식은 더욱 조화를 이루게 된다. 양식은 내가 알고 싶어 하는 것을 알려주지 않을 수도 있지만, 내가 꼭 알아야만 하는 뭔가가 있음을 말해줄 것이다.

심미적 형상 체험

인간의 자기 형성 노력에서 중요한 것이 심미적 감성의 발달이다. 그것은 감각이 육체적 존재로서 인간의 현실적 토대를 이루기 때문이다. 사람들은 감각을 만족시키는 배열을 '심미적'이라고 말한다. 우리가 일상에서 자주 사용하는 '육감六感'이라는 단어가 있다. 다섯 가지 감각—시각, 청각, 미각, 후각과 촉각은 그 감각에 해당하는 기관들이 있다. 하지만 육감을 느끼는 기관이 별도로 있는 것은 아니다. 육감은 구체적이고 실제적인 오감들이 만나 탄생시킨 새로운 감각이다. 이 감각에 주목한 것이 상징주의 시인이라고 한다.

한편으로는 인간이 처한 많은 문제들이 이 감각을 어떻게 극복하는 가와 관련되어 있다. 그러나 감각을 떠나는 것은 여전히 삶의 현실을 떠나고 그것을 공허하게 하고 만다. 이런 곤경에서 예술은 감각에 충실하면서도 거기에서 일정한 규범성을 발견할 수 있다는 암시를 준다. 심미의 영역에서의 자기 형성은 서로 섞일 수 없는 것들—진리와 도덕이 감정 및 감각과 하나로 존재한다는 것을 체험하게 된다. 또는 그것들은 서로 진동하는 혼용의 관계에 있다는 것을 몸소 겪게 된다.

실러Friedrich Schiller는 아름다움을 가르치는 것에 관심이 있었다. 그는 심미적 감성을 불러일으키려면 그것은 유희 충동에서 비롯하는 '심미적 잉여'에 대한 것에서 출발해야 한다고 주장한다. 유희 충동의 심미적 잉여는 현실을 이미지로 전환시키려는 형상의 충동이 강하게 개입하면서 참다운 아름다움에 대한 요청이 된다. 동물이나 식물의 놀이 활동에서 물질적 잉여로서의 아름다움에 대한 요청을 발견할 수 있다. 가령 굶주리지 않고 다른 맹수의 위협이 없을 때에 사막에 울려 퍼지는 사자의 포효는 그 자체로 의미를 가진 대상물이 되고 무목적적 과시의 즐거움이 된다. 새의 울음소리도 그러한 것이라 할 수 있지만, 식물이 필요 이상의 가지와 뿌리와 잎을 내는 것은 엄밀한 필연적 법칙을 넘어 '생명이 기쁨의 움직임' 속에 그 에너지를 가외로 써버리는 경우이다. 이러한 데에서 이미, 물질세계의 족쇄를 반쯤 벗어버린 심미적 감성으로의 변이가 일어나면서 형상의 세계가 열리기 시작한다. 여기에 상상력이 작용한다. 형상화 작용이란 어떤 사물에 이미지를 부여하고 의미를 부여해서 새로운 세계를 만들어내는 것이다. 따라서 형상적 사고란 객관 사물의 구체성과 형상성을 버리지 않으면서, 이를 연관시키고 개괄하고 종합하여 사물의 본질과 법칙을 파악하는 사고이다. 문학예술 창작에서는 이러한 형상적 사고가 대단히 필요하다. 형상에 대한 직감, 상상의 형상화 그리고 형상의 표현 등 문학예술 창작 과정에서 나타난다. 이런 과정을 거치면서 일반화된 감성에서 심미적 감성으로의 도약이 일어나는 것이다.

체험은 감성 작용이다. 그것은 감각에 직접적으로 작용하는 힘에 대한 체험이라고 할 수 있다. 뜻을 제대로 파악하지 못하고 듣는 미국 할렘 흑인들의 랩이나 이태리의 칸초네나 프랑스의 샹송이나, 어쩌면 가사가 있는 이 세상 모든 노래들에서 감각적 힘의 작용에 대한 적절한 예를 찾을 수 있다. 체험으로 와 닿는 우리의 감수성은 산업문명에서는 대체로 억압되어 있다. 그렇기 때문에 체험은 궁극적으로 감성작용의 힘이 어떻게 우리의 삶에 적극적으로 기능하는가에 초점을 맞추어야 한다. 다양한 체험은 반추를 통해 경험으로 축적된다. 그 경험은 새로운 체험을 창출한다. 어떤 체험을 미적인 것으로 분류할 수 있는 것은 저항과 긴장, 그리고 원래 기분 전환을 유발하는 흥분을 폭넓고 완결된 체험의 마무리로 탈바꿈시키는 특별한 역동성이다. 역동적인 체험에는 짜임이 있기 때문에 어떤 형식이 있다고 할 수 있다.

심미적 관심은 자기 자신을 윤리적으로 만들어가는 자기 형성의 구축 과정이다. 아름다움의 외적인 형상은 곧 보는 사람과 감각에 호소한다. 윤리적인 것은 심미적인 것과 만나는 가운데 주체 자신을 고양시킨다. 심미적 형상화를 체험한 주체는 도덕을 자유에 호소함으로써 자기 형성의 교육적 경험을 촉발할 수 있게 된다. 이렇게 하여 미적 체험에 바탕을 둔 도덕이나 정치적 원리—평등한 우애의 관계를 포함한 정치적 원리—는 자연스러운 인간의 특징, 인간 사회의 특징이 될 수 있다.

마을학교의 과제

마을학교의 철학적 기초로서 교육의 인간적 구성에 관해 정리해보왔다. 인간주의가 아닌 인간의 구성 관점에서 교육 활동 과정에서 봉착할 수 있는 쟁점들을 다룰 수 있는 모체를 제시해보려고 했다. 이것 역시 담론적 장에서 재검토되어야 할 것으로 본다. 마을학교를 생각할 수 있었던 현실적 계기도 살펴보아야 한다.

경기도와 서울을 중심으로 일어난 혁신학교 운동과 현재 전국적으로 확산되고 있는 마을 만들기 운동이 마을학교를 사고할 수 있는 물질적 조건이라고 할 수 있다. 서울에서 일 년 남짓 혁신학교를 참관할 수 있었는데, 그때 느낀 것이 교육 혁신을 단위 학교 차원에서만 하기에는 그 한계가 있다는 것이다. 또한 학교 밖의 문화예술 교육 역량이 꾸준히 축적되어 있다는 것도 마을학교를 생각할 수 있는 고무적인 현상이다. 특히 경기도의 '작은 학교' 중심의 혁신학교는 지역과 연계된 교육과정을 구현할 수 있는 가능성을 보여주었다. 서울형 혁신학교에서도 국가교육과정을 재구성하려는 시도를 함으로써 방과 후 초등 교육과정의 잠재성을 보여주었다.

마을학교는 대안학교가 아니라는 점을 분명히 하고 싶다. 마을학교는 관료화된 공교육 체계의 혁신을 촉발하는 교육 혁신에 마을 주민들의 지성으로 참여해보려는 움직임이다. 아이들의 성장과 발달을 이끌어내는 교육은 국가 주도의 교육과정만이 유일한 것이 될 수 없다는 문제 인식에서 출발하며, 교육적 환경의 조성에 따라 교육과정은 다양할 수 있음을 보여주려는 것이 마을학교 교육이 추구하려는 바이다. 이러한 움직임은 혁신학교의 동력과 마을 만들기가 서로 융합하여 여러 경우의 형태로 조직화되기를 기대한다.

삶을 가꾸는 마을학교[*]

왜 마을학교인가?

마을이란?

요즘 마을에 관한 얘기들이 돌아다닌다. 마을을 이야기한다는 것은 마치 물에서 나온 고기들이 '물이 얼마나 중요한가' 하면서 서로한테 물을 뿌려주는 것과 같다고 할 수 있다. 마을에서 살던 사람들이 마을이 얼마나 중요한지 어떤지도 모르고 살다가, 거기서 벗어나고 나서야 '마을이 얼마나 중요한가' 얘기하게 된 것이다. 한동안 재건축을 못해서 아우성치는 세태를 보면서 안타까워하기도 했다. 재건축을 위한 조합의 결성은 마을 그 자체의 존재 의미는 사라지고 개개인의 소유의식이 합쳐진 대상물에 불과한 것이다.

우리는 마을을 삶의 바탕을 이루는 실존양식으로 바라 볼 수 있어야 한다. 마을의 곳곳에는 삶의 기억과 흔적들이 깃들여 있기 마련이다. 과거에 우리가 체험했던 기억과 흔적들이 만들어낸 삶의 주름들은

---

[*] 이 글은 『인천문화현장』 통권 31호에 실렸던 내용을 일부 수정, 보완하였고 재편집되었다.

일상화된 도시적 삶에 대하여 외부적 장소라는 마을 관념을 형성하게 한다.

길―밭에 가서 다시 일어서리 1

_김준태

어디로
가야 길이 보일까
우리가 가야 하는

길이 어디에서 출렁이고 있을까

더러는 사람 속에서 길을 잃고
더러는 사람 속에서 길을 찾다가

사람들이 저마다 달고 다니는 몸이
이윽고 길임을 알고 깜짝깜짝 놀라게 되는 기쁨이여

오 그렇구나 그렇구나
도시 변두리 밭고랑 그 끝에서
눈물 맺혀 반짝이는 눈동자여

흙과 서로의 몸 속에서 씨앗을 뿌리는 사람이 바로 길이었다.

김준태의 시 속에서 마을 관념이 깃들어 있음을 읽어낼 수 있다. 마을 관념은 시장논리에 식민화된 도시적 삶에 대해서 한발 물러나서 생각하게 한다. 그것은 무한 경쟁을 촉구하는 사회에서 더 이상 원하는 삶을 살아갈 수 있을는지 하는 의심의 눈초리이다. 의구심으로 바라보는 시선은 기존 공동체의 충실한 성원으로서는 더 이상 삶을 유지하기가 어렵다는 의지작용의 단초이다. 의지가 작용하는 시선이기에 더 이상 지배적 이념의 설득 논리에 흡수되지 않는다. '의심한다'는 의지는 공동체(시스템) 혹은 동일자들의 연대로부터 밖으로 나오는 것을 의미하며, 이것은 새로운 실존양식을 모색하는 것이다. 사실 실존의 'existence'라는 단어에서 'ex'는 '바깥'을, 그리고 'istence' 부분은 '존재한다'라는 뜻이라고 한다. 그렇다면 'existence'라는 말은 '바깥에 존재한다'는 의미가 된다. 우리에게 마을이란 관념은 시장원리의 무한 경쟁적 삶의 도식에 의심을 품게 함으로써 존재를 바깥으로 벗어나게 하는 문제 설정인 것이다.

모든 삶의 도덕적·윤리적 기초는 일정한 장소에 터해서 구성되는 믿음, 신뢰, 정직성 등의 것들이다. 마을이라는 지리적 형태의 테두리가 있어야 사람들 서로가 서로를 대면하면서 상호 간에 도덕적·윤리적 삶의 방식을 터득하게 된다. 그런데 현대의 도시생활에서 공간적·지리적 영역에서의 삶을 한정하는 것이 그리 간단치 않다. 그렇기 때문에 관념으로서 마을이란 일정하게 특권적인 영역을 차지하고 있는 실체가 아니다. 마을은 영토적으로 제한된 존재being라기보다는 생성becoming의 관점에서 구성된다. 마을은 삶의 윤리적 차원에서 함께 생성하는 관계를 일컫는다. 그런 과정에서 마을 관념이 형성되는 것이기에 마을은 목적론적 과정으로서 성취해야 할 목표가 아니라 무한히 개방된 실천과정이다. 다른 무엇과 결합해 구성적 존재로서 표현될 때에만 마을 관념은 실존하는 원인이다. 따라서 마을은 외부적 요소들과의 구성적 활동 없이 따로 존재하지 않는다.

우리들 각자는 거의 언제나 사물을 조금씩 다르게 본다. 우리의 실존적 관심(상황에 따른 욕구와 필요)이 타인의 관심과 근접할 수 없는 경우에는 사물을 보는 관점이 상당히 달라진다. 그리고 그 때문에 간극이 생긴다. 그러므로 각자는 서로에게 여전히 타자로 남아 있기 마련이다. 시인 정현종은 「섬」이라는 시에서 단 두 줄로, "사람들 사이에 섬이 있다. 그 섬에 가고 싶다"라고 하여 사람들 사이에서의 윤리적인 삶의 모색 가능성을 시사한다. 사회는 마을을 구성하여 개인들 간에 윤리적이고 실천적인 모종의 공통 기반을 창출해야 하고 격차를 줄여야 한다. 타자들을 묶어주는 공통적인 것이란 일상적 의미의 사안들, 문제들을 공유하고 같이 해결해나가도록 하는 것이다. 그러나 더 근본적인 것을 살펴야 한다. 실제로는 각자의 독특한 경험을 소통하려는 충동들, 그리고 공동의 경험으로 만들어가는 의지와 노력, 비언어적 소통으로서 신체들을 공명시키고 하나의 흐름 속에 합류할 수 있도록 하는 삶의 문화적 바탕을 구축해야 한다.

현행 교육의 문제점

주5일제 수업이 전면적으로 시행되면서 지역사회에서의 방과 후 교육의 중요성이 부각되고 있다. 그동안 교육이 학교 교육의 틀 내에 치중되었다면 주5일제 시행 이후 지역사회의 교육 기능도 활성화해야 하는 과제가 떨어졌다. 방과 후 교육을 통해 학교와 지역사회가 협력 체제를 구축하여 지역의 교육 기능을 되살린다면 지역공동체 활성화에도 도움이 될 것이다. 그러나 낙관적인 전망은 금물이다. 학교와 지역사회가 교육적 기능상에 분업적 관계를 형성하는 방식으로 접근하려고 할 것이다. 그런 경우 지역사회는 학교 교육의 보족적인 기능으로

위치 지어질 것이 뻔하다. 이런 발상은 교육 구조의 근본적인 문제점을 제기하지 않는 지역사회의 교육 기능은 교육의 문제를 지역사회로 확산시키는 것에 불과하다.

교육의 구조적 문제는 요약하면, 교육행정의 관료주의와 국가교육과정의 표준화라고 할 수 있다. 관료주의의 문서 행정은 교육의 현장감을 잃어버리게 하여 교사들을 수동적인 교수 행위자로 전락시키고 있다. 또한 표준화된 국가교육과정은 선행 학습을 가능케 하여 입시 경쟁을 전 학년에 걸쳐 재생산하고 있다. 이런 조건 때문에 초등학교부터 입시를 염두에 둔 교육이 이루어진다.

근대적 학문 중심 기반 국가교육과정과 입시 체제의 연동으로 인해 학생들의 성장과 발달을 왜곡하는 지경에 이르렀다. 학교에서 가르치는 교과 지식과 연계된 권력적 속성에 대한 비판이 있다. "형식적 학교 지식은 누군가의 세계 해석이고 누군가의 실재이다. 그 기본 성격은 권위이다. 형식적 학교 지식은 옳고, 그것은 교과서에 쓰여 있고, 교사가 말하는 것이다." 입시를 의식한 교실 수업에서 학생은 쏟아지는 도식화된 교육과정 지식에 대해서 의문을 제기할 시간이나 여력을 거의 갖지 못한다. 학교를 혁신하려는 제반 노력에도 불구하고 학교 자체가 근대적 시공간으로 설계되어 있어 교육이 '수업 따로, 인성교육 따로, 창체 활동 따로' 이루어지는 것이 현실이다.

한편 문화예술 교육은 시대적·사회적 요구와 함께 제도적 뒷받침에 근거하여 빠르게 확산되었다. 문화예술 교육을 단지 개개인의 감성 계발 교육 차원으로서만이 아닌 보편적인 교육으로서 그리고 공교육 체계 내에서 대안적 교육과정으로서의 새로운 모델을 제시할 필요가 있다. 그런 점에서 중앙에서의 당위적 접근이나 획일적으로 기준을 세우고 문화 소외 계층에 수혜를 베푼다는 자세의 사업에서 발상의 전환이 필요하다. 문화예술 교육은 학문 중심 교육과 입시 체제하에 매몰된 대안적 삶의 탐색 기회를 제공할 수 있어야 한다. 기존 교육 체계를 보완한다는 소극적 접근에서 탈피하려면 문화예술 교육의 활동 범위가 '학교', '교실'이라는 협소한 관점에서 벗어날 필요가 있다. 아울러 학문 기반 교육과정에 기반을 한 교과 통합형 문화예술 교육이란 접근도 근본적으로 재검토되어야 한다. 교과 통합형 문화예술 교육에 대해 한마디만 한다면, 발달적 체험이 어디에서부터 시작되어야 하는가는 언급하지 않고 예술의 형식화 기능에만 초점이 맞추어져 있기에 학교 현장에서 교육적 효과를 기대하기가 녹록하지 않다. 문화예술 교육이 기존 교육의 대안으로 출발하기 위한 재개념화의 노력은 '발달'이라는 관점에서 이루어져야 한다.

발달이 일어나는 마을학교

생명 현상으로서 발달적 변화는 사람들의 삶의 과정에 내재한 특성이다. 생명이 있는 유기체는 생성을 겪는 한에서만 존재할 수 있으며, 변화하는 한에서만 존재할 수 있다. 한편 사회·문화적 맥락에서 발달이란 사회적 국면에서 일어나는 개인 간 과정에서의 사태들이 개인 국면의 내적 체험으로 변환하는 과정이다. 당연히 발달의 발생적 기원은 사회·문화의 역사적 조건들이다. 특히 개인의 발달적 변화는 제한된 활동 범위niche에서 국지적 수준에서 일어나기 마련인데, 이때 자기 자신을 행동의 주체로 체험한다. 자아의 활동에 깊이 연결되어 있는 체험이란 것은 나의 활동이 나의 힘과 능력의 표출임을, 나와 나의 활동 그리고 그 활동의 결과가 일치하고 있음을 의미한다. 당사자가 자신의 체험적 진실에 충실하려고 하는 것은 예를 들면, 자기를 성장시키고 새롭게 하는 것, 자기를 사랑하는 것, 그리고 관심을 가지고 귀 기울이며 베푸는 것 등을 말한다. 이런 경험들은 그 어느 것도 언어로는 완전히 재현될 수 없다. 언어란 우리의 체험을 채워주는 그릇이기는 하지만, 체험을 완전히 담을 수는 없다.

체험을 통한 발달적 변화는 인간의 힘을 생산적으로 사용한다는 의미에서의 내적 활동 상태를 뜻한다. 이 활동 상태는 인간에게 주어진 소질과 재능—타고난 정도는 다르지만—천부적으로 갖추어진 풍요로운 인간적 재능의 표출이다. 이런 경우 어떤 새로운 것이나 독창적인 것을 창조하는 능력과는 무관하며, 이 경우에 중요한 것은 활동의 산물이 아니라 활동 상태의 질이다. 활동 상태의 질을 판가름하는 발달은 체험하는 사람의 내적 상태에서 일어나는 사건들의 능동적인 과정적 상태를 표현하는 말이다. 그것이 굳이 어떤 예술작품이나 과학적 업적으로 산출되거나 또는 유용한 무엇으로 대신할 필요는 없다. 특히 지적 존재로서의 발달적 변화는 사람들이 믿고 있는 지식 체계를 확인하는 데에 있지 않고, 인간의 지적 행위가 스스로를 확증하는 과정에 있다.

키에르케고르의 철학은 체험의 내면화에 따른 발달적 변화를 이해하는 데 도움을 제공한다. 그는 개인의 개별적, 자립적 내면성을 확립할 필요성을 주장한다. 개별적 내면성을 가진 존재만이 다른 존재로 환원되지 않는 자기 고유의 존재 의의 또는 존재 가치를 가질 수 있기 때문이다. 그에 따르면, "인간은 정신이다. 그러면 정신이란 무엇인가? 정신이란 자아이다. 자아란 무엇인가? 자아란 자기 자신에 대한 하나의 관계이다. 이를테면 관계가 자기 자신과 관계를 맺는 그 관계 속에 있음을 말한다. 그러므로 자아라고 하는 것은 관계가 아니라, 관계가 자기 자신과 관계하는 것을 말한다." 자기 자신과 관계하는 모습을 유하와 황동규의 시를 통해서 알아본다.

오징어

_유하

눈앞의 저 빛!
찬란한 저 빛
그러나
저건 죽음이다.

의심하라
모든 광명을!

꿈, 견디기 힘든

_황동규

그대 벽 저편에서 중얼댄 말
나는 알아들었다
발 사이로 보이는 눈발
새벽 무렵이지만
날은 채 밝지 않았다
시계는 조금씩 가고 있다
거울 앞에서
그대는 몇 마디 말을 발음해본다
나는 내가 아니다 발음해본다
꿈을 견딘다는 건 힘든 일이다

꿈, 신분증에 채 안 들어가는

삶의 전부, 쌓아도 무너지고

쌓아도 무너지는 모래 위의 아침처럼 거기 있는 꿈.

　두 시에서 알 수 있다시피 키에르케고르의 자아는 자기가 속한 공동체나 시스템에 대해 자기 관계적 내면성을 구축하고 있다. 그것은 자신의 지적 행위가 인식하는 삶의 방식에 대해 자기 성찰을 더하는 동기를 부여하게 된다. 아직 개인이 개별적인 내면성을 갖추지 못한 경우, 원자적인 개인들이 동등한 권리와 의무를 교환하는 계약론적 사회야말로 동일자들의 연대에 불과하다. 거기에서 키에르케고르의 자아는 더 이상 찾아볼 수 없다. 발달한다는 것은 개인 내면의 주체적 힘을 촉발하고 확장하는 변화라고 할 수 있다.

　키에르케고르의 자아는 인간을 탈동물화시키는, 개인 내면의 주체적 힘이다. 내면성의 내적 논리는 경험 속에 주어져 있는 것이 아니다. 그것은 오히려 '발견'되어야 한다. 벤야민은 '관조'를 하나의 방법으로 제시한다. 이 관조는 결코 순수 관념적인 과정 속에서 전개되는 것이 아니다. 이 관조는 부단히 사물로 되돌아오는 관조이다. "사고는 지침이 없이 새롭게 출발하고 힘들여 사물 자체로 되돌아온다. 이처럼 끊임없이 호흡을 되풀이하는 방식이야말로 관조의 가장 고유한 존재 형식이다." 사물에의 부단한 회귀가 우리에게 필요한 것은 인간의 나르시스적 존재 자체가 진리와 대립하기 때문이다. 이러한 회귀는 언제까지 되풀이되어야 할까? 그것은 사물에의 회귀가 나르시스적 존재에 내재한 편집증에 구멍을 뚫고 사물이 그처럼 존재하는 필연성을 포착할 때까지이다. 위의 두 시는 벤야민이 제시한 관조에서부터 그 시상이 떠올랐다고 볼 수 있다.

마을학교의 상

마을학교의 기능

교사로서, 또 먼저 산 사람으로서, 중요한 것은 다음에 오는 사람에게 자기 길을 자기가 헤쳐 나가야 하는 것이 삶이라는 것을 깨닫게 하는 일이다. 그 길이 어떤 것이냐 하는 것은 자기가 알아서 발견해야 한다. 자아를 만들어가는 것도, 어떤 자아를 만드느냐에 관계없이, 만들어가는 것임을 깨닫는 것이 핵심이다. 그러려면 도처에서 관찰하고, 비교하고, 조합하고, 만들고, 또 어떻게 그렇게 했는지에 주목하도록 하는 것이 중요하다. 자아를 스스로 만들어가는 과정이 낯설고 두려울 것 같지만, 스스로 만들어가는 내면적 능동의 상태가 우리를 지켜준다. 도처에서 내면적 능동 상태를 체험하면서 자기로 되돌아가야 한다. 그것은 자신이 그리는 지적 행위의 길로 항상 나아갈 수 있는 가능성에 무조건 주의를 기울이는 것이기도 하다. 이때 실천의 의지가 돋보이는데, 사람은 시작하고 만들고 변형하며 스스로를 끊임없이 외부화하려고 노력하는 실천적 주체이다. 실천의 의지는 자유로운 창조보다는 주어진 가능성 속에서의 선택과 결단이라는 형식을 취하게 되는데, 이와 더불어 여러 개념을 뚫고 지나가는 사유의 움직임이 핵심이다.

자아를 스스로 만들어가는 과정은 세계 자체가 그 사람을 통해서 어떤 지속성을 표현하는 것이라고 할 수도 있다. 개인의 자아 형성 능력이 시대의 어떤 보편성과 부딪혀서 개인의 고유한 스타일을 창조해낼 수 있다. 가령 베토벤의 음악을 들으면, 그게 소나타 형식으로 된 것이든 푸가 형식으로 된 것이든, 혹은 교향곡이든 '음, 이건 베토벤 음악이군.' 하게 하는 베토벤 스타일을 생각해볼 수 있다. 스타일은 세계가 가진 주제를 어떤 사람의 인격을 통해 변주하는 것이다. 이 사람한테는 이렇게 변주해서 나타나고, 저 사람한테는 저렇게 변주해서 나타나는 것이다. 스타일에 가까이 가려고 노력하는 게 우리의 지적·전인적 노력의 목표이지만, 이것이 나의 노력을 매개로 이루어진다는 사실이 중요하다. 마을학교는 바로 이 세계가 개인에게 변주되어 나타나도록 하는 장소여야 한다.

스타일에 대해 얘기할 때, '우리에게 주어진 실천적 한계 안에서 내가 발견하는 사건'으로 말하는 것이다. 스타일은 객관적인 것도 주관적인 것도 아니지만, 그것은 다가오는 모든 것을 향해 열려 있는 변형과 변이의 순수 잠재성 그 자체다. 그것은 다른 사람에게 일어나는 것과 차이가 있으면서도 동시에 공통된 것이다. 스타일 자체가 삶의 바탕에서 이루어지기 때문이다. 삶은 근본적으로 공통적이라는 점이 보편성이다. 그러나 삶의 공통성은 잠재적인 것이다. 기형도의 시에서 삶의 공통 가능성을 잘 표현하고 있다.

소리의 뼈

_기형도

김 교수님이 새로운 학설을 발표했다
소리에도 뼈가 있다는 것이다
모두 그 말을 웃어넘겼다, 몇몇 학자들은
잠시 즐거운 시간을 제공한 김 교수의 유머에 감사했다
학장의 강력한 경고에도 불구하고
교수님은 일 학기 강의를 개설했다
호기심 많은 학생들이 장난삼아 신청했다
한 학기 내내 그는

모든 수업 시간마다 침묵하는

무서운 고집을 보여주었다

참지 못한 학생들이, 소리의 뼈란 무엇일까

각자 일가견을 피력했다

이군은 그것이 침묵일 거라고 말했다

박 군은 그것을 숨은 의미라 보았다

또 누군가는 그것의 개념은 중요하지 않다고 했다

모든 고정관념에 대한 비판에 접근하기 위하여 채택된

방법론적 비유라는 것이었다

그의 견해는 너무 난해하여 곧 묵살되었다

그러나 어쨌든

그 다음 학기부터 우리들의 귀는

모든 소리들을 훨씬 더 잘 듣게 되었다.

삶의 공통적인 기반은 효과적인 문제 해결에 필수적인 요소이다. 목적을 위해 수단이 얼마나 더 효율적인지에 관심을 갖거나 목적과 수단이 뒤바뀌는 도구적 합리성을 통해서는 공통적인 것을 구성할 수 없다. 공통적인 것에 기반을 하지 못하여 보편화하지 못한 해결책은 해결책이 아니다. 그런 해결책은 결국 힘의 논리가 작용하기 마련이다. 보편적인 해결책은 단번에 만들어지는 것이 아니다. 공통적인 것이 지속적으로 구성되어야 하기 때문이다.

교육이 삶을 준비하고 연습하는 과정이라면 마을학교에서도 발달적 변화가 일어나야 한다. 자신의 삶의 방식을 자연이나 사물에 대한 관계의 변화 없이는 발달적 변화가 일어났다고 말할 수 없다. 우리의 감각부터 공통적인 것으로 변혁해야 한다. 공통적인 관계를 구성하려면 인간과 자연, 인간과 동물, 인간과 기계 및 인간과 사물의 관계, 한마디로 인간과 인간 아닌 것의 관계를 근본적으로 다시 사유해야 한다. 그것은 인간과 비인간을 가르는 그 경계를 근본에서부터 변환시키는 것이어야 한다. 아이들은 마을학교에서 공통성에 기반을 한 보편적 해결책을 스스로 설계하고 꾸려가는 실험적 작업을 하면서 내면적 능동의 상태를 체험할 수 있어야 한다. 마을학교와 관계를 맺는 학생들은 그들 고유의 사유 과정을 자극받게 된다. 새로운 의문, 새로운 관념, 새로운 전망이 떠오른다. 그래야만 우리 자신의 태도를 포함해서 사태를 변화시킬 수 있다. 이러한 배움의 체험이 일어나려면 당연히 마을학교는 학생들이 스스로 탐색하고 사회적 역할과 책임을 경험할 수 있는 작업장처럼 재구성되어야 할 것이다.

마을교육과정의 구성 방향

마을교육과정은 근대 학문 체계에 근거한 분과주의적 관점에 따라 이해되지 않는다. 여기에는 인간에 대한 다른 관점이 전제되어 있다. 마을교육과정에서는 지식을 과목별로 분리하여 가르치면 그 지식의 총합으로서 인간의 전인적 성장이 가능하다는 견해에도 동의하지 않는다. 본래적 인간은 완전한 인간이라는 개념이 아니라, 자발적으로 자기 이해를 형성해가는 인간이라는 개념을 따른 것이다.

스토아 철학에 카타렙시스katalepsis라는 말이 있다. 그것은 '내가 보았기 때문에 틀림없다'는 확신으로부터 시작되는 어떤 증거를 말한다. 여기서 확신의 근거는 통증, 사랑의 아픔이라고 한다. 스토아 철학자의 신념이나 학설은 그 사람의 감각적 확신으로부터 시작되는 경우가 많다고 한다. 감각적 확신은 철학자에게 사유가 나아가야 할 방향을 어떤 가능성으로 제시한다. 그것은 영어로 'authentic'('authentic'은 진정성으로 번역되는데 그것은 정체성의 문제로, 남의 삶의 모사가 아닌 자기 정체성에 진실한 삶을 의미한다. 정서적인 헌신이 배어 있는 전반적 삶의 자세로서, 특정의 가치관을 몸 전체로 사는 것을 의미한다) 하다는 것, '정말 이건 실감 난다'고 하는 것과 같다. 이런 경우 생각하다와 존재하다는 하나의 동일한 과정의 두 국면이라고 할 수 있다.

아우슈비츠 이후

_최명란

아우슈비츠를 다녀온
이후에도 나는 밥을 먹었다
깡마른 육체의 무더기를 떠올리면서도
횟집을 서성이며 생선의 살을 파먹었고
서로를 갉아먹는 쇠와 쇠 사이의
녹 같은 연애를 했다
역사와 정치와 사랑과 관계없이
이 지상엔 사람이 없다
하늘엔 해도 없다 달도 없다
모든 신앙도 장난이다

스토아 철학자들의 감각적 확신은 물질적 운동이 야기한 존재론적 사건의 효과이다. 그렇기 때문에 감각적 확신 자체는 사유의 대상이 아니라 사유를 촉발시키는 이미지 혹은 환경인 것이다. 최명란 시인에게 아우슈비츠의 체험과 거기서 야기된 감각적 사유의 이미지는 사유의 환경으로 작용한다. 사유의 환경이란 기존에 당연한 것으로 인정되어왔던 사유 체계들을 비판하게 하는 조건이다. 사유의 지평을 새롭게 열어나가도록 하는 감각적 확신과 사유 이미지들은 이런저런 개념을 동원하여 사유의 좌표계를 구축한다. 감각적 확신은 개념들을 꿰뚫는 사유의 이미지로서 개념들을 떠받치고 있는 그릇과도 같다. 그렇기 때문에 주체가 경험을 구성하는 것이 아니라 우발적인 사건의 체험으로 인한, 즉 감각적 압박을 가하는 카타렙시스에서부터 사유가 시작되는 것이다. 그것은 사람이라면 누구나 가지고 있는 '왜?'하는 질문의 발효인 것이다.

그러니까 문제를 생각한다는 것은 작은 것이라도, 그것이 절박한 것이라고 느껴지면, 늘 삶의 큰 바탕으로 열릴 가능성을 갖는다고 할 수 있다. 사물의 맥락을 뒤돌아보는 일이고 궁극적으로는 삶의 맥락으로 이어지는 일이 되기 때문이다. 작은 문제의식은 큰 문제의식을 열어놓게 된다. 문제 중심적이라는 것은 책을 보거나 공부를 하거나 생각을 하거나 이러한 바탕 위에서 한다는 것이다.

마을교육과정은 체험 중심의 교육과정이다. 체험한다는 것은 어떤 개체의 실존/활동하는 힘을 느끼는 것이다. 그 힘은 몸으로 느끼는 감각적 힘과 정신의 지적·의지적 힘으로 표현된다. 어린이들은 먼저 손과 가슴을 통해 세상을 배우고 느끼며 개념으로 확대해간다. 마을교육과정은 모든 학습 활동에서 실험, 관찰, 조사, 수집, 노작, 토론, 견학 등과 같은 학생의 직접적인 체험 활동을 강조한다. 이때 체험은 언제나 구체적인 활동과 결부되어 실행된다. 체험은 감성적 활동을 통해서 가능하다. 감성적 활동이란 감각적 세계를 변형하는 활동 일반을 말한다. 체험 중심 마을교육과정은 소집단 활동을 통하여 공동으로 감각적 세계를 변형시키는 다양한 활동들이 구체적으로 실행되어 현실적으로 펼쳐지는 것이다.

마을교육과정은 탐구 중심의 교육과정이다. 탐구 활동은 어떤 문제를 장기간 학습하되 그 문제가 학생들이 사는 마을 속에 있는 것이거나 아니면 적어도 학생들의 삶과 관계 지을 수 있어야 한다. 만약 학생들이 장기간 어떤 문제에 천착하여 그것을 심층적으로 이해하고 그들의 수준에서 그 문제에 정통한다면, 그때 느끼는 감정은 일생 동안 자신이 관심 있는 문제에 대해 심층적으로 알아보려는 성향의 기초가 될 수 있다. 나아가 어떤 문제에 천착하는 동안 학생들은 자신들의 지적 능력에 대한 믿음을 가지면서 배우려는 성향이 더욱 강해진다. 따라서 마을교육과정은 가능하면 학생들이 마을에서 경험한 것들을, 혹은 경험할 수 있는 것들을 중심으로 하되 그것을 공간과 장소와 관련하여 탐구하도록 하는 문제 중심으로 이루어져야 한다. 다시 말해 마을 생활 속에 내재한 의미들을 학습의 문제로 가져와야 한다. 물론 구성된 문제의 학습은 프로젝트처럼 장기간 한 문제로 진행하는 것이 가장 바람직하다.

마을교육과정은 표현 활동 중심의 교육과정이다. 표현 활동은 체험하고 탐구된 대상을 일정한 모양으로 빚어내는 것이다. 학생들은 당연히 자연과 주변 환경에 감각적으로 반응하게 되고, 자연스러운 호기심을 표출하며, 말하기, 그리기, 쓰기, 연극, 음악 등 예술적인 표현을 하게 된다. 아이들은 표현 활동을 통해서 대상의 숨겨진 무엇을 드러내고, 그것을 실현시키며, 나아가 완성해간다. 이오덕은 표현 교육을 민주주의의 시작이며 '생명을 살리는 교육'이라며 그 중요성을 강조하면서 말하기와 글쓰기, 그리기로 마음껏 표현하게 가르쳐야 한다고 하였다.

마을학교에 거는 기대

곳곳에서 커뮤니티 아트로 접근하는 활동가들 혹은 시민운동 주체들을 중심으로 마을 활동이 활발히 벌어지고 있는 것으로 알고 있다. 그것은 이미 마을 관념이 형성되는 물질적 조건이 마련되어 있음을 확인시켜준다. 이 글에서 마을학교는 모델로서 제시하고 있는 것이 아니다. 모델적 접근은 가시적 효과를 요구하는 실무자들에게는 실용적이다. 하지만 마을학교는 시대적 요구의 깊이를 헤아려볼 때, 얼마간 실험적 성격의 사업일 수밖에 없다. 그런 점을 고려하여 사유를 시작할 수 있는 철학적 단서들―삶의 공통성, 발달, 내면성, 카타렙시스, 스타일 등―을 풀어헤치는 글쓰기를 하였다.

마을학교는 마을 관념의 형성과 더불어 앞으로 우리가 생각하고 토론해야 할 과제인 것이다. 마을 관념의 형성이 제기하고자 하는 것은 마을학교에 대한 이해 절충적 접근을 벗어나 비판적·대안적 문제 인식을 분명히 하기 위함이다. 마을 관념의 형성과 마을학교의 상은 서로가 서로를 전제하면서 논의의 흐름을 조직화할 것이라고 기대한다. 현실적으로는, 문화예술의 모든 주체들에게 교실 수업적 맥락에서 기획된 프로그램적 발상에서 벗어나야 함을 촉구하는 것이기도 하다. 마을학교의 방향성 모색과 사업적 접근 가능성을 열어두기 위해 개념적 사유를 하기보다는 시를 삽입하여 사유의 지평을 넓히려고 했다. 앞으로 많은 관심과 기대 속에 논의의 출발점이 되었으면 한다.

참고 문헌

가라타니 고진(1998), 권기돈 옮김, 『탐구 2』, 새물결.
가레쓰 모르간(2004), 박상언·김주엽 옮김, 『조직의 8가지 이미지』, 지샘.
강미라(2013), 『몸 권력 주체』, 이학사.
강미정(2011), 『퍼스의 기호학과 미술사』, 이학사.
강성원(2002), 『미학이란 무엇인가』, 사계절.
강신주(2010), 『철학적 시 읽기의 즐거움』, 동녘.
강학순(2007), 『존재와 공간』, 한길사.
김경용(1994), 『기호학이란 무엇인가』, 민음사.
김상환(2001), 『예술가를 위한 형이상학』, 민음사.
김영희(1993), 『비평의 객관성과 실천적 지평』, 창작과 비평사.
김우창(2007), 『자유와 인간적인 삶』, 생각의 나무.
_____(2012), 『기이한 생각의 바다에서』, 돌베개.
_____(2013), 『체념의 조형』, 나남.
_____(2014), 『깊은 마음의 생태학』, 김영사.
_____·문광훈(2008), 『세 개의 동그라미』, 한길사.
김종문 외(2002), 『구성주의 교육학』, 교육과학사.
고병권·이진경 외(2008), 『코뮤주의 선언』, 교양인.
노에 게이치(2009), 김영주 옮김, 『이야기의 철학』, 한국출판마케팅연구소.
다이언 맥도넬(1992), 임상훈 옮김, 『담론이란 무엇인가』, 한울.
L. S. 비고츠키(2011), 배희철·김용호 옮김, 『생각과 말』, 살림터.
_____(2012), 비고츠키연구회, 『도구와 기호』, 살림터.
_____(2013), 비고츠키연구회, 『어린이 자기행동숙달의 역사와 발달 I』, 살림터.
_____, M. 콜 엮음(2009), 정회욱 옮김, 『마인드 인 소사이어티』, 학이시습.
레이몬드 윌리엄스(1998), 이일환 옮김, 『이념과 문학』, 문학과 지성사.
_____(2008), 성은애 옮김, 『기나긴 혁명』, 문학동네.
로버트 루스번스타인 외(2007), 박종성 옮김, 『생각의 탄생』, 에코의 서재.
로버트 영(2003), 이정화·이지헌 옮김, 『하버마스의 비판이론과 담론교실』, 우리교육.
르네 반 더 비어(2013), 배희철 옮김, 『레프 비고츠키』, 솔빛길.
마크 존슨(2012), 김동환·최영호 옮김, 『몸의 의미』, 동문선.
매리언 울프(2009), 이희수 옮김, 『책 읽는 뇌』, 살림.

미셸 앙리(2013), 이은정 옮김, 『야만』, 자음과 모음.

미하일 바흐찐(2011), 최건영 옮김, 『예술과 책임』, 뿔.

박동섭(2011), 『불협화음론자 비고츠키』, 서현사.

박성룡(2012), 『감성시대의 미학』, 일빛.

박용익(2003), 『수업대화의 분석과 말하기 교육』, 도서출판 역락.

박원순(2010), 『마을이 학교다』, 검둥소.

박현진(2010), 『비고츠키 예술심리학과 도덕교육』, 교육과학사.

벳시 라임스(2011), 김종현 옮김, 『말이 열리는 교실』, 학이시습.

사이토 준이치(2009), 윤대석·류수연·윤미란 옮김, 『민주적 공공성』, 이음.

사토 마나부(2011), 박찬영 옮김, 『아이들을 어떻게 가르칠 것인가』, 살림터.

송언근(2003), 『존재론적 구성주의와 지리 교육』, 교육과학사.

송순재(2000), 『유럽의 아름다운 학교와 교육개혁운동』, 내일을 여는 책.

스티븐 J. 볼 외(2007), 이우진 옮김, 『푸코와 교육』, 청계.

신병현(2011), 「『생각과 말』 우리는 이 책에서 교육문화운동의 새로운 패러다임을 본
    다」, 『새길을 여는 교육비평』 제30호.

신병현·현광일(2010), 『포스트모던 조직론』, 다인아트.

신병현·이황현아·현광일(2007), 『문화 현장 방법론』, 다인아트.

신승환(2008), 『문화예술 교육의 철학적 지평』, 한길아트.

심광현(2009), 『유비쿼터스시대의 지식생산과 문화정치』, 문화과학사.

심광현·노명우·강정석(2012), 『창의적 문화교육』, 살림터.

심귀연(2012), 『신체와 자유』, 그린비.

빠올로 비르노(2004), 김상운 옮김, 『다중』, 갈무리.

V. V. 다비도프(2014), 배희철 옮김, 『발달을 선도하는 교수학습』, 솔빛길.

안토니오 다마지오(2007), 임지원 옮김, 『스피노자의 뇌』, 사이언스북스.

에리히 프롬(1996), 차경아 옮김, 『소유냐 존재냐』, 까치.

엘리 힝켈(2009), 김덕영 옮김, 『문화와 제2언어 교수학습』, 한국문화사.

월터 J. 옹(1995), 이기우·임명진 옮김, 『구술문화와 문자문화』, 문예출판사.

이상오(2004), 『홀로스 사고』, 지식마당.

이애란(2007), 『비고츠키주의자의 언어적 자기규제론과 도덕교육』, 한국학술정보(주).

이오덕(2011), 『민주교육으로 가는 길』, 고인돌.

이은선(2013), 『생물권 정치학시대에서의 정치와 교육』, 도서출판 모시는사람들.

이종영(2002), 『내면성의 형식들』, 새물결.

이종희·김선희(2002), 『수학적 의사소통』, 교우사.

이홍우(2002), 『지식의 구조와 교과』, 교육과학사.

쟈크 랑시에르(2008), 양창렬 옮김, 『무지한 스승』, 궁리.

_____(2008), 오윤성 옮김, 『감성의 분할』, 도서출판b.

장상호(1999),『발생적 인식론과 교육』, 교육과학사.

제롬 브르너(2005),『교육의 문화』, 교육과학사.

조르조 아감벤(2010), 조효원 옮김,『유아기와 역사』, 새물결.

조형국(2009),『하이데거의 삶의 해석학』, 채륜.

존 듀이(2003), 이재언 옮김,『경험으로서의 예술』, 책세상.

주형일(2012),『랑시에르의 무지한 스승 읽기』, 세창미디어.

질 들뢰즈 외(2005), 서창현·김상훈 외 1명,『비물질노동과 다중』, 갈무리.

초등교육과정연구모임,『행복한 혁신학교 만들기』, 살림터.

최미숙 외(2011),『국어 교육의 이해』, 사회평론.

K. T. 판(2002), 황경식·이운형 옮김,『비트겐슈타인의 철학이란 무엇인가?』, 서광사.

크리스틴 케닐리(2009), 전소영 옮김,『언어의 진화』, 알마.

클리퍼드 기어츠(2009), 문옥표 옮김,『문화의 해석』, 까치.

파울로 프레이리(2007), 사람대사람 옮김,『자유의 교육학』, 아침이슬.

팀 그레스웰(2012), 심승희 옮김,『장소』, 시그마프레스.

하연섭(2004),『제도분석』, 다산출판사.

한스게오르크 가다머(2012), 이길우 외,『진리와 방법 ①』, 문학동네.

한순미(2004),『비고츠키와 교육』, 교육과학사.

현택수 외(1999),『문화와 권력』, 나남출판.

홍은숙(2003),『지식과 교육』, 교육과학사.

교육을 바꾸는 사람들(2011), 제1, 2회 명저기반 한국교육정책개발 월례 포럼 자료집.

김정희 외(2008),「초·중등학교 통합형 문화예술 교육 모형개발 연구」, 인천문화재단.

신병현(2013),「비고츠키와 랑시에르」, 제1회 교육문화연구 공동학술대회 자료집.

삶의 행복을 꿈꾸는 교육은
어디에서 오는가? 미래 100년을 향한 새로운 교육

▶ 교육혁명을 앞당기는 배움책 이야기
혁신교육의 철학과 잉걸진 미래를 만나다!

 핀란드 교육혁명
한국교육연구네트워크 총서 01 | 320쪽 | 값 15,000원

 일제고사를 넘어서
한국교육연구네트워크 총서 02 | 284쪽 | 값 13,000원

 새로운 사회를 여는 교육혁명
한국교육연구네트워크 총서 03 | 380쪽 | 값 17,000원

 교장제도 혁명
한국교육연구네트워크 총서 04 | 268쪽 | 값 14,000원

 새로운 사회를 여는 교육자치 혁명
한국교육연구네트워크 총서 05 | 312쪽 | 값 15,000원

 혁신학교에 대한 교육학적 성찰
한국교육연구네트워크 총서 06 | 308쪽 | 값 15,000원

 혁신학교
성열관·이순철 지음 | 224쪽 | 값 12,000원

 행복한 혁신학교 만들기
초등교육과정연구모임 지음 | 264쪽 | 값 13,000원

 서울형 혁신학교 이야기
이부영 지음 | 320쪽 | 값 15,000원

 혁신교육, 철학을 만나다
브렌트 데이비스·데니스 수마라 지음
현인철·서용선 옮김 | 304쪽 | 값 15,000원

 혁신교육 존 듀이에게 묻다
서용선 지음 | 292쪽 | 값 14,000원

 다시 읽는 조선 교육사
이만규 지음 | 750쪽 | 값 33,000원

 프레이리와 교육
존 엘리아스 지음 | 한국교육연구네트워크 옮김
276쪽 | 값 14,000원

 교육은 사회를 바꿀 수 있을까?
한국교육연구네트워크 번역 총서 02
마이클 애플 지음 | 강희룡·김선우·박원순·이형빈 옮김
352쪽 | 값 16,000원

 **비판적 페다고지는
세상을 변화시킬 수 있는가?**
한국교육연구네트워크 번역 총서 03
Seewha Cho 지음 | 심성보·조시화 옮김 | 280쪽 | 값 14,000원

 마이클 애플의 민주학교
한국교육연구네트워크 번역 총서 04
마이클 애플·제임스 빈 엮음 | 강희룡 옮김 | 276쪽 | 값 14,000원

 미래교육의 열쇠, 창의적 문화교육
심광현·노명우·강정석 지음 | 368쪽 | 값 16,000원

 대한민국 교사, 어떻게 가르칠 것인가?
윤성관 지음 | 320쪽 | 값 15,000원

 아이들을 어떻게 가르칠 것인가
사토 마나부 지음 | 박찬영 옮김 | 232쪽 | 값 13,000원

 아이들의 배움은 어떻게 깊어지는가
이시이 준지 지음 | 방지현·이창희 옮김
200쪽 | 값 11,000원

 모두를 위한 국제이해교육
한국국제이해교육학회 지음 | 364쪽 | 값 16,000원
2015 세종도서 학술부문

 경쟁을 넘어 발달 교육으로
현광일 지음 | 288쪽 | 값 14,000원

 독일 교육, 왜 강한가?
박성희 지음 | 324쪽 | 값 15,000원

 대한민국 교육혁명
교육혁명공동행동 연구위원회 지음 | 152쪽 | 값 5,000원

▶ 비고츠키 선집 시리즈
발달과 협력의 교육학 어떻게 읽을 것인가?

 생각과 말
레프 세묘노비치 비고츠키 지음
배희철·김용호·D. 켈로그 옮김 | 690쪽 | 값 33,000원

 성장과 분화
L.S. 비고츠키 지음 | 비고츠키연구회 옮김
308쪽 | 값 15,000원

 도구와 기호
비고츠키·루리야 지음 | 비고츠키연구회 옮김
336쪽 | 값 16,000원

 관계의 교육학, 비고츠키
진보교육연구소 비고츠키교육학실천연구모임 지음
300쪽 | 값 15,000원

 어린이 자기행동숙달의 역사와 발달 I
L.S. 비고츠키 지음 | 비고츠키연구회 옮김
564쪽 | 값 28,000원

 비고츠키 생각과 말 쉽게 읽기
진보교육연구소 비고츠키교육학실천연구모임 지음
316쪽 | 값 15,000원

 어린이 자기행동숙달의 역사와 발달 II
L.S. 비고츠키 지음 | 비고츠키연구회 옮김
552쪽 | 값 28,000원

 비고츠키와 인지 발달의 비밀
A.R. 루리야 지음 | 배희철 옮김 | 280쪽 | 값 15,000원

 어린이의 상상과 창조
L.S. 비고츠키 지음 | 비고츠키연구회 옮김
280쪽 | 값 15,000원

▶ 평화샘 프로젝트 매뉴얼 시리즈
학교 폭력에 대한 근본적인 예방과 대책을 찾는다

 학교 폭력 어떻게 만들어지는가
문재현 외 지음 | 300쪽 | 값 14,000원

 아이들을 살리는 동네
문재현·신동명·김수동 지음 | 204쪽 | 값 10,000원

 학교 폭력, 멈춰!
문재현 외 지음 | 348쪽 | 값 15,000원

 평화! 행복한 학교의 시작
문재현 외 지음 | 252쪽 | 값 12,000원

 왕따, 이렇게 해결할 수 있다
문재현 외 지음 | 236쪽 | 값 12,000원

 마을에 배움의 길이 있다
문재현 지음 | 208쪽 | 값 10,000원

▶ 창의적인 협력수업을 지향하는 삶이 있는 국어 교실
우리말 글을 배우며 세상을 배운다

 중학교 국어 수업 어떻게 할 것인가?
김미경 지음 | 332쪽 | 값 15,000원

 이야기 꽃 1
박용성 엮어 지음 | 276쪽 | 값 9,800원

 토론의 숲에서 나를 만나다
명혜정 엮음 | 312쪽 | 값 15,000원

 이야기 꽃 2
박용성 엮어 지음 | 294쪽 | 값 13,000원

 토닥토닥 토론해요
명혜정·이명선·조선미 엮음 | 288쪽 | 값 15,000원

 인문학의 숲을 거니는 토론 수업
순천국어교사모임 엮음 | 308쪽 | 값 15,000원

▶ 교과서 밖에서 만나는 역사 교실

상식이 통하는 살아 있는 역사를 만나다

전봉준과 동학농민혁명
조광환 지음 | 336쪽 | 값 15,000원

남도의 기억을 걷다
노성태 지음 | 344쪽 | 값 14,000원

응답하라 한국사 1·2
김은석 지음 | 356쪽·368쪽 | 각권 값 15,000원

즐거운 국사수업 32강
김남선 지음 | 280쪽 | 값 11,000원

즐거운 세계사 수업
김은석 지음 | 328쪽 | 값 13,000원

강화도의 기억을 걷다
최보길 지음 | 276쪽 | 값 14,000원

광주의 기억을 걷다
노성태 지음 | 348쪽 | 값 15,000원

교과서 밖에서 배우는 역사 공부
정은교 지음 | 292쪽 | 값 14,000원

팔만대장경도 모르면 빨래판이다
전병철 지음 | 360쪽 | 값 16,000원

빨래판도 잘 보면 팔만대장경이다
전병철 지음 | 360쪽 | 값 16,000원

영화는 역사다
강성률 지음 | 288쪽 | 값 13,000원

친일 영화의 해부학
강성률 지음 | 264쪽 | 값 15,000원

한국 고대사의 비밀
김은석 지음 | 304쪽 | 값 13,000원

▶ 4·16, 질문이 있는 교실 마주이야기

통합수업으로 혁신교육과정을 재구성하다!

통하는 공부
김태호·김형우·이경석·심우근·허진만 지음
324쪽 | 값 15,000원

내일 수업 어떻게 하지?
아이함께 지음 | 300쪽 | 값 15,000원

인간 회복의 교육
성래운 지음 | 260쪽 | 값 13,000원

교과서 너머 교육과정 마주하기
이윤미 외 지음 | 368쪽 | 값 17,000원

수업 고수들 수업·교육과정·평가를 말하다
박현숙 외 지음 | 368쪽 | 값 17,000원

도덕 수업, 책으로 묻고 윤리로 답하다
울산도덕교사모임 지음 | 320쪽 | 값 15,000원

체육 교사, 수업을 말하다
전용진 지음 | 300쪽 | 값 15,000원

주제통합수업, 아이들을 수업의 주인공으로!
이윤미 외 지음 | 392쪽 | 값 17,000원

수업과 교육의 지평을 확장하는 수업 비평
윤양수 지음 | 316쪽 | 값 15,000원
2014 문화체육관광부 우수교양도서

교사, 선생이 되다
김태은 외 지음 | 260쪽 | 값 13,000원

교사의 전문성, 어떻게 만들어지나
국제교원노조연맹 보고서 | 김석규 옮김
392쪽 | 값 17,000원

수업의 정치
윤양수·원종희·장군 지음 | 280쪽 | 값 14,000원

학교협동조합,
현장체험학습과 마을교육공동체를 잇다
주수원 외 지음 | 296쪽 | 값 15,000원

▶ 더불어 사는 정의로운 세상을 여는 인문사회과학
사람의 존엄과 평등의 가치를 배운다

 밥상혁명
강양구·강이현 지음 | 298쪽 | 값 13,800원

 좌우지간 인권이다
안경환 지음 | 288쪽 | 값 13,000원

 도덕 교과서 무엇이 문제인가?
김대용 지음 | 272쪽 | 값 14,000원

 민주시민교육
심성보 지음 | 544쪽 | 값 25,000원

 자율주의와 진보교육
조엘 스프링 지음 | 심성보 옮김 | 320쪽 | 값 15,000원

 민주시민을 위한 도덕교육
심성보 지음 | 500쪽 | 값 25,000원
2015 세종도서 학술부문

 민주화 이후의 공동체 교육
심성보 지음 | 392쪽 | 값 15,000원
2009 문화체육관광부 우수학술도서

 교과서 밖에서 배우는 인문학 공부
정은교 지음 | 280쪽 | 값 13,000원

 갈등을 넘어 협력 사회로
이창언·오수길·유문종·신윤관 지음 | 280쪽 | 값 15,000원

 오래된 미래교육
정재걸 지음 | 392쪽 | 값 18,000원

 동양사상과 마음교육
정재걸 외 지음 | 356쪽 | 값 16,000원
2015 세종도서 학술부문

 대한민국 의료혁명
전국보건의료산업노동조합 엮음 | 548쪽 | 값 25,000원

 교과서 밖에서 배우는 철학 공부
정은교 지음 | 280쪽 | 값 14,000원

 교과서 밖에서 배우는 고전 공부
정은교 지음 | 288쪽 | 값 14,000원

교과서 밖에서 배우는 사회 공부
정은교 지음 | 304쪽 | 값 15,000원

▶ 살림터 참교육 문예 시리즈
영혼이 있는 삶을 가르치는 온 선생님을 만나다!

 꽃보다 귀한 우리 아이는
조재도 지음 | 244쪽 | 값 12,000원

 선생님이 먼저 때렸는데요
강병철 지음 | 248쪽 | 값 12,000원

 성깔 있는 나무들
최은숙 지음 | 244쪽 | 값 12,000원

 서울 여자, 시골 선생님 되다
조경선 지음 | 252쪽 | 값 12,000원

 아이들에게 세상을 배웠네
명혜정 지음 | 240쪽 | 값 12,000원

 행복한 창의 교육
최창의 지음 | 328쪽 | 값 15,000원

 밥상에서 세상으로
김흥숙 지음 | 280쪽 | 값 13,000원

 북유럽 교육 기행
정애경 외 14인 지음 | 288쪽 | 값 14,000원

▶ 남북이 하나 되는 두물머리 평화교육
분단 극복을 위한 치열한 배움과 실천을 만나다

10년 후 통일
정동영·지승호 지음 | 328쪽 | 값 15,000원

선생님, 통일이 뭐예요?
정경호 지음 | 252쪽 | 값 13,000원

분단시대의 통일교육
성래운 지음 | 428쪽 | 값 18,000원

김창환 교수의 DMZ 지리 이야기
김창환 지음 | 264쪽 | 값 15,000원

▶ 출간 예정

근간 **거꾸로교실**
이민경 지음

근간 **교실을 위한 프레이리**
아이러 쇼어 엮음 | 사람대사람 옮김

근간 **너희가 교사를 아느냐?**
정은균 지음

근간 **조선근대교육의 사상과 운동**
윤건차 지음 | 이명실·심성보 옮김

근간 **걸림돌**
키르스텐 세롭-빌펠트 지음 | 문봉애 옮김

근간 **조선족 근현대 교육사**
정미량 지음

근간 **핀란드 교육의 기적은 어떻게 만들어지나**
Hannele Niemi 외 지음 | 장수명 외 옮김

근간 **존 듀이와 교육**
한국교육연구네트워크번역총서 05 | 짐 개리슨 외 지음

근간 **고쳐 쓴 갈래별 글쓰기 1**
(시·소설·수필·희곡 쓰기 문예 편)
박안수 지음(개정 증보판)

근간 **고쳐 쓴 갈래별 글쓰기 2**
(논술·논설문·자기소개서·자서전·독서비평·
설명문·보고서 쓰기 등 실용 고교용)
박안수 지음(개정 증보판)

근간 **마을교육공동체란 무엇인가**
서용선 외 지음

근간 **왜 따뜻한 감성 수업인가**
조선미 지음

근간 **어린이와 시 읽기**
오인태 지음

근간 **함께 만들어가는 강명초 이야기**
이부영 외 지음